Susanna Nocchi

NEW
Italian grammar
in practice

exercises ~ tests ~ games

IMPROVED EDITION WITH NEW EXERCISES,
GRAMMAR TIPS AND POINTS TESTS

Graphics and layout
Sergio Segoloni, Andrea Caponecchia

Cover
Lucia Cesarone

Illustrations
Luca Usai

Translation
Grace Anderson, Euridice Orlandino

ISBN 978-88-6182-428-7

© 2002 Alma Edizioni
First edition: 2002
First revised edition: October 2015

Alma Edizioni
viale dei Cadorna, 44
50129 Firenze
Tel +39 055 476644
Fax +39 055 473531
alma@almaedizioni.it
www.almaedizioni.it

Contents

Nouns ending in -o and in -a

libro	>	libri
ragazzo	>	ragazzi
tavolo	>	tavoli

*Normally nouns ending in **-o** are masculine. The plural of a noun ending in **-o** is **-i**.*

penna	>	penne
ragazza	>	ragazze
pizza	>	pizze

*Normally nouns ending in **-a** are feminine. The plural of a noun ending in **-a** is **-e**.*

Nouns ending in -o and in -a

	singular	plural
masculine	-o	-i
feminine	-a	-e

Nouns ending in -e

| ristorante | > | ristoranti (m) |
| pensione | > | pensioni (f) |

*Nouns ending in **-e** can be masculine or feminine.*

*Generally, nouns ending in **-e** are masculine if they:*

| padre | > | padri (m) |
| cameriere | > | camerieri (m) |

a) indicate/refer to men;

| fiore | > | fiori (m) |

*b) end in **-ore**.*

*Generally, nouns ending in **-e** are feminine if they:*

| madre | > | madri (f) |
| moglie | > | mogli (f) |

a) indicate/refer to women;

stazione	>	stazioni (f)
televisione	>	televisioni (f)
stagione	>	stagioni (f)

*b) end in **-zione; -sione; -gione**.*

Nouns ending in -e

	singular	plural
masculine or feminine	-e	-i

I **WARM-UP**

Write down the Italian nouns you know. Are they masculine or feminine? Use your dictionary to check.

masculine	feminine
ristorante	*pizza*

2 Anna is at the supermarket with her shopping list. Put the masculine objects into the column marked "M" and the feminine ones into the column marked "F".

M

vino
olio

F

acqua
Pasta
frutta
birra
panna

acqua vino pasta
formaggio aglio
prosciutto frutta
verdura birra
aranciata
gelato olio
marmellata burro
panna

3 Match the masculine nouns to Marco and the feminine nouns to Anna.

cantante   **marito**   ragazza   cameriera

italiano   studentessa

commesso

ragazzo   **moglie**   cameriere

madre   insegnante

italiana   dottore

attore   segretario   donna   commessa

dottoressa

studente   attrice   segretaria   uomo   padre

Marco   **Anna**

4 Cross out the feminine nouns and the first letter of the masculine nouns will give the name of a famous Italian.

→**burro**	~~mozzarella~~	orologio	stazione	acqua	chiave
madre	tavolo	passione	estate	nave	treno
pensione	impiegato	bicicletta	ora	cane	errore
borsa	gente	lavoro	televisione	luce	casa
patata	infermiera	ambizione	libro	italiano	cucina

The name is **B** _ _ _ _ _ _ _ _

I **Noun**

5 Look at the underlined nouns in the text: are they masculine or feminine? Are they singular or plural? Write them in the appropriate place in the table, as shown in the example.

Questa è la <u>camera</u> di Piero. Ci sono un <u>letto</u>, un <u>armadio</u> e due <u>porte</u> (una per il <u>terrazzo</u>). In camera c'è anche una <u>libreria</u> con molti <u>libri</u>, e, sopra il letto, due <u>scaffali</u> con libri e una <u>gabbia</u> con due <u>uccelli</u>. Vicino al letto di Piero c'è un <u>comodino</u>, con una <u>lampada</u> e una <u>sveglia</u> elettronica. Vicino alla sveglia Piero tiene sempre un <u>bicchiere</u> e una <u>bottiglia di acqua</u>. Alle <u>pareti</u> ci sono <u>quadri</u> e <u>fotografie</u>.

masculine		feminine	
singular	**plural**	**singular**	**plural**
		camera	

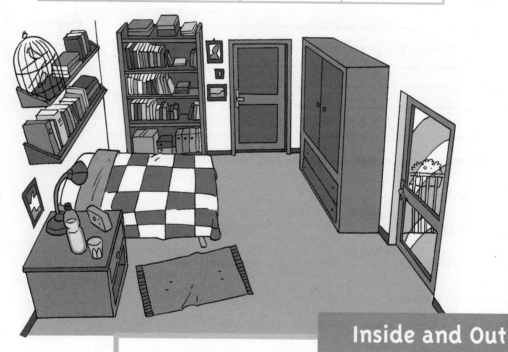

Inside and Out

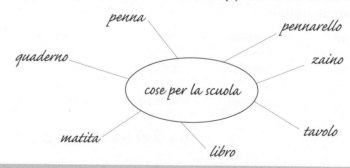

Organizing words in a semantic map - i. e. in webs of words that are related through meaning-based connections - can help you to memorize new vocabulary.

penna

pennarello

quaderno

zaino

cose per la scuola

matita

tavolo

libro

Other nouns

città > città *(f)*
università > università *(f)*
gioventù > gioventù *(f)*

■ *Nouns ending in -**tà** and -**tù** are feminine and are invariable in the plural form.*

radio > radio *(f)*
moto(cicletta) > moto(ciclette) *(f)*
foto(grafia) > foto(grafie) *(f)*
auto(mobile) > auto(mobili) *(f)*

■ *Very few feminine nouns end in -**o**, and these are often invariable in the plural form.*

crisi > crisi *(f)*
analisi > analisi *(f)*
tesi > tesi *(f)*

■ *Some nouns ending in -**si** are feminine; these are invariable in the plural form.*

autobus > autobus *(m)*
computer > computer *(m)*
bar > bar *(m)*
yogurt > yogurt *(m)*

■ *Normally **foreign** nouns which end in a consonant are masculine and are invariable in the plural form.*

problema > problemi *(m)*
poeta > poeti *(m)*
cinema(tografo) > cinema(tografi) *(m)*

■ *There are some masculine nouns which end in -**a**; these often take the plural form -**i**.*

farmacista > farmacisti/farmaciste
artista > artisti/artiste
dentista > dentisti/dentiste
analista > analisti/analiste

■ *Nouns ending in -**ista** can be masculine and feminine. There are two plural forms for these nouns:*
  *-**i** if the noun is masculine*
  *-**e** if the noun is feminine.*

giornalaio > giornalai
orologio > orologi
operaio > operai

■ *Normally, nouns ending in -**io** have only one -**i** in the plural form: -**io** > -**i***

tedesco > tedeschi
albergo > alberghi

■ *Some masculine nouns ending in -**co** and -**go** take the following plural forms: -**co** > -**chi** / -**go** > -**ghi**.*

amico > amici
psicologo > psicologi

■ *Other masculine nouns ending in -**co** and -**go** take the following plural forms: -**co** > -**ci** / -**go** > -**gi**.*

amica > amiche
collega > colleghe

■ *Feminine nouns ending in -**ca** e -**ga** add an -**h**- in the plural form: -**ca** > -**che** / -**ga** > -**ghe**.*

arancia > arance
camicia > camicie
scheggia > schegge
ciliegia > ciliegie

■ *Feminine nouns ending in -**cia** and -**gia**: if the endings are preceded by a consonant they lose the -**i** in the plural, if they are preceded by a vowel they keep the -**i** in the plural.*

uomo > uomini

■ *The plural of the noun **uomo** is **uomini**.*

uovo *(m)* > uova *(f)*

■ *The masculine noun **uovo**, has the irregular and feminine plural: **uova**.*

mano *(f)* > mani *(f)*

■ ***mano** > **mani** is a feminine noun.*

braccio *(m)* > braccia *(f)*
ginocchio *(m)* > ginocchia *(f)*
dito *(m)* > dita *(f)*
labbro *(m)* > labbra *(f)*

■ *Masculine nouns which indicate a part of the body such as: **braccio**, **ginocchio**, **dito** and **labbro**, have a feminine plural ending in -**a**.*

Noun

1

1 Complete with the correct noun, singular or plural.

singular	plural
	uomini
città	
	dentisti
	autobus
	cuoche
mano	
computer	
	università
orologio	
amica	
	foto
greco	
	pacchi
programma	
	baci
radio	
	uova
	spiagge
camicia	
crisi	
dito	

2 What's the biggest lake in Italy? Find the pairs with a correct plural, follow the route and you will arrive at the name of the biggest lake in Italy.

sport/sporti	sport/sports	**sport/sport**	sport/sporte
pacco/pacci	pacco/pacchi	pacco/pacche	pacco/pacchii
operaio/operaii	operaio/operai	operaio/operaie	operaio/operae
albergo/alberghi	albergo/albergi	albergo/alberghe	albergo/alberge
radio/radii	radio/radi	radio/radio	radio/radie
greco/grechi	greco/grecii	greco/greci	greco/greche
problema/probleme	problema/problema	problema/problemii	problema/problemi
↓	↓	↓	↓
Lago di Como	**Lago Maggiore**	**Lago Trasimeno**	**Lago di Garda**

Noun

3 Choose the correct noun, as shown in the example.

Una città

La **città/citté/citta** è sul **mare/mari/maro** Adriatico. Ha pochi **abitante/abitanti/abitanto** d'inverno ma d'estate ci sono sempre molti **turista/turisti/turiste**: specialmente **tedesci/tedesco/tedeschi**, **slavo/slava/slavi** e **scandinavi/scandinava/scandinave**. Ci sono molte **spiaggi/spiaggie/spiagge** private e pubbliche, lunghe lunghe e con **bambina/bambini/bambino** che giocano con la sabbia, **ragazzi/ragazzo/ragazza** che giocano con il pallone e **personi/persona/persone** al sole. La sera aprono i **ristorante/ristoranti/ristoranto**, le **discotece/discoteca/discoteche** e i **bar/bars/bari** e la **notta/notti/notte** è lunghissima e divertentissima!! Come si chiama la città?

4 If you don't know the name of the town in Exercise 3 then answer the questions below. The initial letters of each correct answer will give you the name of the town.

1. La capitale d'Italia è → **Torino/Milano/Roma**   **R**
2. Benigni è un attore → **italiano/americano/tedesco**   —
3. Il Tirreno è un → **lago/mare/fiume**   —
4. La Sardegna è una → **isola/città/nazione**   —
5. Dopo la sera viene la → **giorno/notte/mattina**   —
6. Un'isola vicina a Capri è → **Ischia/Sicilia/Elba**   —

5 Write the plurals of these nouns, as shown in the example.

Marco compra:

3 (pesce) *pesci*

6 (arancia) *arancia*

2 (gelato) *gelate*,

4 (ananas) _____.

2 (fiasco) *fiasce* di vino,

2 (pacco) _____ di pasta,

1 kg di (asparago) _____,

1 kg di (ciliegia) _____

3 (salsiccia) _____,

4 (yogurt) _____

6 (pesca) _____,

6 Complete the nouns with the missing letters.

singular	plural	singular	plural
spiaggia	s_iagge	cinema	cinem_
problema	problem_	foto	f_to
poeta	p_eti	radio	radi_
autobus	a_tobus	mano	_ani
film	_ilm	valigia	valig_e
università	universit_	banca	banc_e
moglie	mo_li	amico	ami_i
superficie	superfic_	amica	amich_
serie	ser_e		

Noun

il uomino   i uomini

Definite article

il treno > **i** treni	There are two masculine definite articles: ***il*** *>* ***i*** *and* ***lo*** *>* ***gli***.
lo spettacolo > **gli** spettacoli	

il suono > **i** suoni
il ristorante > **i** ristoranti

■ *Normally with masculine words which begin with a consonant we use the article* ***il*** *>* ***i***.

■ *We use the article* ***lo*** *>* ***gli*** *with nouns which begin with:*

lo studente > **gli** studenti
lo sport > **gli** sport

a) *s + consonant;*

lo zaino > **gli** zaini

b) *z-;*

lo psicologo > **gli** psicologi

c) *p + s;*

lo yogurt > **gli** yogurt

d) *y-;*

l'amico > **gli** amici
l'italiano > **gli** italiani

e) *a vowel (in this case the article* ***lo*** *loses the vowel* ***-o*** *and becomes* ***l'***).

la donna > **le** donne
la pensione > **le** pensioni
la ragazza > **le** ragazze

■ *The feminine definite article is* ***la*** *>* ***le***.

l'amica > **le** amiche
l'italiana > **le** italiane
l'ora > **le** ore

■ *The article* ***la*** *loses the vowel* ***-a*** *and becomes* ***l'*** *before feminine singular nouns which begin with vowels (a, e, i, o, u).*

2 Article

Definite article		
	singular	plural
masculine	**il**	**i**
masculine	**lo / l'**	**gli**
feminine	**la / l'**	**le**

12

1 What do Giorgio and Alessandra want for Christmas? Put each word in the correct place in the following table.

> **macchina nuova** - moto
> occhiali da sole - scarpe di Ferragamo
> vestito di Armani - zaino Invicta
> disco di Madonna
> appartamento in centro

> bicicletta nuova
> stivali di Dolce e Gabbana
> computer portatile
> borsa di Gucci - orologio
> enciclopedia Britannica
> biglietti per La Scala

il	lo	l' *(m)*	i	gli	la	l' *(f)*	le
					macchina nuova		

2 Article

2 Choose the correct article.

La mattina di Piero

1. **La/Le** mattina beve **lo/il** caffellatte.
2. Legge **le/il** giornale.
3. Mangia **gli/i** biscotti.
4. Prende **la/il** valigetta.

5. Bacia **le/la** moglie.
6. Saluta **lo/la** famiglia.
7. Compra **lo/il** biglietto.
8. Prende **la/l'** autobus.

3 Choose the correct article.

Vacanze romane

Tutti **le/gli/i** stranieri conoscono Roma, **il/le/la** capitale d'Italia. **Il/Le/I** turisti di solito visitano **le/i/gli** monumenti famosi, come **lo/il/la** Colosseo, **lo/la/il** Foro Romano e **la/le/lo** Basilica di San Pietro. Oppure vanno a vedere **la/i/le** piazze più belle, come Piazza di Spagna, con **la/il/i** scalinata di Trinità dei Monti, o Piazza Navona, con **lo/la/il** bellissima fontana del Bernini. A Roma però ci sono anche molte cose da fare di notte. **Lo/Il/La** notte romana è vivace e divertente, **i/le/gli** ristoranti sono ottimi, **la/i/le** osterie sono piene, **le/gli/i** bar sono aperti fino a tardi. Dopo **le/lo/la** cena **gli/il/i** romani vanno a ballare, **i/gli/le** discoteche del centro sono molto frequentate. E per chi rimane fuori tutta **il/le/la** notte, è normale fare **il/lo/la** colazione al bar con **i/gli/le** amici prima di andare a casa.

4 Fill in the spaces with the correct masculine article: *il > i* or *lo > gli*.

Uno sport famoso

È per ☐ italiani ☐ sport preferito. ☐ bambini giocano sempre con ☐ papà; i ragazzi giocano con ☐ amici, ☐ studenti giocano dopo la scuola. ☐ amici giocano spesso ☐ sabato o la domenica o in vacanza. La domenica ☐ padri portano ☐ figli a vedere una partita della squadra preferita e ☐ stadi sono sempre pieni durante ☐ campionato. ☐ professionisti di questo sport sono spesso molto ricchi e viziati. Per le partite ☐ stadio è pieno di persone che guardano ☐ 22 uomini che per 90 minuti rincorrono ☐ pallone. Poi qualche volta ☐ tifosi delle squadre alla fine della partita fanno una bella rissa e ☐ ospedali sono pieni di feriti.

Do you know this sport? What is it called?

5 Put the correct definite article in the box and then decide if the sentences are true or false, as shown in the example.

Le abitudini alimentari italiane

In Italia:

	true	false
e.g. Molta gente mangia ☐*il*☐ melone con ☐*il*☐ prosciutto.	☒	☐
1. A colazione molti mangiano ☐ cornetto.	☐	☐
2. Dopo pranzo molti bevono ☐ cappuccino.	☐	☐
3. Prima di pranzo tutti bevono ☐ amaro.	☐	☐
4. A Natale e Capodanno è normale bere ☐ spumante.	☐	☐
5. Per primo è normale mangiare ☐ insalata.	☐	☐
6. A colazione molti mangiano ☐ zuppa di pesce.	☐	☐
7. Alle 17:00 molti bambini fanno ☐ merenda.	☐	☐
8. È normale bere ☐ latte a pranzo.	☐	☐
9. Normalmente gli italiani bevono ☐ birra con la pizza.	☐	☐
10. Per aperitivo molti bevono ☐ prosecco.	☐	☐
11. Molti italiani mangiano ☐ spaghetti.	☐	☐
12. Con il pesce gli italiani bevono ☐ vino rosso.	☐	☐

6 Four of the articles in this text are incorrect. Which are they?

Di solito i italiani vanno in vacanza ad agosto. Dai primi giorni di agosto le file sulle autostrade sono lunghissime. Milioni di italiani prendono le auto e lasciano le città. Per chi preferisce il mare ci sono le isole, la spiagge dell'Adriatico o del Tirreno e quelle del mar Ionio. Per chi preferisce la montagna ci sono gli Appennini o le Alpi con i bellissimi parchi nazionali e i rifugi montani. Anche la campagna è bella: i colline toscane con i borghi medievali, la campagna umbra o quella piemontese. Molti italiani amano gli laghi: il lago di Garda, il lago di Como e il lago Maggiore al Nord, il Trasimeno e il lago di Burano al centro. Alcuni però preferiscono rimanere in città. L'estate in città come Roma, Firenze, Milano, Bologna, Napoli è divertente: ci sono concerti, cinema all'aperto, spettacoli di teatro e danza. Insomma la scelta è varia!

Indefinite article

un treno
uno spettacolo

■ *There are two masculine indefinite articles:*
***un** and **uno**.*

un suono
un amico
un albergo

■ *We use **un** with most masculine nouns.*

■ *We use **uno** with masculine nouns which begin with:*

uno studente
uno sport

a) s + consonant;

uno zaino

b) z-;

uno psicologo

c) p + s;

uno yacht

d) y- .

una madre
una pensione

■ *The feminine indefinite article is **una**.*

un'italiana
un'ora

■ *We use **un'** with feminine nouns which begin with a vowel.*

Indefinite article	
masculine	**un**
masculine	**uno**
feminine	**una / un'**

EXERCISES

1 Put the nouns under the correct article, as shown in the examples.

Il signor Soldonis è molto ricco. Ha una villa, un aereo personale e...

moglie - **elicottero** - amante - figlio - figlia - maggiordomo - personal trainer - ufficio grattacielo - isola nel Pacifico - Grand Hotel - palestra privata - cavallo - cane di razza piscina - auto sportiva - auto di rappresentanza - conto in banca miliardario - yacht

un	uno	una	un'
elicottero		*moglie*	

And you? What have you got?

2 Choose the correct indefinite article and guess who these famous personalities are.

a) È **un'/uno/un** italiano famoso, **una/un/uno** bravo artista. Lavora **un/una/uno** po' in Italia e **un/una/uno** po' all'estero, ma non vive in Italia, vive a Montecarlo. È **uno/un/una** uomo grosso e ha **un/uno/una** voce potente. Ha **uno/un'/un** grande numero di amici famosi, come Michael Jackson, U2, Celine Dion e altri che cantano con lui. Chi è?

b) È **un/una/un'** attore comico italiano e anche **uno/un/una** regista. Vive in Italia ma è molto famoso anche all'estero. È sposato con **un/una/un'** attrice che è anche in molti suoi film. **Un/Una/Un** suo film è vincitore di **uno/un/una** Oscar. Nel film lui è **un/uno/un'** ebreo durante la seconda guerra mondiale che muore in **una/uno/un** campo di concentramento. Chi è?

c) È **uno/un'/un** italiano, **uno/una/un** inventore, **uno/un/una** pittore, **uno/una/un** scienziato e **uno/un/una** scrittore. È **uno/una/un** rappresentante dell'Umanesimo italiano. **Uno/Un'/Una** opera molto famosa di questo grande italiano è a Parigi. È **una/uno/un** quadro di **un/una/uno** donna con **uno/un/una** sorriso enigmatico. Suo è anche **un/uno/una** modello del primo aereo. Chi è?

3 Insert the correct indefinite article and decide if the sentences are true or false, as shown in the example.

	true	false
e.g. Il postino è [*un*] uomo che porta la posta.	☒	☐
1. Il cane è [ ] animale.	☐	☐
2. Il barista è [ ] uomo che lavora in [ ] bar.	☐	☐
3. La commessa è [ ] donna che lavora in casa.	☐	☐
4. Il tiramisù è [ ] dolce.	☐	☐
5. Il pesto è [ ] persona che parla molto.	☐	☐
6. Gli Uffizi sono [ ] museo di Livorno.	☐	☐
7. La Torre pendente è [ ] monumento di Pisa.	☐	☐
8. La pizza è [ ] piatto tipico di Torino.	☐	☐
9. Sofia Loren è [ ] attrice italiana.	☐	☐
10. Il portiere di notte lavora in [ ] albergo.	☐	☐
11. Il corretto è [ ] esercizio di grammatica.	☐	☐
12. Il limoncello è [ ] liquore.	☐	☐

4 Whose suitcase is this? Put into each suitcase the six objects that belong to the correct person. Add to each word the appropriate indefinite article, as shown in the examples.

un	costume
uno	striscione con scritto FORZA ROMA
un	computer portatile
	agenda
	biglietto da visita
	biglietto per lo stadio
	camicia hawaiana
	cartella di documenti
	cravatta
	giornale sportivo
	maglietta della squadra
	maschera subacquea
	paio di scarpe da calcio
	paio di occhiali da sole
	paio di pantaloncini sportivi
	passaporto
	penna
	sciarpa della squadra
	telefonino
	telo da spiaggia
	tubetto di crema solare

turista

tifoso

manager

Inside and Out

Percentages (%) are usually preceded by an article and are always masculine. Use the article *l'* when a figure begins with a vowel and *lo* before zero (in all other cases: *il*).

e g.: *Le famiglie italiane senza un computer o un collegamento a Internet sono il 50%.*
Spendo l'80% dello stipendio.

Definite and indefinite articles

1 Complete the text with the articles: use the definite articles in the spaces ☐ and the indefinite articles in the spaces ⸢⸥ .

☐ Italia è ⸢⸥ penisola con la forma simile a ⸢⸥ stivale. ☐ italiani sono circa cinquantasette milioni e ☐ regioni italiane sono venti. ☐ italiano non è la sola lingua parlata in Italia; ci sono anche ☐ tedesco, ☐ francese, ☐ catalano, ☐ greco, ☐ sloveno e ☐ albanese. Roma, ☐ capitale d'Italia, si trova nel Lazio: è ⸢⸥ città molto bella e i suoi monumenti e musei sono famosi in tutto ☐ mondo. Dentro ☐ città di Roma c'è ⸢⸥ stato indipendente, molto piccolo e molto potente, ☐ Vaticano, centro della religione cattolica. Ma ☐ Vaticano non è ☐ unico stato indipendente in Italia. C'è ⸢⸥ altro stato piccolissimo, vicino al mare Adriatico, in cima a ⸢⸥ montagna: ☐ stato di San Marino. Insomma, ☐ penisola italiana presenta molte realtà differenti e ⸢⸥ grande varietà di culture.

2 Chose the correct article.

Che film è?

È **il/un** film italiano molto famoso e vincitore di **un/l'** Oscar. **La/Una** storia si svolge su **un'/l'** isola greca durante **la/una** seconda guerra mondiale. Otto soldati italiani e **un/il** asino sono obbligati a rimanere sull'isola per 3 anni. Dopo un po' i soldati fanno amicizia con **la/una** gente del posto. Dimenticano **una/la** guerra e **un/i** problemi. Alla fine della guerra però tornano in Italia. Solo **il/un** soldato rimane sull'isola perché ama **la/una** donna: vive lì e apre **il/un** ristorante.
Conosci il film?

If you don't know the title of the film answer the following question: What is the name of the sea that surrounds Italy? That name is also the title of this film.

3 Complete the sentences with the definite or indefinite article.

1. ☐ Italia è nell'Europa meridionale.

2. ☐ Vaticano è ☐ stato indipendente.

3. Venezia è ☐ città del Veneto.

4. Dante è ☐ famoso poeta italiano.

5. Ferragosto (15 agosto) è ☐ festa nazionale.

6. ☐ Chianti è ☐ vino toscano.

7. ☐ 17 è un numero sfortunato.

8. *torta co' bischeri* è ☐ ottima torta toscana.

9. Di solito ☐ italiani a pranzo bevono ☐ vino.

2 Article

4 Definite or indefinite article? Complete the joke with the articles in the list.

il   il   il   il   l'   l'   un   un   un   un

Due carabinieri* sono in [ ] palazzo. Cercano [ ] criminale che abita all'ultimo piano. Devono prendere [ ] ascensore.

[ ] carabiniere dice all'altro: "Chiama [ ] ascensore."

[ ] secondo carabiniere allora urla: "Ascensore!"

[ ] primo carabiniere arrabbiato dice: "Stupido! Usa [ ] dito!".

[ ] secondo carabiniere allora mette [ ] dito in bocca e urla: "Ascensore!"

ASCENSORE!

*In Italy there are two police forces: Polizia and Carabinieri. The Carabinieri are the subject of many jokes.

5 Fill in the blanks with the correct definite or indefinite article.

Una famiglia allargata

Cara Direttrice,

mi chiamo Maria e sono [ ] insegnante di storia e ho [ ] figlio di 16 anni che si chiama Edoardo. Io e [ ] padre di Edoardo siamo divorziati da cinque anni e io ora sono sposata con Carlo, [ ] uomo meraviglioso che, come me, è [ ] insegnante di storia. Carlo ha [ ] figlia, Cosetta, di 10 anni, che vive con noi perché [ ] madre fa [ ] assistente di volo e, con [ ] suo lavoro, non ha tempo di stare con [ ] figlia. [ ] vita in famiglia con Cosetta non è [ ] problema, infatti lei è contenta di vivere con noi. [ ] problemi, purtroppo, sono con Edoardo, che è un po' geloso di Carlo, penso. Edoardo è [ ] ragazzo chiuso e non parla molto in famiglia, quando Carlo organizza [ ] vacanze o [ ] fine settimana per tutta [ ] famiglia, Edoardo preferisce sempre andare con [ ] amici. Non sappiamo più cosa fare. So che Edoardo ha [ ] ragazza, e che vuole stare con lei, ma sono sicura anche che [ ] sua relazione con Carlo è problematica, per questo non sta volentieri con noi e [ ] sua sorellina. Ho bisogno di [ ] consiglio, che devo fare?

19

Essere and avere

essere

Sono stanco.
Sei a casa oggi?
Signor Rosi, Lei **è** umbro?
Siamo in ritardo.
Siete stressati?
I libri **sono** a scuola.

Nel frigorifero **c'è** una bottiglia d'acqua.
Carlo non **c'è**, è a scuola.
Sul tavolo **ci sono** molti giornali.
Nella classe **ci sono** dieci studenti.

avere

Ho fame!
Quanti anni **hai**?
Il bambino **ha** sete.
Abbiamo sempre sonno.
Avete fretta?
Sandro e Pia **hanno** paura.

■ *essere* and *avere* are both irregular verbs.

■ *c'è (singular) and ci sono (plural) are used to indicate the presence of things or persons in a place.*

essere and *avere*		
	essere	avere
io	**sono**	**ho**
tu	**sei**	**hai**
lui/lei/Lei (formal)	**è**	**ha**
noi	**siamo**	**abbiamo**
voi	**siete**	**avete**
loro	**sono**	**hanno**

EXERCISES

I Complete the conjugation of the present indicative tense of *essere* and *avere*.

	essere	avere
io		
tu		*hai*
lui/lei/Lei	*è*	
noi	*siamo*	
voi		*avete*
loro		

2 **Chose the correct sentence of each person and then conjugate the verb.**

avere sonno | avere caldo | essere arrabbiato | essere triste | avere fame | essere contento | avere sete | essere sorpreso | avere freddo

Maria
è triste

Ugo
è Contento

Laura
Laura ha fame

Paola
Paolo ha sonno

Carlo
é arrabiato

Sergio

Fabio

Rita
é sorpreso

Luigi
Luigi é freddo

3 **Choose the correct form of the verb *essere*.**

e.g. Berlino **sono / è** la capitale della Germania.

1. Molti italiani **sono/siamo** appassionati di opera.
2. La "Madama Butterfly" **è/sono** un'opera di Giacomo Puccini.
3. Quando vediamo la 'Boheme' (noi) **siete/siamo** sempre commossi.
4. La Scala e il San Carlo **sono/siete** famosi teatri d'opera.
5. "Nabucco" e "Rigoletto" **siamo/sono** opere di Giuseppe Verdi.
6. Luciano Pavarotti **sei/è** un famoso tenore italiano.
7. Quando (voi) **sono/siete** a Verona andate all'Arena a vedere l'Aida.
8. Mimì **sei/è** la protagonista della "Boheme".
9. "Io **sei/sono** un melomane" significa = Io **sei/sono** un appassionato d'opera.

---

4 **Choose the correct form of the verb *avere* and guess the nationality.**

e.g. Rita **ha / ho** venti anni.

a) La nostra nazione è nel Nord Europa e **ha/avete** un clima molto umido. Tutti pensano che (noi) **avete/abbiamo** un carattere riservato e molto tranquillo ma non sempre è vero, perché alcuni di noi, quando **hanno/hai** la possibilità di andare allo stadio a vedere una partita di calcio, diventano aggressivi e violenti. **Avete/Abbiamo** una monarchia e parliamo una lingua che molti studiano. Sai chi siamo?

b) Siamo nel continente americano. La nostra nazione **hanno/ha** una gran numero di italiani e le famiglie italiane qui **avete/hanno** una lunga tradizione. **Avete/Abbiamo** una lingua parlata anche in Europa e la nostra musica e le nostre danze **hanno/ha** fans in tutto il mondo. Se voi italiani **abbiamo/avete** quello di Venezia, noi **hai/abbiamo** quello di Rio. Sai chi siamo?

c) Se (tu) **hai/ha** voglia di passare delle belle vacanze vieni da noi! **Avete/Abbiamo** isole bellissime e un clima caldo. La nostra nazione **hai/ha** una storia antica e i nostri filosofi **ha/hanno** una parte importante nella storia della filosofia. Per scrivere **ho/abbiamo** un alfabeto particolare. Sai chi siamo?

---

5 **Put the verbs *essere* and *avere* into the present tense and guess the city.**

Questa *(essere)* _____ la città più importante della Toscana. *(Avere)* _____ circa 400.000 abitanti. Il turismo *(essere)* _____ importantissimo per la sua economia, infatti le sue opere d'arte *(essere)* _____ conosciute e famose in tutto il mondo. In questa città ci *(essere)* _____ molti musei, come la Galleria degli Uffizi, che *(avere)* _____ moltissimi visitatori ogni anno. Il suo centro storico *(essere)* _____ un gioiello del Rinascimento italiano: qui ci *(essere)* _____ monumenti famosi come il Duomo, il Battistero e il Campanile di Giotto. Le chiese poi *(avere)* _____ tutte opere d'arte da ammirare. Se *(tu/essere)* _____ in questa città devi vedere il Ponte Vecchio, con le botteghe di gioiellieri che *(avere)* _____ le vetrine più belle del mondo; e devi andare al giardino di Boboli: un parco che *(essere)* _____ a nord del fiume Arno, dietro il Palazzo Pitti. Dentro il giardino di Boboli c' *(essere)* _____ una strana fontana molto famosa. Quale città è?

6 **Choose the correct verb.**

La domenica di Mauro

Sono/È domenica, **sono/è** le due del pomeriggio e Mauro **ha/è** sveglio. Chiama: "Mamma! Dove **siete/sei**?" La madre arriva subito. "Che **sei/hai** tesoro? Porto il caffè? Oppure **sei/hai** fame? Ci **hanno/sono** anche le lasagne".

Mauro siede sul letto, **ha/è** stanco, **è/ha** ancora sonno. **Ha/È** bello uscire con gli amici il sabato sera, ma poi, la domenica, alzarsi **è/ha** sempre un problema. **È/Ha** anche mal di testa... troppo alcool!

"Dove **sono/è** i vestiti mamma? Oggi c'**è/ha** la partita della Roma! Giorgio **hai/ha** due biglietti per lo stadio Olimpico e io vado con lui".

La mamma **ha/è** un po' preoccupata e dice: "Ma non mangi niente tesoro? **Sei/Hai** fretta? Prendi almeno un panino!"

"No, va bene così, mamma. Ora vado. Dove **è/sono** le chiavi della macchina di papà? Vado. Ciao!"

La mamma di Mauro pensa: "Povero figlio mio! **È/Ha** sempre stanco. Lavora troppo!"

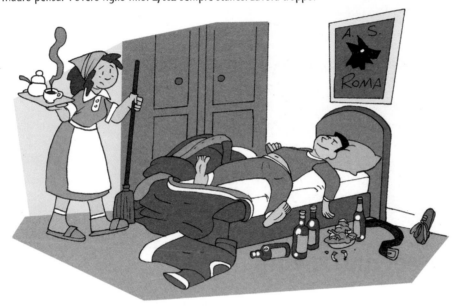

---

7 *C'è* or *ci sono*? **Choose the correct expression.**

1. Nel nord Italia **c'è/ci sono** le Alpi.
2. Vicino Roma **c'è/ci sono** il mare.
3. A Milano **c'è/ci sono** la nebbia.
4. A Venezia **c'è/ci sono** i canali.
5. In Puglia non **c'è/ci sono** montagne.
6. In Emilia Romagna **c'è/ci sono** la pianura padana.
7. In Umbria non **c'è/ci sono** il mare.
8. In Italia **c'è/ci sono** molte isole.

Inside and Out

Avere da can replace the verb *dovere*.

e. g.: *Oggi non vengo al mare, **ho da** studiare (devo studiare).*
*Diego **ha** sempre **da** fare (deve fare molte cose, è impegnato).*

Adjective - first group

l'albergo car**o** > gli alberghi car**i**
la macchina car**a** > le macchine car**e**
il libro bell**o** > i libri bell**i**
la donna bell**a** > le donne bell**e**
il treno lent**o** > i treni lent**i**
la commessa lent**a** > le commesse lent**e**
l'aereo pien**o** > gli aerei pien**i**
la borsa pien**a** > le borse pien**e**
lo studente brav**o** > gli studenti brav**i**
la studentessa brav**a** > le studentesse brav**e**

■ *The adjectives of the first group have four endings:*

masculine singular: -o
masculine plural: -i
feminine singular: -a
feminine plural: -e

Definite adjective - first group		
	singular	plural
masculine	-o	-i
feminine	-a	-e

Adjective - second group

l'albergo grand**e** > gli alberghi grand**i**
la macchina grand**e** > le macchine grand**i**
il libro interessant**e** > i libri interessant**i**
la donna interessant**e**> le donne interessant**i**
il treno veloc**e** > i treni veloc**i**
la commessa veloc**e** > le commesse veloc**i**
l'aereo ingles**e** > gli aerei ingles**i**
la borsa ingles**e** > le borse ingles**i**
lo studente intelligent**e** > gli studenti intelligent**i**
la studentessa intelligent**e** > le studentesse intelligent**i**

■ *The adjectives of the second group have two endings (the masculine and the feminine endings are the same):*

m/f singular: -e
m/f plural: -i

Adjective - second group		
	singular	plural
masculine / feminine	-e	-i

EXERCISES

1

Read the text and find all the adjectives. Are they masculine or feminine? Singular or plural? Write them in the correct place in the table, as shown in the example.

Cosa serve per leggere un libro?

Lo scrittore Italo Calvino dice che serve un libro **interessante**, tempo **abbondante**, una persona rilassata, la porta chiusa, la televisione spenta, una posizione comoda. Naturalmente non è facile trovare la posizione ideale per leggere. Le gambe sono allungate e i piedi distesi, la luce non troppo forte e non troppo debole. Insomma l'atmosfera deve essere adatta [...]

(adapted from I. Calvino "Se una notte d'inverno un viaggiatore")

masculine		feminine	
singular	plural	singular	plural
interessante *abbondante*			

2

Find the appropriate adjectives for Andrea and Simona.

Andrea è . . .

alta	giovane
anziano	grasso
basso	magra
bionda	miope
brutto	pigro
calvo	riccia
felice	sportiva
triste	

Simona è . . .

3

Choose the correct phrases. Follow them and find the most southern point of Italy.

un cane bianca	un cane bianche	**un cane bianco**	un cane bianchi
un letto grandi	un letto grande	un letto granda	un letto grando
un gatto nero	un gatto neri	un gatto nera	un gatto nere
un film americane	un film americana	un film americano	un film americani
un lavoro stressanti	un lavoro stressante	un lavoro stressanta	un lavoro stressanto
↓	↓	↓	↓
Linosa	**Lampedusa**	**Pantelleria**	**Siracusa**

4 Adjective

4 Choose the correct adjective.

L'uomo e la donna ideali

Secondo Carmela l'uomo **ideali/ideale** è **divertente/divertenti**, **simpatico/simpatica**, **intelligente/intelligenti** e **affascinanti/affascinante**. Ha i capelli **scuro/scuri** e gli occhi **azzurri/azzurre**, un fisico **atletica/atletico** e un **grossa/grosso** conto in banca. Ma Carmela è **sposata/sposato** con Piero, un ragioniere **piemontesi/piemontese**, **tranquille/tranquillo**, **noioso/noiosa** ma molto **gentili/gentile**. Piero ha gli occhi **verde/verdi**, è **calva/calvo** e non è molto **sportive/sportivo**.

Anche Piero sogna la donna **ideale/ideali**. Secondo lui è **alto/alta**, con i capelli **bionde/biondi** e **lungo/lunghi** e gli occhi **grandi/grande**. La donna ideale è **bello/bella** come un'attrice, **gentile/gentili**, **servizievoli/servizievole** e **allegra/allegro**. Invece Carmela è una siciliana **carino/carina**, ma **piccole/piccola** e **scura/scuro** e ha un carattere **tristi/triste**. Eppure sono sposati da 17 anni!!

5 Complete the adjective in the correct form and decide if the phrase is true or false, as shown in the example.

In Italia:

	true	false
1. L'inverno è molto cald_o_.	☐	☒
2. La temperatura primaverile è fredd__.	☐	☐
3. I mesi estiv__ sono cald__.	☐	☐
4. Il 15 agosto è una festa nazional__.	☐	☐
5. D'estate c'è pioggia abbondant__.	☐	☐
6. D'autunno comincia l'anno scolastic__.	☐	☐
7. Il primo maggio è un giorno festiv__.	☐	☐
8. Le località sciistiche sono pien__ di turisti.	☐	☐
9. Nel periodo invernal__ c'è il Carnevale.	☐	☐

6 **Put the adjective in the correct form.**

Italia: pizza, mafia e mandolini. Le opinioni sugli italiani

In un'intervista ad alcuni stranieri che vivono in Italia leggiamo queste opinioni sugli italiani:

- Elisabeth, una PR del Vietnam, dice che la politica *(italiano)* __italiana__ è troppo *(complicato)* __complicata__ .
- Per Avinash, un ristoratore *(indiano)* [____], gli uomini italiani non sono abbastanza *(gentile)* [____] con le donne.
- Bart, un fotografo del Belgio, dice che gli italiani sono troppo *(furbo)* [____] e non sono *(rispettoso)* [____] delle leggi.
- Natalia, una imprenditrice *(spagnolo)* [____], pensa che noi italiani siamo troppo *(frettoloso)* [____] e poco *(rilassa-to)* [____] .
- Secondo Danny, che è *(inglese)* [____], gli uomini *(italiano)* [____] sono più *(carino)* [____] con le donne degli uomini *(inglese)* [____], ma gli italiani non sono *(bravo)* [____] a fare la fila.
- Per la violoncellista *(tedesco)* [____] Ina, gli italiani sono troppo *(disorganizzato)* [____], tutto è *(complicato)* [____] e la lingua delle leggi è *(incomprensibile)* [____], ma gli uomini italiani sono amici *(perfetto)* [____] .
- Richard, un pilota *(americano)* [____], dice che i guidatori *(italiano)* [____] sono *(pazzo)* [____] e che nor-malmente la gente è molto *(elegante)* [____] anche se non ha le scarpe *(pulito)* [____] .
- Ellen, infine, una ragazza *(irlandese)* [____], dice che gli italiani sono troppo *(individualista)* [____] .

And you? What do you think about it? Do you agree?

7 **Write the opposite forms of the words highlighted in the text.**

e.g. La casa di **Giovanna** è **grande** e **economica**. → *La casa di Giovanni è piccola e cara.*

L'appartamento di **Mario** è **piccolo**, ma **bello**. Ci sono **poche** stanze e la camera da letto è **piccola**. In camera **Mario** ha un letto **gran-de**, un tavolo **vecchio**, una libreria **nuova** e delle **belle** foto dei suoi viaggi. **Mario** infatti è un **bravo fotografo**. Ora **Mario** è a Cuba perché **la ragazza**, **Alessandra**, abita lì. **Alessandra** è più **giovane** di **Mario**, ed è davvero **bella**: infatti è **alta** e **magra**. **Alessandra** non vive con **Mario** per amore ma perché vuole fare **la modella**.

L'appartamento di Maria è grande, ma...

Inside and Out

When the adjective **bello** is used before a noun, its forms imitate those of the definite article.

e. g.: *Che ragazzo* **bello!** *ma* → *Che* **bel** *ragazzo!* (perché: il ragazzo)
Laura ha gli occhi proprio **belli!** *ma* → *Che* **begli** *occhi ha Laura!*
(perché: gli occhi)

Present tense of regular verbs

1. parl**are** → **Parlo** inglese e francese.
2. ved**ere** → **Vedo** un film.
3a. part**ire** → **Parto** alle 16.00.
3b. cap**ire** → Non **capisco**.

■ *Italian regular verbs are divided into three groups -are, -ere, -ire.*

Group 1: verbs ending in -*are*

io	(comprare) Compro un giornale.	-*o*
tu	(parlare) Parli inglese?	-*i*
lui/lei/Lei (formal)	(giocare) Simona gioca a tennis.	-*a*
noi	(lavorare) Lavoriamo in banca.	-*iamo*
voi	(ascoltare) Ascoltate la radio.	-*ate*
loro	(suonare) Suonano la chitarra.	-*ano*

Group 2: verbs ending in -*ere*

io	(vedere) Vedo la TV.	-*o*
tu	(chiudere) Chiudi la porta.	-*i*
lui/lei/Lei (formal)	(scrivere) Signora, a chi scrive?	-*e*
noi	(mettere) Mettiamo un maglione.	-*iamo*
voi	(leggere) Leggete un libro.	-*ete*
loro	(rispondere) Rispondono bene.	-*ono*

Group 3a: verbs ending in -*ire*

io	(partire) Parto per Napoli.	-*o*
tu	(dormire) Dormi sempre troppo.	-*i*
lui/lei/Lei (formal)	(sentire) Carlo sente la musica.	-*e*
noi	(aprire) Apriamo la finestra.	-*iamo*
voi	(offrire) Offrite voi il caffè?	-*ite*
loro	(seguire) Seguono le istruzioni.	-*ono*

Group 3b: verbs ending in -*ire* (-*isco*)

io	(capire) Non capisco.	-*isc-o*
tu	(capire) Capisci l'italiano?	-*isc-i*
lui/lei/Lei (formal)	(finire) La lezione finisce alle 13.00.	-*isc-e*
noi	(pulire) Puliamo il bagno.	-*iamo*
voi	(preferire) Preferite vino o birra?	-*ite*
loro	(costruire) Costruiscono una casa.	-*isc-ono*

Regular verbs - indicative - present tense

	am-**are**	ved-**ere**	apr-**ire**	cap-**ire**
io	am-**o**	ved-**o**	apr-**o**	cap-**isc-o**
tu	am-**i**	ved-**i**	apr-**i**	cap-**isc-i**
lui/lei/Lei (formal)	am-**a**	ved-**e**	apr-**e**	cap-**isc-e**
noi	am-**iamo**	ved-**iamo**	apr-**iamo**	cap-**iamo**
voi	am-**ate**	ved-**ete**	apr-**ite**	cap-**ite**
loro	am-**ano**	ved-**ono**	apr-**ono**	cap-**isc-ono**

EXERCISES

1 Occupations. What do these people do?
Match the correct phrase to each occupation.

1) **il postino**
2) il commesso
3) lo spazzino
4) il barista
5) il pittore
6) il cantante
7) l'infermiere
8) il cuoco
9) il militare
10) la casalinga
11) l'impiegato
12) l'ingegnere
13) lo scrittore

a) scrive libri
b) lavora in casa
c) canta le canzoni
d) pulisce le strade
e) **porta la posta**
f) prepara da mangiare
g) lavora in ufficio
h) serve i clienti di un negozio
i) lavora in un ospedale
l) progetta macchine
m) lavora nel bar
n) dipinge quadri
o) esegue gli ordini

2 Complete the conjugation of the present tense of the following verbs.

	parlare	vedere	partire	finire
io	parlo	vedo	parto	fino
tu	parli	vedi	parti	finisci
lui/lei/Lei	parla	vede	partte	partfinisce
noi	parliamo	vediamo	partiamo	finiamo
voi	parlate	vedete	partite	finite
loro	parlono	vediamo	partono	finiscono

3 Verbs ending in -are. Put the verbs into the present tense.

e.g. Luisa *(parlare)* parla troppo.

1. Io *(lavorare)* lavoro in banca.
2. Stefano *(parlare)* parla bene l'inglese perché *(abitare)* abita in America.
3. Quando *(voi/giocare)* giocate a calcio?
4. *(io/Pensare)* penso spesso alla mia famiglia.
5. Scusi, a che ora *(arrivare)* arriva il treno?
6. Perché non *(tu/comprare)* compri un biglietto della lotteria?
7. Anna *(portare)* porta la figlia a scuola.
8. Normalmente gli italiani *(studiare)* studia inglese a scuola.
9. *(noi/Tornare)* Torniamo a Roma lunedì.
10. Signora, Lei *(guidare)* guida?

29

4 Verbs ending in *-ere.* Put the verbs into the present tense.

e.g. A chi *(tu/scrivere)* scrivi questa lettera?

1. *(tu/Vedere)* verdi quella donna? È russa.
2. *(io/Perdere)* perdo sempre le chiavi di casa.
3. Scusi, *(Lei/chiudere)* chiude la porta per piacere?
4. *(io/Vivere)* vivo in Inghilterra da 4 anni.
5. Se non *(voi/mettere)* mettxx l'indirizzo corretto la lettera non arriva.
6. Loro non *(permettere)* permettono al figlio di uscire la sera.
7. Noi *(vivere)* viviamo in un appartamento.
8. Paola *(cadere)* cade spesso da cavallo.
9. Alberto è un pittore e *(vendere)* vende molti quadri.
10. Noi *(vedere)* vediamo molti film.

5 Verbs ending in *-ire.* Put the verbs into the present tense.

e.g. Di solito *(noi/dormire)* dormiamo otto ore.

1. "Quale vino *(Lei/preferire)* prefere ?" "D'estate *(io/preferire)* prefero il bianco."
2. L'aereo per Parigi *(partire)* parte alle 18.30.
3. A che ora *(tu/finire)* finisci di lavorare?
4. *(tu/Sentire)* senti questa musica?
5. Il concerto *(finire)* finispe fra un'ora.
6. Anna *(dormire)* dormire sempre troppo.
7. Loro non *(capire)* capiscono l'inglese.
8. Oggi *(offrire)* offre noi!
9. Oggi *(io/pulire)* pulo il bagno.
10. A che ora *(voi/partire)* partate ?

6 Verbs ending in *-are, -ere, -ire.* Put the verbs into the present tense.

1. Paola *(vivere)* vive a Venezia e *(lavorare)* lavore in un negozio di abbigliamento.
2. Quando *(io/studiare)* studio *(io/ascoltare)* ascolto sempre la radio.
3. Ornella e Luca *(partire)* partono oggi per le vacanze. *(Prendere)* _____ il treno fino a Napoli e poi il traghetto fino a Ischia.
4. Perché non *(tu/pulire)* _____ la cucina, quando *(tu/mangiare)* _____ ?
5. Voi *(lavorate)* _____ troppo.
6. Signor Fabi, se *(preferire)* _____ un appuntamento per la prossima settimana, io sono libero martedì pomeriggio.
7. Annalisa *(giocare)* _____ molto bene a tennis.
8. Quando l'insegnante *(parlare)* _____ veloce, gli studenti non *(capire)* _____ quasi niente.
9. Questo esercizio non *(finire)* _____ mai!
10. Signora, *(vedere)* _____ quella fontana? L'autobus *(passare)* _____ proprio lì davanti.

7 Read the text and underline all the verbs in the present tense. Then write the infinitive form and the subject, as shown in the example.

Chi non **conosce** Facebook?	***conosce****: conoscere, III persona singolare*
Voi usate questo famosissimo social network? Su Facebook succedono molti fatti strani, ecco alcuni esempi:	*usare; II plural* *succedare*
Primo episodio: Un ragazzo e una ragazza con lo stesso nome e cognome diventano amici su Facebook, e, dopo un po' di mesi, decidono di incontrarsi. Ora sono felicemente sposati.	
Secondo episodio: Un ragazzo italo-egiziano cerca e trova la madre e la sua famiglia italiana con Facebook.	
Terzo episodio: Una signora inglese scopre che è separata quando legge su Facebook lo status del marito.	
Quarto episodio: Uno sviluppatore di software aggiorna il suo status su Facebook a "sposato" mentre il sacerdote celebra il matrimonio.	

8 Who are these people? Choose the correct verb and guess the name of the personality.

a) Sono italiano e **giro/gira** tutto il mondo per cantare, ma **vivi/vivo** in Italia. Gli italiani mi **conoscete/conoscono** perché **vedono/vedo** i miei concerti alla televisione e **comprate/comprano** i miei dischi. Mi **chiama/chiamo** Andrea, sono un tenore e **canto/canta** molti tipi di musica, classica, opera e moderna.
Sai chi sono? **ANDREA B _ _ _ _ _ _**

b) Sono una persona molto importante. **Abita/Abito** in un piccolo stato indipendente dentro l'Italia. **Ho/Ha** un lavoro di responsabilità e spesso **viaggiamo/viaggio** molto. Di solito **porta/porto** abiti bianchi e lunghi e uno strano cappellino sulla testa e la domenica molta gente **aspetta/aspettano** di vedermi quando **apre/apro** la finestra per parlare. Le guardie del mio stato **parlano/parlate** tedesco perché sono tutte svizzere.
Sai chi sono? **IL P _ _ _**

c) Sono molto famoso, **vive/vivo** e **lavorate/lavoro** a Milano. Uomini e donne **indossiamo/indossano** i vestiti che io **disegno/disegna**. Molte modelle famose **lavorano/lavora** per me. I miei vestiti **costate/costano** molti soldi. Mi **chiami/chiamo** Giorgio.
Sai chi sono? **GIORGIO A _ _ _ _ _**

9 Put the verbs into the present tense.

Il primo maggio in Italia

Il primo maggio è una festa nazionale in Italia: la Festa dei Lavoratori. Nessuno *(lavorare)* ⬚ e molti *(approfittare)* ⬚ della giornata libera per andare con la famiglia in campagna, specialmente se il tempo è bello. Questa festività *(risalire)* ⬚ al 1886, quando, durante una protesta dei Knights of Labor, a Chicago, la polizia *(aggredire)* ⬚ i protestanti. Così *(nascere)* ⬚ la festa del 1° maggio.

In diversi paesi europei la festività del primo maggio *(diventare)* ⬚ ufficiale nel 1889 e due anni dopo in Italia. Il regime fascista *(cancellare)* ⬚ questo giorno di festa e *(inserire)* ⬚ al suo posto la celebrazione della Festa del Lavoro Italiano, il 21 aprile. Dopo la fine della Seconda Guerra Mondiale, comunque, la Repubblica Italiana *(riprendere)* ⬚ questo giorno festivo. Ora la Festa dei Lavoratori è molto importante in Italia, e dal 1990 i sindacati italiani, CGIL, CISL e UIL *(organizzare)* ⬚ a Roma un concerto per celebrare questo giorno, e centinaia di migliaia di persone *(partecipare)* ⬚ al concerto.

10 Read the introductions of Andrea, Veronica and Caterina and write a short report about them, describing them in the 3rd person singular as shown in the examples.

a) "Ciao. Mi chiamo Andrea Fiorini e ho 26 anni. Sono di Milano e abito in centro, dove lavoro in una agenzia turistica dal lunedì al venerdì. Di solito comincio a lavorare alle 9.00 e finisco alle 5.00, poi, tre volte alla settimana, gioco a tennis con un amico. Non sono fidanzato perché preferisco rimanere libero e indipendente, però ho molte amiche e una vita molto attiva. La sera vedo spesso gli amici per bere qualcosa o andare a ballare."

a) *Si chiama Andrea Fiorini e ha 26 anni...*

b) "Buonasera. Mi chiamo Veronica Biaggi e ho 49 anni. Sono di Reggio Emilia ma vivo a Bologna dove insegno in una scuola elementare. Sono sposata e ho due figli, un maschio e una femmina. Nel tempo libero leggo molto, sono appassionata di libri e spendo molti soldi nelle librerie. Qualche volta penso di scrivere un libro sui bambini, ma ora non ho molto tempo. Forse in futuro ..."

b) *Si chiama Veronica Biaggi e ha 49 anni...*

c) "Mi chiamo Caterina Cussu, ho 28 anni, sono sarda e vivo a Nuoro, dove lavoro in una società informatica come designer grafico. È un lavoro molto creativo e qualche volta, quando non ho idee, prendo la macchina e giro lungo la costa, a pensare. Non sono sposata né fidanzata. Viaggio volentieri e conosco sempre nuove persone."

c) *Si chiama Caterina Cussu e ha 28 anni...*

11 Put the verbs into the present tense and guess the title of the book.

Che libro è?

È un famoso romanzo italiano del 2001, di Niccolò Ammaniti. Questo libro è tradotto in molte lingue. Tutto *(succedere)*

[   ] nel 1978, il protagonista si chiama Michele, un ragazzino che *(scoprire)* [   ] un terribile segreto.

Un giorno, mentre *(lui/giocare)* [   ] con gli amici, *(trovare)* [   ] un pozzo e, dentro il pozzo, *(vedere)*

un bambino come lui, Filippo. Michele e Filippo *(diventare)* [   ] amici.

Più tardi Michele *(capire)* [   ] che i suoi genitori *(nascondere)* [   ] Filippo per avere dei soldi dalla sua

ricca famiglia. Michele, allora, *(decidere)* [   ] di aiutare Filippo a fuggire anche se *(lui/avere)* [   ]

molta paura. Così, con coraggio, *(agire)* [   ] contro i suoi genitori e *(vincere)* [   ] la paura.

The title of the book is _____

Inside and Out

The present tense often replaces the future tense if the sentence includes a time expression.
(i. e.: **domani, il mese prossimo, fra qualche mese**, etc).

e. g.: **Domani** parto per le vacanze.
Giovedì prossimo arrivano i miei amici.

■ Progress test
(Units 1-5)

Have you made progress? Use this test to check.
Each exercise repeats one or more grammatical topic.
If you get more than half of the total correct: WELL DONE!
Otherwise, repeat the topics that give you most problems.

I NOUNS (MASCULINE AND FEMININE)

Divide the nouns into masculine and feminine.

cameriere stazione orologio casa autobus padre salame vino pane stagione film città
bar bici birra cinema mano fiore problema radio

masculine	feminine
cameriere	

Each correct noun scores 1 point. Total:_____/19

2 NOUNS (SINGULAR AND PLURAL)

Put the singular nouns into the plural.

singular	plural
penna	*penne*
amico	
libro	
amore	
operaio	
infermiere	
avvocato	
uomo	
professoressa	
mano	
amica	
pesca	
università	
foto	
bar	
disco	
giornale	
letto	
albergo	
caffè	
pizzeria	

Each correct plural scores 1 point. Total:_____/20

Progress test (1-5)

33

3 DEFINITE ARTICLES
Complete the text with the definite articles.

Al momento, in Italia, [ ] situazione del mercato del lavoro femminile è molto debole perché [ ] sistema economico è debole. [ ] tasso di occupazione in generale è più basso della media europea e [ ] differenza fra occupazione femminile e maschile è molto alta. Secondo [ ] dati dell'Istituto di Statistica (ISTAT), [ ] occupazione maschile è circa il 70%, ma quella femminile è solo [ ] 47%. [ ] bassa partecipazione delle donne al mercato del lavoro è concentrata specialmente al Sud e fra [ ] donne che hanno più di 45 anni. Inoltre, nonostante [ ] ottimi risultati scolastici, le donne hanno difficoltà a ottenere [ ] ruoli direttivi e, spesso, [ ] stipendio è più basso di quello di un uomo allo stesso livello. Insomma, c'è ancora molto da fare per [ ] parità fra uomo e donna.

Each correct article scores 2 points.   Total:_____/26

4 DEFINITE AND INDEFINITE ARTICLES
Complete the text with the definite or indefinite articles.

Bologna è una città dell'Emilia-Romagna, [ ] regione del centro-nord Italia. [ ] origini di Bologna sono del IX secolo a.C. Quando nel 189 a.C. diventa [ ] colonia romana, [ ] suo nome cambia da Felsina ([ ] suo nome etrusco) a Bononia. [ ] periodo più importante e ricco nella storia di Bologna è il secolo XI, quando [ ] città diventa comune libero e nasce [ ] università. [ ] università di Bologna rimane per secoli una delle più importanti in Europa. [ ] centro della città ha ancora [ ] vie medievali e [ ] antiche torri. [ ] due torri più famose sono [ ] Torre degli Asinelli (secolo XII) e [ ] Torre della Garisenda (fine secolo XI). Ora Bologna è [ ] importante centro artistico e intellettuale. [ ] studenti del DAMS, [ ] Accademia delle Arti e dello Spettacolo, rendono [ ] città molto vivace e divertente. [ ] ristoranti sono ottimi, [ ] osterie sono famose per [ ] musica dal vivo e [ ] vino. Insomma [ ] vita a Bologna è piena di stimoli, è [ ] città bella e ricca di cultura e arte e molti ancora la chiamano: la grassa.

Each correct article scores 2 points.   Total:_____/50

5 *ESSERE* AND *AVERE*
Choose the correct verb: *essere* or *avere*?

L'Italia **è/ha** 20 regioni e, naturalmente, ogni regione **ha/è** molte città, cittadine e paesi che **hanno/sono** molto differenti fra loro. Spesso anche i dialetti **hanno/sono** molto diversi e, secondo alcuni, anche gli abitanti delle diverse regioni, o delle diverse città, **sono/hanno** caratteri diversi.
Per esempio dicono che, se **hai/sei** di Genova, in Liguria, **hai/sei** avaro come uno scozzese. Oppure, se **sei/hai** di Milano, in Lombardia, **hai/sei** sempre fretta, non **sei/hai** molta pazienza e **sei/hai** piuttosto arrogante. Di noi toscani dicono che **abbiamo/siamo** anticlericali e satirici e anche nella stessa Toscana ci **sono/hanno** molte rivalità fra le città e tutti parlano male dei vicini. Dei sardi si dice che **sono/hanno** molto orgogliosi, come anche i siciliani. Qualche volta parlare male delle altre città o delle altre regioni **è/ha** uno dei giochi preferiti, ma, in fondo in fondo, nessuno ci crede poi molto (o quasi ...).

Each correct verb scores 1 point.   Total:_____/15

6 PRESENT TENSE OF *ESSERE, AVERE* AND REGULAR VERBS
Put the verbs into the present tense.

Una domenica a digiuno

Aldo torna oggi dalla Francia. È domenica. L'aereo *(arrivare)* [＿＿＿] all'aeroporto alle 11. Aldo *(aspettare)* [＿＿＿] le valigie, *(prendere)* [＿＿＿] un taxi e all'una *(essere)* [＿＿＿] a casa. " *(io/Avere)* [＿＿＿] fame", *(pensare)* [＿＿＿], quindi *(aprire)* [＿＿＿] il frigorifero e *(vedere)* [＿＿＿] un cartone di latte vecchio, due pomodori e un vasetto di maionese. Allora *(decidere)* [＿＿＿] di uscire per comprare qualcosa da mangiare, ma il paese *(essere)* [＿＿＿] deserto. *(Essere)* [＿＿＿] agosto, *(essere)* [＿＿＿] una giornata molto calda e Aldo, dalle finestre aperte, *(sentire)* [＿＿＿] i profumi del pranzo. La fame *(aumentare)* [＿＿＿], Aldo *(prendere)* [＿＿＿] la macchina e *(cominciare)* [＿＿＿] a girare in cerca di un supermercato aperto.... niente! *(Essere)* [＿＿＿] domenica, nessuno *(lavorare)* [＿＿＿]! Lo stomaco *(essere)* [＿＿＿] vuoto, la testa *(girare)* [＿＿＿], i pochi ristoranti del paese *(essere)* [＿＿＿] chiusi perché tutti *(essere)* [＿＿＿] in vacanza. Aldo *(avere)* [＿＿＿] paura di morire di fame… Almeno un gelato! Alla fine, disperato, *(entrare)* [＿＿＿] in una gelateria, *(comprare)* [＿＿＿] un chilo di gelato e lo *(portare)* [＿＿＿] a casa. Poi *(finire)* [＿＿＿] tutto il gelato e *(decidere)* [＿＿＿] di andare a letto, perché *(avere)* [＿＿＿] un gran mal di pancia! A letto *(pensare)* [＿＿＿] :" *(io/Odiare)* [＿＿＿] le domeniche d'agosto!!".

Each correct verb scores 3 points.   Total:＿＿＿/90

7 NOUNS, ADJECTIVES, VERBS AND ARTICLES
Make sentences in the present tense, as shown in the example. Don't forget the articles!

e.g. tedesco/essere/lingua/germanico > *Il tedesco è una lingua germanica.*

1. italiani/normalmente/prendere/vacanze/ad agosto. > [＿＿＿]
2. d'inverno/montagne/italiano/essere/pieno/di sciatori. > [＿＿＿]
3. Sardegna/avere/mare/bellissimo. > [＿＿＿]
4. montagna/più/alto/degli Appennini/essere/in Abruzzo. > [＿＿＿]
5. sciatori/estivo/preferire/Monte Rosa. > [＿＿＿]
6. isole Tremiti/essere/tre isole/italiano. > [＿＿＿]
7. turisti/tedesco/amare/spiagge/italiano. > [＿＿＿]
8. molto/turisti/visitare/cascate delle Marmore/in Umbria. > [＿＿＿]
9. fiume/più/lungo/d'Italia/essere/Po. > [＿＿＿]
10. Po/nascere/sulle Alpi e/finire/nel mare Adriatico. > [＿＿＿]

Each correct sentence scores 4 points.   Total:＿＿＿/40

35

8 PRESENT TENSE OF *ESSERE, AVERE* AND REGULAR VERBS
Put the verbs into the present tense.

Una storia telefonica

29 dicembre

Per Gianni le vacanze cominciano oggi, finalmente! *(Essere)* [   ] all'aeroporto, e *(pensare)* [   ] : "Oh, che bello! Ora *(partire)* [   ] e questo pomeriggio sarò ad Amsterdam. Non *(io/vedere)* [   ] l'ora di incontrare i miei amici e festeggiare il Capodanno con loro!" Purtroppo il tempo è proprio brutto, *(cominciare)* [   ] a nevicare sempre di più e l'aeroporto *(chiudere)* [   ]. Gianni è deluso e arrabbiato, *(aspettare)* [   ] per qualche ora, ma niente da fare: tutti i voli *(essere)* [   ] cancellati! Allora *(spedire)* [   ] un SMS al suo amico Stefan, ad Amsterdam, e *(scrivere)* [   ] "Che sfortuna! Sono bloccato. Non *(io/organizzare)* [   ] più un viaggio in inverno!".
Dopo qualche minuto, Gianni *(sentire)* [   ] il suono di un SMS, *(prendere)* [   ] il telefonino e *(leggere)* [   ] : "*(tu/Avere)* [   ] ragione. Non è una buona idea organizzare viaggi in questo periodo. Mi dispiace per la tua vacanza. Però io non *(essere)* [   ] Stefan ☺, mi chiamo Ulla.". Gianni controlla il numero e *(capire)* [   ] che non è quello di Stefan. Allora risponde a Ulla: "Scusa, *(io/avere)* [   ] il numero sbagliato, mi dispiace. Ciao Ulla, mi chiamo Gianni. *(Essere)* [   ] italiana? E tu, dove *(passare)* [   ] il Capodanno?". Gianni e Ulla *(continuare)* [   ] a scambiare SMS per diversi giorni.

31 dicembre

Gianni e Ulla *(avere)* [   ] un appuntamento in città per prendere un caffè. Sono entrambi soli per Capodanno e *(pensare)* [   ] di vedersi, conoscersi e, se tutto va bene, passare il Capodanno insieme. Secondo te, cosa *(succedere)* [   ] ?

Each correct verb scores 2 points.   Total: _____/48

---

9 NOUNS, ADJECTIVES, VERBS AND ARTICLES
Make sentences in the present tense, as shown in the example. Don't forget the articles!

e. g.: giovani/italiano/studiare/principalmente/inglese > *I giovani italiani studiano principalmente l'inglese.*

1. Val d'Aosta/avere/due/lingua/ufficiale/e/essere/regione/più piccolo/in Italia.
2. Nel mondo/esserci/circa 67/milione/di/persona/che parlare/italiano.
3. Molto/argentini/essere/di famiglia/italiano/e/parlare/italiano.
4. Anche in Australia/vivere/molto/famiglie/di origine/italiano.
5. abitanti/della Corsica/capire/bene/italiano.
6. Anche/tanto/albanesi/comprendere/italiano/perché/vedere/televisione/italiano.
7. legge/italiano/proteggere/12/comunità/linguistico/minoritario.
8. Questo/lingue/essere/in programmi/televisivo/ e radiofonico.

Each correct sentence scores 4 points.   Total: _____/32

Modal verbs and the verb *sapere*

Voglio un po' di silenzio!

Lina **vuole** il motorino.

Sandro **deve** fare la dieta.

Dobbiamo studiare di più.

Non **puoi** venire al parco?

I bambini non **possono** uscire da soli.

Non **so** guidare la macchina.

Sapete usare il computer?

■ *The modal verbs,* ***volere, potere, dovere*** *and the verb* ***sapere*** *are irregular in the present tense.*

Voglio mangiare un po'.

Devo cambiare i soldi.

Posso fumare?

Scusi, **può chiudere** la finestra?

■ *Normally the modal verbs* ***volere, dovere*** *and* ***potere*** *are followed by an infinitive.*

Non **so giocare** a tennis.
(= non so come fare a giocare)

■ ***Sapere*** *normally means: to have the ability to do something.*

Oggi **non posso** giocare a tennis.
(= non ho tempo/mia madre non mi dà il permesso)

■ ***Potere*** *usually means: to have the physical ability to do something or to have permission to do something.*

	volere	potere	dovere	sapere
io	**voglio**	**posso**	**devo**	**so**
tu	**vuoi**	**puoi**	**devi**	**sai**
lui/lei/Lei (formal)	**vuole**	**può**	**deve**	**sa**
noi	**vogliamo**	**possiamo**	**dobbiamo**	**sappiamo**
voi	**volete**	**potete**	**dovete**	**sapete**
loro	**vogliono**	**possono**	**devono**	**sanno**

Table title: Modal verbs and the verb sapere

EXERCISES

I   Choose the correct form of the modal verbs.

e.g. Laura non **posso/può** mangiare le pesche. È allergica.

1. Oggi (io) **devo/deve** telefonare a Massimo.
2. Aldo e Giacomo **vogliamo/vogliono** studiare lo spagnolo.
3. Noi bambini non **possiamo/possono** giocare in giardino.
4. Se (tu) **voglio/vuoi** dimagrire non **deve/devi** mangiare cioccolata.
5. Luca non **può/posso** mangiare la torta perché ha mal di stomaco.
6. Gli studenti **dovete/devono** fare molti compiti.
7. Scusi, (Lei) **puoi/può** spegnere la sigaretta?
8. A che ora (voi) **dovete/deve** partire?
9. Perché le ragazze non **volete/vogliono** venire al cinema?
10. (tu) Non **può/puoi** stare in casa ogni domenica!

2 *Potere* or *sapere*? Match the correct phrase to each illustration.

a. non sa mangiare con le bacchette

b. non sa leggere

c. non può parlare

d. non può mangiare la torta

e. non può leggere

f. non sa parlare

g. non sa sciare

h. non può sciare

3 *Potere* or *sapere*? Choose the correct verb for each sentence.

e.g. Ho mal di denti, non **posso** / **so** parlare.

1. **Sai/Puoi** nuotare?
2. Oggi non **so/posso** venire al cinema perché ho da fare.
3. Scusi, **può/sa** che ore sono?
4. Luigi lavora in Francia ma non **sa/può** una parola di francese.
5. **Potete/Sapete** chiamare la polizia? Non ho il telefono.
6. No, mia figlia non **sa/può** venire in piscina, non **sa/può** nuotare.
7. Se non vanno in macchina **sanno/possono** prendere il treno.
8. Non **possiamo/sappiamo** dove abita Piera.
9. **Possiamo/Sappiamo** venire a casa tua oggi?
10. **Sapete/Potete** giocare a bridge domani sera?

4 **Choose the correct verb.**

e.g. Quando andiamo al ristorante **sappiamo / vogliamo / dobbiamo** sempre un tavolo per fumatori.

Marta e Alice sono gemelle e studiano nella stessa scuola, ma in due classi diverse. Marta è un tipo attivo ed è molto brava in tutti gli sport, Alice invece è più brava in italiano e filosofia e preferisce i libri allo sport. Domani Marta ha un compito di italiano e non **vuole/sa/deve** andare a scuola perché ha paura di prendere un brutto voto, quindi chiede ad Alice se **deve/può/sa** prendere il suo posto e fare il compito per lei, infatti la professoressa non la **vuole/deve/può** riconoscere! Alice risponde di sì, ma dice che allora Marta **sa/vuole/deve** prendere il suo posto alla partita di pallavolo di venerdì perché lei non **sa/deve/può** giocare bene e non **può/deve/vuole** fare una brutta figura. I genitori di Marta e Alice naturalmente non **sanno/devono/vogliono** niente di tutto questo e sono orgogliosi di quanto le loro figlie sono brave in tutto!

Other verbs that are irregular in the present tense

andare	bere	dare	dire
vado	bevo	do	dico
vai	bevi	dai	dici
va	beve	dà	dice
andiamo	beviamo	diamo	diciamo
andate	bevete	date	dite
vanno	bevono	danno	dicono

fare	morire	rimanere	riuscire
faccio	muoio	rimango	riesco
fai	muori	rimani	riesci
fa	muore	rimane	riesce
facciamo	moriamo	rimaniamo	riusciamo
fate	morite	rimanete	riuscite
fanno	muoiono	rimangono	riescono

salire	scegliere	sedere	stare
salgo	scelgo	siedo	sto
sali	scegli	siedi	stai
sale	sceglie	siede	sta
saliamo	scegliamo	sediamo	stiamo
salite	scegliete	sedete	state
salgono	scelgono	siedono	stanno

tenere	uscire	venire
tengo	esco	vengo
tieni	esci	vieni
tiene	esce	viene
teniamo	usciamo	veniamo
tenete	uscite	venite
tengono	escono	vengono

EXERCISES

1 Complete the conjugation of the following verbs.

	dire	rimanere	scegliere	sedere	tenere
io				*siedo*	
tu	*dici*				
lui/lei/Lei		*rimane*	*sceglie*		*tiene*
noi			*scegliamo*	*sediamo*	
voi		*rimanete*			
loro	*dicono*				*tengono*

2 Reconstruct the phrases.

e.g. che ora/domani/parti/a/? > *A che ora parti domani?*

1. andare/vogliamo/in vacanza. >
2. rimane/studiare./perché/Renato/a casa/deve >
3. più birra./beviamo/d'estate >
4. la/stranieri/italiana/per/incomprensibile./è/politica/gli >
5. mancia/non/perché/la/dai/al cameriere? >
6. venire/a ballare./posso/non >
7. il/sa/Marco/tedesco. >
8. domani?/fai/cosa >
9. non usciamo/perché/stasera? >

3 Paola is on holiday with three friends and writes a letter home.
Complete the letter with the verbs in the list, as shown in the example.

andiamo   andiamo   fa   facciamo   facciamo   preferiscono   siamo   state   stiamo
usciamo   vado   vanno   vengono   viene

Ciao a tutti!

Come state ? Noi qui a Sorrento [   ] benissimo! [   ] in una pensione molto carina e non troppo cara. Ogni mattina [   ] al mare, dove [   ] una bella nuotata e poi, quando [   ] troppo caldo e [   ] molta gente, andiamo al bar e [   ] colazione. Qualche volta (io) [   ] con Serena al mercato mentre Sergio e Giorgio [   ] tornare alla pensione a riposarsi. Sorrento è bellissima e le serate sono davvero divertenti!!

I sorrentini sono simpatici e, quando io e Serena [   ] e [   ] al bar o a ballare da sole (Sergio e Giorgio qualche volta non [   ] perché [   ] a pescare di notte) offrono sempre da bere e ci fanno compagnia. Insomma, una pacchia!

Ciao e a presto!

Paola

4 Choose the correct form of the verb in each phrase and then choose the answer. When you have finished, check your score to discover whether you are a pessimist or an optimist.

Test psicologico - Sei ottimista o pessimista?

1. Quando **sei/vai** invitato a una festa.
   - [ ] a. **Hai/Sei** molto contento.
   - [ ] b. Trovi una scusa e non **vai/fai**.
   - [ ] c. **Puoi/Vuoi** sapere chi c'è.
   - [ ] d. **Hai/Sei** imbarazzato.
   - [ ] e. Pensi al vestito da mettere.

2. Il tuo mese preferito **è/fa**:
   - [ ] a. Marzo.
   - [ ] b. Dicembre.
   - [ ] c. Giugno.
   - [ ] d. Ottobre.
   - [ ] e. Agosto.

3. Cosa **dici/dai** del tuo aspetto?
   - [ ] a. **Sono/Devo** stare molto attento.
   - [ ] b. **Va/È** abbastanza bene.
   - [ ] c. **Voglio/Vado** migliorare.
   - [ ] d. Non **è/ha** molta importanza.
   - [ ] e. **Sta/È** perfetto.

4. Cosa **hai/fai** se **tieni/vuoi** essere simpatico a qualcuno?
   - [ ] a. Mostri sicurezza.
   - [ ] b. Mostri che **fai/sei** interessato a lui.
   - [ ] c. Sei riservato.
   - [ ] d. Parli dei problemi che **sei/hai**.
   - [ ] e. Ascolti.

5. Cosa pensi delle tue esperienze?
   - [ ] a. **Hanno/Sono** interessanti.
   - [ ] b. Sono personali e riservate.
   - [ ] c. **Va/È** giusto raccontarle a tutti.
   - [ ] d. **Voglio/Vado** raccontarle solo a persone sensibili.
   - [ ] e. Va bene raccontarle agli amici.

Risultati

da 0 a 15
Sei molto pessimista e ansioso, malinconico e triste. Devi essere più positivo.

da 15 a 30
Oscilli fra pessimismo e ottimismo. Qualche volta sei disorientato e qualche volta pieno di energia.

da 30 a 50
Sei prevalentemente ottimista e soddisfatto della vita. Hai molti amici e sei contento.

Punteggio

	a	b	c	d	e
1	10 punti	0 punti	5 punti	2 punti	8 punti
2	4 punti	7 punti	1 punti	0 punti	10 punti
3	8 punti	0 punti	5 punti	2 punti	10 punti
4	10 punti	9 punti	0 punti	3 punti	6 punti
5	10 punti	0 punti	5 punti	2 punti	8 punti

5 Choose the correct form of the verb and decide whether the sentences are true or false.

Usi, costumi e regole italiani

	true	false
1. Gli attori italiani **dicono/danno** che il colore viola porta sfortuna.	☐	☐
2. Se prendi il treno **vuoi/devi** annullare il biglietto prima di salire.	☐	☐
3. Quando compri qualcosa **devi/puoi** tenere sempre lo scontrino.	☐	☐
4. Il primo maggio gli italiani **salgono/rimangono** al lavoro.	☐	☐
5. Nei dialetti meridionali **è/sono** possibile dire "pure" al posto di "anche".	☐	☐
6. La maggior parte dei giovani **va/rimane** a vivere da solo molto presto.	☐	☐
7. Quasi tutti in Italia **vanno/fanno** in vacanza ad agosto.	☐	☐
8. Noi italiani **siamo/facciamo** sempre la fila per tutto.	☐	☐
9. Se **teniamo/diamo** un esame all'università **diamo/diciamo** "In bocca al lupo".	☐	☐
10. Se vuoi essere formale **dici/dai** del Lei.	☐	☐

6 Choose the correct verb and conjugate it in the present tense.

e.g. Piero **(sapere/volere/fare)** *vuole* diventare architetto.

1. (io) Non **(potere/sapere/bere)** [＿＿＿] comprare quella macchina. È troppo cara!
2. Prima di mangiare (tu) **(volere/dovere/potere)** [＿＿＿] bere un aperitivo?
3. Scusi, **(sapere/dire/potere)** [＿＿＿] dove è l'ufficio postale più vicino?
4. Noi **(fare/dovere/dire)** [＿＿＿] sempre la verità.
5. Il fine-settimana voi **(morire/andare/bere)** [＿＿＿] troppo!
6. Silvia e Barbara **(venire/essere/stare)** [＿＿＿] male.
7. Gli italiani **(uscire/fare/bere)** [＿＿＿] colazione con un cappuccino.
8. D'estate in Italia **(salire/volere/venire)** [＿＿＿] molti turisti.
9. (io) Non **(morire/riuscire/fare)** [＿＿＿] a dormire.

7 Find the two incorrect verb forms in the text.

Il caffè

Come tutti sanno, gli italiani bevono molti caffè durante il giorno: molte persone fanno il caffè a casa con la Moka, (una caffettiera tipica per l'espresso che esiste dal 1933), altri vanno al bar. Quello che gli italiani chiamano caffè è naturalmente l'espresso, che alcuni bevono con un po' di latte (macchiato) e che al nord molti bevono "corretto", con un po' di grappa o cognac. Al bar, la mattina, molti italiani fa colazione con un cappuccino o un caffè, in piedi. Molti impiegati smettono di lavorare a metà mattina, usciamo e vanno a prendere il caffè. Anche agli amici a casa di solito gli italiani offrono un caffè, non un tè.

Addressing people formally

Informal sentence: Scusa, **sei** il fratello di Mario?
Formal sentence: Scusi, **Lei è** il fratello di Mario?

Informal sentence: **Giovanni**, a che ora **pensi** di partire?
Formal sentence: **Signor Testi**, a che ora **pensa** di partire?

Informal sentence: Ciao **Anna**, come **stai**?
Formal sentence: Buongiorno **signorina**, come **sta**?

Buonasera Signori, cosa **bevete**?

Buonasera Signori, cosa **bevono**?

■ *When we need to address people formally we use the pronoun* **Lei** *(feminine 3rd person singular). The verb therefore is in the 3rd person singular.*

■ *Often the plural form used to address people formally is* **Voi** *(2nd person plural).*
■ *Sometimes, in very formal situations, we use* **Loro** *to address more than one person formally (3rd person plural).*

Addressing people formally	
singular	**Lei**
plural	**Loro** *(not very common)*
	Voi *(used more frequently)*

EXERCISES

I Match each dialogue to the correct illustration.

1.

2.

3.

a.

■ Buongiorno Signora Sodini, come va?
▲ Molto bene, grazie Signor Loppi. E Lei?
■ Niente male, grazie. Lavora qui vicino?
▲ Sì, proprio qui davanti.
■ Viene a prendere un caffè con me?
▲ Perché no. Ho dieci minuti liberi.

b.

■ Buona sera Professor Nucci.
▲ Ciao Roberto! Tutto bene?
■ Abbastanza. Però ho qualche problema con la tesi. Ha un po' di tempo?
▲ Certo. Andiamo nel mio ufficio.
■ Grazie Professore.

c.

■ Franco, come va?
▲ Ciao Lucia! Che fai qui?
■ Vado in palestra qui vicino. Tu abiti sempre in via S. Stefano?
▲ Sì, perché non passi da casa mia dopo la palestra?
■ Va bene. A dopo.

2 Andrea Felici and Federica Giusti meet. Put the conversation into the correct order.

a) Sì, perché?	b) Bene, grazie! Hai tempo?

c) Non male e tu?	d) Prendi un caffè con me?

e) Ciao Federica, come stai?

f) Ciao Andrea!	g) Ottima idea Andrea!

3 Now change the conversation to formal speech, as shown in the example.

Buongiorno signor Andrea!

Buongiorno signorina Federica, come _____?

_____

_____

_____

_____

_____

_____

_____

4 Choose the correct form in the dialogue between Mrs. Cini, a teacher, and Luca Mancini. Use formal speech for the teacher but not for Luca, as shown in the examples.

Luca - Buongiorno professoressa. **Vuole/vuoi** parlarmi?

Prof. - Sì Luca, **vieni/viene** un attimo qui. Lo **sa/sai** che **hai/ha** dei problemi in italiano, no?

Luca - Sì, ma non so cosa fare. Non ho tempo di studiare tutto quello che Lei **fai/fa** in classe.

Prof. - E perché no? Per gli altri non è un problema. Tu cosa **hai/ha** di speciale?

Luca - Scusi, non **sai/sa** che sono nel gruppo sportivo della scuola e che gioco a calcio nella squadra degli Under 21 del paese?

Prof. - Va bene, ma lo sport non deve prendere il posto dello studio, tu che **pensa/pensi**?

Luca - Forse **hai/ha** ragione professoressa ma **deve/devi** sapere che io voglio diventare un calciatore professionista e non posso perdere tempo con l'italiano. Se **ascolta/ascolti** i calciatori famosi quando parlano **capisci/capisce** cosa voglio dire.

Prof. - Ma Luca! Non **puoi/può** pensare solo al calcio! Se **ha/hai** sfortuna e questa carriera non va? Cosa **fai/fa**?

Luca - Forse posso lavorare alla RAI! Lì l'italiano non è molto importante, no?

Prof. - Sigh…

5 Put the verbs in the present tense and complete the interview.

a) Sandro ha 16 anni e lavora part-time da MacDonald's.

Giornalista -	**Ciao** Sandro.
Sandro -	**Buonasera**.
Giornalista -	Da quanto tempo *(lavorare)* [ ] qui?
Sandro -	Da pochi mesi.
Giornalista -	E quante ore *(dovere)* [ ] fare al giorno?
Sandro -	Normalmente lavoro 3 giorni alla settimana, sei ore al giorno.
Giornalista -	Lo stipendio è buono? Quanto *(prendere)* [ ] all'ora?
Sandro -	Mah, circa 5 euro, non molto.
Giornalista -	Allora perché *(volere)* [ ] lavorare? Non *(potere)* [ ] rimanere a casa a studiare o andare in giro con gli amici?
Sandro -	È vero. Ma preferisco avere un po' di soldi da spendere e essere indipendente.
Giornalista -	Capisco Sandro. Ciao e buon lavoro.
Sandro -	Arrivederci e grazie.

b) Il padre di Sandro, Orlando Pistola, ha 57 anni ed è direttore di banca.

Giornalista -	**Buongiorno signor Pistola.**
Signor Pistola -	**Buongiorno a Lei.**
Giornalista -	Cosa *(pensare)* [ ] del lavoro di Sandro?
Signor Pistola -	Non capisco perché vuole lavorare. Noi non abbiamo problemi economici e io posso pagare tutto quello che vuole.
Giornalista -	Ma non *(credere)* [ ] che un piccolo lavoro può essere importante per un giovane?
Signor Pistola -	Un lavoro da MacDonald's? Penso proprio di no! E poi i giovani devono stare insieme, andare al cinema, andare a ballare, divertirsi insomma!
Giornalista -	*(Andare)* [ ] mai a trovare Sandro al lavoro?
Signor Pistola -	*(Scherzare)* [ ]? No. Mai. Sandro sa che io non sono contento del suo lavoro, è senza futuro.
Giornalista -	Lei non *(mangiare)* [ ] mai da MacDonald's?
Signor Pistola -	No, no. Io mangio solo in ristoranti di qualità e non voglio incontrare mio figlio che fa il cameriere.
Giornalista -	Ma perché *(essere)* [ ] così rigido?
Signor Pistola -	Perché il figlio di un direttore di banca non può fare un lavoro così!
Giornalista -	Capisco, arrivederLa.
Signor Pistola -	ArrivederLa.

Inside and Out

During the Fascist regime Mussolini demanded the pronoun *Lei* be replaced by *Voi* when addressing someone formally. Though *Lei* is now back in use, *Voi* can sometimes still be heard in formal speech in Italy's southern regions.

Present continuous (the verb *stare* + gerund)

present: Di solito **telefono** a mia madre ogni settimana.

present continuous: **Sto telefonando** a mia madre. *(just now)*

present: Il film **comincia** alle 8.30.

present continuous: Vieni! Il film **sta cominciando**! *(just now)*

■ *The present continuous is used to express an action which happens at the moment the person is speaking.*

Fai silenzio, **sto** ascolt**ando** la radio.

Isa **sta** mett**endo** i piatti sulla tavola.

Corri!! Il treno **sta** part**endo**!

La lezione **sta** fin**endo**.

■ *The present continuous is formed using the present tense of the verb **stare** + **the gerund**. The gerund is formed from the infinitive of the verb. The endings for the gerund are:*

-are > -ando
-ere > -endo
-ire > -endo

■ *Some verbs form the gerund from the 1st person singular of the present tense:*

bevo > bevendo
faccio > facendo
dico > dicendo

I ragazzi **stanno** bev**endo** il vino.

Piero **sta** fac**endo** la doccia.

Cosa **sta** dic**endo**? Non capisco. C'è troppo rumore.

Present continuous (present tense of the verb *stare* + gerund)

	stare	gerund
io	**sto**	
tu	**stai**	parl**ando**
lui/lei/Lei (formal)	**sta**	scriv**endo**
noi	**stiamo**	part**endo**
voi	**state**	
loro	**stanno**	

Inside and Out

Suffixes such as *-ino* and *-etto* usually affect the meaning of a noun; words which contain such endings generally refer to small entities.

*e. g.: Vicino a casa mia c'è un **laghetto** (piccolo lago).*   *Anna dorme nel **lettino** (letto piccolo).*

Please note that these endings cannot be added to any noun.

*e. g.: Ho un **tavolino** in sala (piccolo tavolo).*   *Ho un ***tavoletto** in sala (tavoletto is not an Italian word).*

I What are they doing?
Match each phrase to the correct illustration.

1.

2.

3.

4.

a. stanno dormendo

b. stanno cantando

c. sta mangiando

d. sta leggendo un libro

e. sta aprendo la porta

f. stanno piangendo

g. sta facendo il caffè

h. sta telefonando

5.

6.

7.

8.

8 The verb *stare*

2 Complete the text with the present tense of the verb *stare*, as shown in the example.

Due guardie di un parco [*stanno*] facendo il solito giro di controllo e vedono un uomo nel laghetto. L'uomo [＿＿＿] muovendo le braccia, mentre alcune persone intorno al laghetto [＿＿＿] guardando. Una delle due guardie dice all'altra: "Ehi! Quell'uomo [＿＿＿] facendo il bagno!", e va verso il laghetto. Quando arriva più vicino la guardia grida: "Ehi! Non sa che è proibito fare il bagno nel laghetto?". L'uomo risponde: "Non [＿＿＿] facendo il bagno, [＿＿＿] affogando!" Allora la guardia, tranquilla, dice: "Va bene. Allora può continuare."

47

3 What are these people doing? Choose the correct verb for each person and form the gerund, as shown in the example.

seguire la partita	tagliare la carne	preparare il pane	dire la messa	intervistare una persona
fare una multa	scrivere alla lavagna	vendere un mazzo di fiori	ballare	pettinare una cliente

1. Il sacerdote *sta dicendo la messa.*
2. Il giornalista sta _____
3. Il fornaio sta _____
4. Il parrucchiere sta _____
5. L'insegnante sta _____

6. Il vigile sta _____
7. La ballerina sta _____
8. Il tifoso sta _____
9. La fioraia sta _____
10. Il macellaio sta _____

4 Put the verbs in brackets into the present continuous tense.

Un'analisi sociologica degli italiani

È il 25 dicembre, il giorno di Natale e cosa *(fare)* [____] [____] gli italiani? Sicuramente non tutti *(passare)* [____] [____] questo giorno di festa nello stesso modo; le tradizioni natalizie in Italia sono molto diverse da zona a zona e da regione a regione. Alcuni fanno insieme il cenone di Natale già il 24, altri invece passano la festa con i familiari solo il 25, e organizzano un grande pranzo di Natale. Se avete un amico che vive al nord, probabilmente in questo giorno di festa *(mangiare)* [____] [____] cose molto diverse, a seconda di dove abita. I triestini amano la 'putizza', un dolce fatto con frutta secca, mentre oggi a Mantova le casalinghe *(preparare)* [____] [____] i tortelli di zucca, o la polenta. Una famiglia della provincia di Varese, invece, forse *(gustare)* [____] [____] gli agnolotti in brodo e il tacchino ripieno con le castagne. E quasi tutti i lombardi finiscono il pranzo di Natale con il panettone. I vostri amici sardi, invece, forse *(cucinare)* [____] [____] il 'purceddu' e tanti dolci fatti in casa. I lucani *(riposare)* [____] [____] dopo la grande mangiata della notte del 24 dicembre (almeno 13 portate!). Anche in Calabria il pranzo di Natale ha almeno 13 pietanze, fatte con alimenti poveri e semplici. Se avete un amico napoletano, forse *(mangiare)* [____] [____] tagliatelle, tacchina al forno, fritti e struffoli, e molti altri dolci tipici. La notte del 24 le cene napoletane sono molto ricche, con vongole, baccalà e capitone, fritti e torte salate. Insomma, si potrebbe continuare a descrivere cosa *(gustare)* [____] [____] ogni singolo italiano per molte pagine, perché la cucina italiana è incredibilmente varia e il periodo natalizio è davvero ricchissimo di tradizioni.

(adapted from "La Repubblica")

Stare per

Sono le otto. Luigi **sta per** arrivare.
Pronto? Ciao Giorgio, scusa ma **sto per uscire**, perché non chiami domani?
Prendo l'ombrello. **Sta per piovere.**.

■ *The verbal expression "stare per" + the infinitive is used to describe an action which is about to take place in the near future.*

EXERCISES

I Choose the most suitable expression to complete the sentences.

1. Metti l'impermeabile perché…
2. Corri! L'autobus…
3. Devo entrare subito a teatro perché…
4. Dobbiamo comprare i biglietti aerei per Roma al più presto perché…
5. Se vuoi parlare con Paolo devi telefonare subito perché…

a. …stanno per finire.
b. …sta per partire.
c. …sta per uscire di casa.
d. …sta per piovere.
e. …sta per cominciare lo spettacolo.

2 **Rewrite the sentences using the expression _stare per_ + infinitive.**

e.g. Luisa esce di casa fra pochi secondi. > _Luisa sta per uscire di casa._

1. Il treno parte fra pochi secondi. >
2. Il film comincia fra pochi minuti. >
3. L'anno finisce fra pochi giorni. >
4. I miei genitori arrivano fra pochi minuti. >
5. Mi sento male, fra poco svengo. >
6. Mancano solo due km, fra poco arriviamo. >
7. Prendiamo l'ombrello, fra pochi secondi piove. >
8. Non uscire, fra pochissimo nevica. >
9. Sono stanco, fra poco vado a letto. >
10. La gatta fa i gattini fra pochissimo. >

3 **Choose for each illustration the correct action, using the form _stare per_ + infinitive, as shown in the example.**

1. _sta per leggere un libro_

2. _____

3. _____

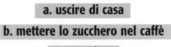

a. uscire di casa
b. mettere lo zucchero nel caffè
c. mangiare
d. fare una doccia
e. leggere un libro
f. aprire la finestra
g. entrare in casa
h. bere

4. _____

5. _____

6. _____

7. _____

8. _____

49

Possessive adjectives and pronouns

Il **mio** professore è molto simpatico.

Non voglio spendere i **miei** soldi.

Questa è la **mia** casa.

Le **mie** amiche sono americane.

Dov'è il **tuo** amico?

Posso prendere i **tuoi** libri?

La **tua** macchina è molto bella.

Quanto costano le **tue** scarpe?

■ *The possessive pronouns and adjectives* **mio, tuo,** **suo, nostro, vostro, loro** *have 4 endings as do adjectives of the first group.*

"Conosci Susanna Tamaro?"

"Sì, sto leggendo **il suo** ultimo **libro**."

Carlo è siciliano. **La sua famiglia** viene da Catania.

■ *Possessive adjectives and pronouns always agree with the noun to which they refer.*

Signore, posso vedere **il Suo** passaporto?

Il nostro giardino confina con **il vostro**.

■ *Possessive adjectives and pronouns nearly always use the definitive article.*

I ragazzi vengono alla festa con **le loro** fidanzate.

Questa è **la loro** casa.

■ *The pronoun and adjective* **loro** *is invariable in gender and number.*

Possessive adjectives and pronouns			
masculine		feminine	
singular	plural	singular	plural
il mio	**i miei**	**la mia**	**le mie**
il tuo	**i tuoi**	**la tua**	**le tue**
il suo	**i suoi**	**la sua**	**le sue**
il nostro	**i nostri**	**la nostra**	**le nostre**
il vostro	**i vostri**	**la vostra**	**le vostre**
il loro	**i loro**	**la loro**	**le loro**

EXERCISES

I **Choose the correct possessive adjective.**

Mi chiamo Sonia e abito a Ferrara, in Emilia Romagna. **Le mie/La mia/Il mio** città mi piace molto, ma **il mio/i miei/la mia** sogno è di vivere al mare. Per fortuna ho una cara amica a Rimini, Alice, e spesso vado da lei per qualche giorno. **Il mio/La sua/Le sue** casa non è molto vicina al centro, ma quando andiamo a fare spese prendiamo **il suo/le mie/la sua** macchina e arriviamo in città in pochi minuti. La casa di Alice è grande e ha un bel giardino, così qualche volta porto anche Titto, **la mia/i miei/il mio** cane, perché **i loro/i miei/le mie** vicini di casa non sono contenti quando Titto rimane in casa da solo. Di solito è tranquillo, ma loro hanno una gatta antipaticissima che spesso innervosisce il povero cane. Sono sicura che **la loro/i loro/il suo** gatta odia Titto e che **i miei/le mie/i suoi** vicini fanno di tutto per creare problemi. Se tutto va bene però cambio casa fra qualche mese e vado a vivere con **il mio/la mia/le mie** amica Alice, così finalmente io e **la mia/il mio/i miei** Titto possiamo vivere tranquilli, lontani da quella gatta antipatica!

2 Complete the possessive adjectives and then link the phrases on the left with the nouns on the right, as shown in the example.

a. **Insegno ai vostr *i* figli.**

b. Le mi_ opere sono nei musei.

c. Curo il tu_ giardino.

d. Riparo il motore della vostr_ macchina.

e. I nostr_ clienti hanno paura di noi.

f. Preparo le tu_ medicine.

g. Le mi_ mani sono agili.

h. Pubblico i mie_ libri.

1. i dentisti

2. il giardiniere

3. lo scrittore

4. **il maestro**

5. il farmacista

6. il meccanico

7. l'artista

8. il pianista

3 Choose the correct possessive adjective and then the correct answer, as shown in the example.

e.g. **Il suo / La sua** città più importante è Torino. ▶ **Toscana / Lazio / Piemonte**

1. **Il suo / La** sua monumento più famoso è la torre pendente. ▶ **Pisa / Roma / Milano**

2. **Le loro / La loro** lingua è il tedesco. ▶ **polacchi / svedesi / austriaci**

3. Ha **il tuo / la tua** foto sopra. ▶ **bancomat / passaporto / codice fiscale**

4. Tiene **il nostro / i nostri** soldi. ▶ **banca / mamma / coniuge**

5. **La sua / Le sue** università è la più antica del mondo. ▶ **Bologna / Firenze / Siena**

6. **Le sue / I suoi** abitanti parlano italiano e tedesco. ▶ **Genova / Venezia / Bolzano**

7. Contiene **le tue / i tuoi** vestiti. ▶ **armadio / frigorifero / letto**

4 Complete the text with the correct possessive adjectives.

Campanilismo

L'Italia ha venti regioni. Forse gli italiani non sono sempre orgogliosi della [____] nazionalità ma la [____] provenienza regionale è sempre importante. In Toscana questa situazione è ancora più forte: ogni toscano è molto legato alla [____] città, al [____] paese o al [____] quartiere. Chi abita a Lucca pensa: "La [____] città è più elegante e i [____] concittadini sono raffinati e interessanti, ma la gente di Pisa è davvero antipatica!" Gli abitanti di Pisa pensano: "La [____] città è bellissima, la [____] università è famosa, i fiorentini sono solo arroganti, quelli di Lucca sono tutti avari e montanari e quelli di Livorno, con il [____] porto, sono proprio volgari!" Invece quelli che vivono a Livorno pensano: "Mamma mia come sono antipatici i pisani! Sono arroganti e superbi! La [____] città almeno è più vivace e il [____] mare è più bello!" Fra tutti i toscani i fiorentini invece sono convinti che la [____] città è il centro dell'Italia e l'unico posto in cui si parla veramente italiano. Ma come è possibile, visto che tutte le altre città e paesi toscani credono la stessa cosa?

51

Possessive adjectives and pronouns with articles

Mio marito è albanese.
Tua sorella non viene con noi.
Signora Rossi, Suo figlio è tornato?
Questa è Anna, suo padre è Mario.
Dov'è Sergio? Sua nonna sta male.
Nostra nipote va all'università.
Vostro zio è in America?

■ Normally we **never** use the article before possessive adjectives which refer to singular nouns which indicate family members: **padre**, **madre**, **nonno**, **nonna**, **zio**, **zia**, **fratello**, **sorella**, **cugino**, **cugina** etc.

■ We use the article with:

I miei genitori sono in pensione.
I suoi figli vivono lontano.
Signora, dove sono le Sue figlie?

a) nouns relating to plural family members: **genitori**, **figli**, **figlie**, **nipoti**, **mariti**, **mogli**, etc.

La sua nonna materna è di Roma
Il mio zio di Napoli arriva domani.

b) nouns relating to definite family members, **nonna materna**, **zio di Napoli**, etc

Ciao Anna! Dov'è il tuo papà ?
La nostra mamma non lavora.

c) colloquial nouns relating to family members: **papà**, **mamma**, etc.

La tua sorellina va a scuola?
Il mio cuginetto ha 3 anni.

d) altered nouns relating to family members; **sorellina**, **fratellino**, **cuginetto**, etc.

Il loro fratello ha 3 anni.
I loro fratelli sono ingegneri.

e) the possessive adjective **loro** (singular and plural).

EXERCISES

I **Read the text and answer the questions.**

Una famiglia allargata

Mi chiamo Paolo, ho 13 anni e vivo a Bolzano. Il mio patrigno, Claudio, lavora all'ufficio postale centrale della città e la mia mamma, povera donna, passa tutto il giorno in casa con i miei fratelli. Infatti siamo 7 figli. Ho quattro fratelli e due sorelle: il mio fratello maggiore, Massimo, ha 17 anni ed è un adolescente pieno di problemi. Il suo fratello gemello Christian invece è più simpatico. Io, Massimo e Christian siamo figli del primo marito di nostra madre. Nostro padre è americano e i nostri genitori sono divorziati. Ora nostra madre vive con Claudio e ha 4 figli con lui. I nostri due fratellastri, Giorgio e Roberto, hanno 9 e 7 anni e le nostre sorelline, Anna e Grazia, sono piccole: hanno solo 4 anni e 1 anno. Le due bambine sono davvero carine, Grazia è una bambina molto dolce e simpatica.

a) Di dove è il padre di Paolo?

b) Come si chiamano le sue sorelline?

c) Quanti anni ha Christian?

2 **Look at Mario's family tree and complete the sentences.**

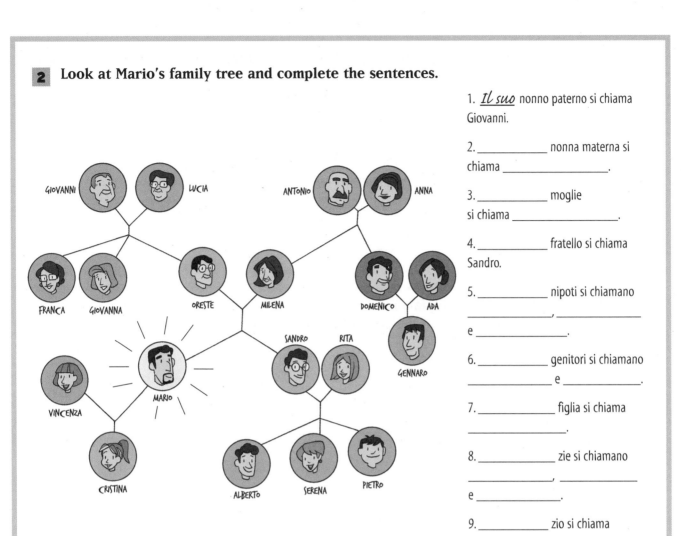

1. *Il suo* nonno paterno si chiama Giovanni.

2. _____ nonna materna si chiama _____.

3. _____ moglie si chiama _____.

4. _____ fratello si chiama Sandro.

5. _____ nipoti si chiamano _____, _____ e _____.

6. _____ genitori si chiamano _____ e _____.

7. _____ figlia si chiama _____.

8. _____ zie si chiamano _____, _____ e _____.

9. _____ zio si chiama _____.

10. _____ cugino si chiama _____.

3 **Insert the correct possessive adjective in the dialogue. Do you need the article or not?**

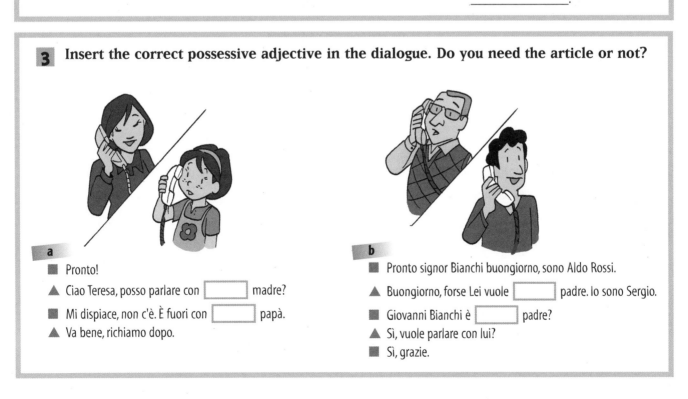

a

■ Pronto!

▲ Ciao Teresa, posso parlare con [ ] madre?

■ Mi dispiace, non c'è. È fuori con [ ] papà.

▲ Va bene, richiamo dopo.

b

■ Pronto signor Bianchi buongiorno, sono Aldo Rossi.

▲ Buongiorno, forse Lei vuole [ ] padre. Io sono Sergio.

■ Giovanni Bianchi è [ ] padre?

▲ Sì, vuole parlare con lui?

■ Sì, grazie.

4 Complete the text with the possessive adjective *suo/suoi/sua/sue* (with or without the article).

Una donna famosa

È una donna che vive nel XV secolo, [____] padre è un papa: si chiama Alessandro VI. [____] vita è molto avventurosa. Prende il primo marito a soli 12 anni, nel 1492, per ragioni politiche. Ma [____] padre, sempre per ragioni politiche, annulla [____] primo matrimonio e trova per lei un secondo marito, Alfonso d'Aragona. Quando [____] secondo marito muore, assassinato da [____] fratello, lei prende un terzo marito, il duca di Ferrara.

Ci sono molte leggende che raccontano [____] crudeltà, [____] cultura e [____] pericolosità. Anche [____] bellezza è molto famosa e [____] uso dei veleni.

[____] nome è Lucrezia. Conosci [____] cognome?

5 If you do not know who the famous personality in Exercise 4 is, find the 6 correct sentences. The letters relating to the correct sentences form her last name.

1. I loro figli sono in campeggio.   **B**
2. Mio sport preferito è la pallavolo.   **A**
3. Anche miei nonni sono in pensione.   **F**
4. Il nostro gatto si chiama Mizzi.   **O**
5. Tuoi libri sono sul tavolo.   **N**
6. Mia moglie è bionda.   **R**
7. Signor Bianchi, Suo figlio dov'è?   **G**
8. Vostro lavoro è molto interessante.   **E**
9. Il mio bambino ha 3 anni.   **I**
10. Quanto costa tua auto?   **V**
11. I tuoi genitori lavorano?   **A**

First name: **LUCREZIA**

Last name: __ __ __ __ __ __

6 Complete the text with the correct possessive adjective (with or without the article).

Un personaggio particolare

Si chiama Giuseppe Garibaldi e tutti noi italiani conosciamo [____] nome perché è un personaggio storico molto interessante e importante per [____] storia. Nasce nel 1807 a Nizza, ma [____] famiglia è italiana, della Liguria. [____] padre è un capitano navale e lui è il secondo di 6 figli. [____] fratello Angelo diventa console negli Stati Uniti e [____] fratelli lavorano in mare. Noi italiani lo consideriamo [____] padre della patria, perché dà [____] aiuto alle insurrezioni e alle battaglie per unire l'Italia. Nel maggio 1860 parte con circa 1000 persone da Quarto, vicino a Genova, per arrivare, via mare, in Sicilia e cominciare l'unificazione dell'Italia. Dopo [____] partecipazione all'unità d'Italia, offre anche [____] collaborazione alla guerra di secessione americana, ma [____] offerta non è accettata dal governo nordista americano. Nel 1871 fonda la prima società per la protezione degli animali in Italia.

Reflexive and reciprocal verbs

Purtroppo **mi alzo** sempre alle 3.30. Sono un panettiere.
Bruno **si sente** un po' male oggi.

Reflexive verbs describe an action that the subject does to itself or which regards it personally.

Mi lavo le mani con il sapone.
Come **ti** chiami?
Anna **si** trucca e esce per incontrare gli amici.

With reflexive verbs the reflexive pronouns are used: **mi, ti, si, ci, vi, si.**

Marta e Carlo **si vedono** ogni sabato.
(= *Marta vede Carlo e Carlo vede Marta*)
Io e Claudia **ci sposiamo** a luglio.
(= *io sposo Claudia e Claudia sposa me*)

Reciprocal verbs describe an action which takes place between two or more people. The form of these verbs is the same as for reflexive verbs.

lavare: Marco lava la macchina.
lavarsi (reflexive): Marco si lava con il sapone.
amare: Marco ama Giulia.
amarsi (reciprocal): Marco e Giulia si amano.

Almost all Italian verbs can have a reflexive or reciprocal form.

Domani **mi** devo alzare presto.
Domani devo alzar**mi** presto.
Ti vuoi sedere qui?
Vuoi seder**ti** qui?
Sono le otto, Mario **si** sta per alzare.
Sono le otto, Mario sta per alzar**si**.

When there is a modal or phrasal verb (ie: **potere, volere, dovere, sapere, cominciare a, stare per, stare + gerund, finire di**) + the infinitive of a reflexive or reciprocal verb, the pronoun can go before the verb or after the infinitive.

Reflexive and reciprocal verbs		
alz-**arsi**		
io	**mi**	alzo
tu	**ti**	alzi
lui/lei/Lei (formal)	**si**	alza
noi	**ci**	alziamo
voi	**vi**	alzate
loro	**si**	alzano

Most common reflexive and reciprocal verbs				
abbracciarsi	**chiamarsi**	**innamorarsi**	**rilassarsi**	**truccarsi**
abituarsi a	**comportarsi**	**interessarsi**	**sedersi**	**vergognarsi**
alzarsi	**conoscersi**	**lamentarsi**	**sentirsi**	**vestirsi**
amarsi	**dimenticarsi di**	**mettersi**	**spazzolarsi**	
annoiarsi	**divertirsi**	**pettinarsi**	**sposarsi**	
arrabbiarsi	**farsi**	**preoccuparsi**	**svegliarsi**	
baciarsi	**impegnarsi**	**radersi**	**trovarsi**	

I Choose the correct form of the verb and find the exact answer. The initial letters of the correct answers form a reflexive verb.

1. La gente che **si mettono/si mette** questo colore può essere sfortunata.

nero	viola	rosso

2. In questa stagione molti italiani vanno al mare e **si riposano/ci riposano**.

inverno	estate	autunno

3. Se (tu) **mi sveglio/ti svegli** presto la mattina devi usare questo oggetto.

mamma	sveglia	caffè

4. A Natale molti italiani **ci divertiamo/si divertono** a giocare a questo gioco.

tombola	scacchi	nascondino

5. I tifosi di questa squadra **ci scontriamo/si scontrano** spesso con i tifosi del Milan.

Parma	Roma	Inter

6. Sono buone da mangiare fritte, di solito **si troviamo/si trovano** vicino ai laghi.

serpenti	galline	rane

7. Se (noi) **vi sentite/ci sentiamo** molto male all'improvviso, chiamiamo il Pronto …

Soccorso	Dottore	Emergenza

8. Questa isola **si trova/mi trovo** davanti a Napoli e vicina a Capri.

Vulcano	Elba	Ischia

The reflexive verb is __ __ __ __ __ __ __ __

---

2 Put the verbs in the present tense and then guess the title of this famous film from 1953.

Siamo dei fannulloni!

Il film descrive la vita di un gruppo di cinque amici che vivono in una piccola città che *(trovarsi)* ☐ ☐ sul mare Adriatico: Rimini. Sono cinque ragazzi intorno ai 30 anni. La loro vita *(svolgersi)* ☐ ☐ in un modo tipico per alcuni uomini italiani di quel periodo. Sono tutti coccolati dalla mamma, non *(interessarsi)* ☐ ☐ a niente, *(alzarsi)* ☐ ☐ tardi la mattina, passano tutto il giorno senza fare nulla e a perdere tempo. Quando stanno in gruppo *(divertirsi)* ☐ ☐ molto, *(farsi)* ☐ ☐ molti scherzi e giocano come dei bambini, ma quando sono soli *(annoiarsi)* ☐ ☐ e *(intristirsi)* ☐ ☐ . Nessuno di loro *(vergognarsi)* ☐ ☐ di questo tipo di vita, anzi, *(farsi)* ☐ ☐ tutti dare i soldi dai genitori perché non hanno un lavoro ma hanno molti vizi: sigarette, bar, donne. Non sono interessati a trovare un lavoro o a sposarsi e quando alla fine uno di loro *(sposarsi)* ☐ ☐ loro *(sentirsi)* ☐ ☐ quasi traditi dall'amico. Poi però la loro vita lenta e pigra ricomincia come prima.

Il regista di questo film *(chiamarsi)* ☐ ☐ Federico Fellini. Qual è il titolo?

3 Where are they?

Valeria and Giacomo, Anna and Claudia are on holiday.
Complete the three postcards with the verbs given and
guess where they are.

a. Valeria and Giacomo write a postcard to their parents.

si salutano - si travestono - ci divertiamo - si conoscono - si divertono - ci troviamo

XXXXXX, 8 febbraio
Ciao! Qui va tutto bene! Noi _____
moltissimo! Ci sono feste bellissime ogni giorno e la
pensione dove _____ è proprio centrale.
Fa freddo ma tutti _____ lo stesso e
girano per la città con dei costumi incredibili!
L'atmosfera è fantastica! Le maschere sono meravi-
gliose. Anche se non _____
ancora più bello perché non ci sono macchine, solo
battelli e gondole cariche di maschere!
Baci
V & G

Famiglia Bregni

Viale Corsica, 27

50129
FIRENZE

b. Anna writes to her boyfriend.

mi innamoro - si offrono - ti preoccupi - si trova

XXXXXX, 15 luglio
Ciao amore! Che peccato che non sei qui con me, il
posto è bellissimo! La famiglia di Concetta è molto
simpatica, tutti _____ sempre di
fare i ciceroni*! Oggi siamo nella bellissima Valle
dei Templi che _____ a ovest dell'i-
sola. Domani invece andiamo verso est, prima a
vedere Taormina e poi a una festa vicino all'Etna!
(tu) Non _____ vero? I ragazzi sono
simpatici ma sono tutti poco interessanti e, come
sai, io _____ solo di tipi particolari.
A presto

Anna

*ciceroni: guide
turistiche

Marco Vendrame

Piazza Mancini, 198

00194   ROMA

c. Claudia's English teacher writes to Signora Biagi.

si diverte - si impegna - vi telefonate - si trova - si sforza

XXXXXX, 22 agosto
Salve! Qui va tutto bene! Claudia ___
_____ presso una famiglia inglese che
abita un po' fuori città. Viene ogni giorno alle
lezioni di inglese che facciamo nel college e dice
che ___ _____ molto e che è molto contenta della famiglia. Il pomeriggio facciamo spesso delle escursioni nei dintorni. Oggi andiamo a
vedere la Westminster Abbey e il Big Ben. So che
Claudia ___ _____ di parlare inglese
con tutti e vedo che ___ _____ molto
nel corso di lingua. Sono sicura comunque che sa
già tutto, visto che Claudia dice che voi ___
_____ quasi ogni giorno.
ArrivederLa a presto
Caroline Smith

Sig.ra Marta Biagi

Via dell'Orto, n°4

25040   Gianico (BS)
            ITALIA

4 **Change the form of the reflexive verb, as shown in the example.**

e.g. Mi voglio lavare. → *Voglio lavarmi.*
    Sto per incontrarmi con mia madre. → *Mi sto per incontrare con mia madre.*

■ Ciao Silvio, scusa ma <u>devo sfogarmi</u>. Sono furioso!

▲ Che succede?

■ Non sopporto più mia madre! Ogni giorno una nuova!

▲ Hai ragione, qualche volta non <u>si sa controllare</u>. Qual è l'ultimo problema?

■ Ora dice che <u>mi devo sposare</u>! Che <u>devo trasferirmi</u> in un altro appartamento perché con me qui non <u>si può sentire</u> libera.

▲ Beh, forse ha ragione no? Ormai hai 38 anni e vivi ancora con tua madre. Non ti senti a disagio?

■ Per niente! Io sto bene qui, non <u>voglio fidanzarmi</u>, ho già una ragazza, basta così. Come faccio a vivere da solo? Non <u>so</u> nemmeno <u>farmi</u> un uovo al tegamino! Perché <u>devo pagarmi</u> le bollette, pulire la casa, eccetera?

▲ Ma perché non <u>cominci</u> ad <u>abituarti</u> a vivere da solo? Vieni a stare un po' qui da me.

■ Allora sei d'accordo con mia madre! E io che ti considero un amico!

5 **Reflexive or not? Choose the correct form.**

1. I ragazzi **si vedono/vedono** sempre al bar.
2. Quando vanno al bar, **vedono/si vedono** sempre molta gente.
3. Il cane **si alza/alza** la gamba e fa la pipì.
4. **Mi alzo/Alzo** sempre alle 6.00 per portare il cane fuori a far pipì.
5. Quando parla, Franco riesce ad **annoiarsi/annoiare** tutti.
6. Quando vado all'opera **annoio/mi annoio** da morire.
7. Sandra e Amelia domani **incontrano/si incontrano** due fratelli.
8. Andrea e Maria **sposano/si sposano** domani.
9. La mamma **si chiama/chiama** i figli per il pranzo.
10. Mia madre **si chiama/chiama** Milena.

6 **Put the verbs into the present tense.**

La domenica di Stefania e Jacopo

Finalmente, la domenica, Jacopo e Stefania possono passare la giornata insieme, perché non lavorano. Di solito *(svegliarsi)*

[   ] con calma, verso le 8-9 di mattina e *(godersi)* [   ] un paio d'ore a letto. Poi *(alzarsi)*

[   ], *(prepararsi)* [   ] un bel brunch e *(sedersi)* [   ] in cucina, o in

terrazza, a mangiare, parlare e leggere il giornale. Quando *(decidersi)* [   ] ad alzarsi da tavola e fare qualcosa

sono spesso già le 2 passate. Qualche volta rimangono in casa a fare pulizie e guardare la TV, oppure escono e vedono amici. Purtroppo

non *(incontrarsi)* [   ] spesso con gli amici, perché non hanno molto tempo libero e cercano di passarlo insieme.

D'inverno prendono spesso la macchina e vanno in montagna sulla neve, dove *(divertirsi)* [   ] moltissimo. Le loro

domeniche sono sempre una scoperta e un gran divertimento, perché *(vedersi)* [   ] così poco che ogni volta

(raccontarsi) [   ] moltissime cose e *(innamorarsi)* [   ] di nuovo.

■ Progress test
(Units 6-10)

Have you made progress? Use this test to check.
Each exercise repeats one or more grammatical topic.
If you get more than half of the total correct: WELL DONE!
Otherwise, repeat the topics that give you most problems.

I PRESENT TENSE OF REGULAR AND IRREGULAR VERBS
Put the verbs into the present tense.

L'arte del caffè

Chi *(sapere)* [_____] fare un buon caffè? Noi italiani *(amare)* [_____] questa bevanda ma, anche nel nostro paese, non sempre *(bere)* [_____] un buon caffè.

Il modo italiano di bere il caffè *(essere)* [_____] ormai esportato in tutto il mondo, tutti *(conoscere)* [_____] la parola "espresso" e spesso *(ordinare)* [_____] un caffè all'italiana, ma non sempre *(ottenere)* [_____] proprio un vero espresso. Infatti, quello che all'estero *(chiamarsi)* [_____] "espresso" spesso è solo un caffè normale in quantità minore. Per fortuna *(esserci)* [_____] l'Istituto Nazionale Espresso Italiano che *(organizzare)* [_____] ogni anno un corso per riconoscere un buon caffè, e così tutti *(sapere)* [_____] esattamente come *(dovere)* [_____] essere un buon caffè.

L'espresso è un modo per cominciare la giornata o per fare una pausa. Spesso *(noi/bere)* [_____] un caffè con gli amici per rilassarci e passare il tempo a chiacchierare e con il rituale del caffè il tempo *(dilatarsi)* [_____]. Ovviamente, come per molti altri popoli, anche noi italiani *(andare)* [_____] a prendere un caffè perché *(volere)* [_____] concentrarci prima di iniziare il lavoro o di affrontare una discussione. Insomma, il caffè *(divenire)* [_____] quasi un momento sacro e gli italiani *(potere)* [_____] fare fanatiche discussioni su come *(dovere)* [_____] essere un buon caffè o su quanto l'umore del barista *(influenzare)* [_____] il gusto dell'espresso. Se *(voi/ordinare)* [_____] il caffè al bar *(dovere)* [_____] sapere che non *(essere)* [_____] una buona idea prenderlo molto presto la mattina, perché la macchina *(dovere)* [_____] funzionare da almeno due o tre ore per fare un buon caffè. E, prima di bere l'espresso non *(voi/dimenticare)* [_____] di bere un bicchiere d'acqua per pulirvi la bocca, così *(potere)* [_____] apprezzare meglio il sapore.

Inoltre, se *(voi/fare)* [_____] un giro per i posti di lavoro, *(vedere)* [_____] moltissime macchine del caffè perché alcuni *(dire)* [_____] che la pausa-caffè in azienda *(migliorare)* [_____] la produttività. La cosa importante, natu-ralmente, è che *(dovere)* [_____] essere buono.

(adapted from the website www.lastampa.it)

Each correct verb scores 3 points.

Total:_____/75

2 PRESENT TENSE OF IRREGULAR VERBS

Solve the crossword.

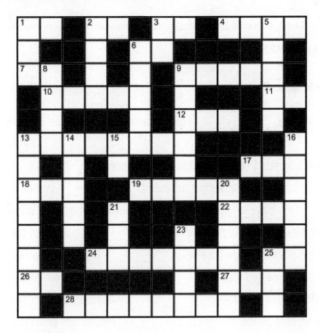

Orizzontali →
1. Sigla della città di Palermo.
2. La prima persona singolare di "dare".
3. La terza persona singolare di "andare".
4. La prima persona singolare di "dovere".
6. Io, _____, lui ...
7. Unione Europea.
9. La terza persona plurale di "sapere".
10. La terza persona singolare di "sedere".
11. Oggi mangio _____ uova. (articolo determinativo)
12. La terza persona singolare di "potere".
13. La seconda persona plurale di "rimanere".
17. _____, voi, loro.
18. Un suono che torna indietro.
19. La terza persona singolare di "venire".
22. La seconda persona singolare di "stare".
24. La prima persona plurale di "dire".
25. 1+1=d...
26. La seconda metà di "cane".
27. _____ mangio mai le olive.
28. La terza persona plurale di "scegliere".

Verticali ↓
1. Il contrario di "meno".
2. La seconda persona plurale di "dire".
3. La lettera "v".
5. La terza persona singolare di "volere".
6. La terza persona singolare di "tenere".
8. La seconda persona singolare di "uscire".
9. La seconda persona plurale di "sapere".
13. La terza persona plurale di "riuscire".
14. La prima persona singolare di "morire".
15. La sigla della città di Napoli.
16. La seconda persona plurale di "finire".
20. La terza persona plurale di "uscire".
21. Il contrario di "sempre".
23. La prima persona singolare di "andare".
25. L'articolo indeterminativo per "scienziato".

Each correct word scores 1 point.   **Total: _____/35**

3 ADDRESSING PEOPLE FORMALLY

Change the e-mail to formal speech, as shown in the example.

Cara Federica,
ho avuto il tuo indirizzo e-mail dalla tua segreteria. Mi chiamo Chiara Passanti e sono una lettrice di italiano per stranieri nella tua stessa università. So che tu lavori per la sezione informatica e ti occupi del laboratorio linguistico del Dipartimento di Lingue e vorrei sapere se puoi dire ad uno dei tecnici di laboratorio di installare sui computer un programma molto importante per i miei corsi: Second Life. Il programma è scaricabile direttamente da Internet, dà accesso ad un mondo virtuale dove io insegno italiano e non crea problemi di virus. Ho parlato con un tecnico che dice che ha bisogno della tua autorizzazione ma, secondo me, non ha provato a parlare con te. Provi tu a comunicare con lui? Spero davvero di avere il tuo aiuto e che si possa risolvere questo problema al più presto. Come forse sai, i corsi cominciano fra 2 settimane, e senza accesso a questo programma io non posso insegnare.
Grazie mille e ciao.
Chiara

Gentile signora Aceti,
ho avuto il suo indirizzo e-mail dalla...

Each correct change scores 2 points.   **Total: _____/24**

4 ADDRESSING PEOPLE FORMALLY

Mr Manetti goes to the doctor's. There are five mistakes in the dialogue.
The formal mode of addressing is not always used. Find the mistakes.

■ Buongiorno Signor Manetti, mi dica. Che problemi ha?

▲ Buongiorno dottore. Ho una brutta tosse da diverse settimane e non capisco cosa può essere.

■ Ha la febbre?

▲ No, niente febbre, solo questa tosse continua.

■ Se hai tempo facciamo un controllo completo. Può venire a sedersi qui e togliersi la camicia?

▲ Certo dottore, ecco.

■ Ora deve tossire un po', così posso sentire dove è il problema.

▲ Cough… Cough…

■ Uhm… una brutta tosse. La notte dormi bene?

▲ Non tanto. Mia moglie dice che russo molto e tossisco in continuazione. Cosa pensi dottore, è grave?

■ No. Non mi sembra grave ma si deve curare, signor Manetti. Ora si può rivestire. Intanto scrivo una ricetta.

▲ Mentre scrivi posso uscire a fumarmi una sigaretta?

■ Ma fuma??? E quanto?

▲ Non troppo, il solito pacchetto al giorno.

■ Un pacchetto al giorno? Ma Lei è pazzo! Devi smettere subito! È l'unico modo per curare la tosse!

▲ Ma non voglio smettere di fumare! Io voglio solo smettere di avere la tosse!

Each mistake found scores 1 point.   Total:_____/5

5 PRESENT CONTINUOUS
Choose the correct form of the verb.

1. Di solito a cena **mangiamo/stiamo mangiando** una pizza.
2. Quando **state andando/andate** in vacanza?
3. **Faccio/Sto facendo** la doccia! Non posso rispondere al telefono.
4. Mario **sta giocando/gioca** spesso ai cavalli.
5. Di solito il sabato **sto andando/vado** in piscina.
6. Oggi **andiamo/stiamo andando** in piscina. Venite anche voi?
7. Perché non mi **stai ascoltando/ascolti** mai quando parlo?
8. Mi dispiace, Claudio. Non puoi venire ora a casa mia, **esco/sto uscendo** proprio in questo momento.
9. Fai silenzio, per favore. **Studio/Sto studiando**.
10. Dove **abitate/state abitando**?

Each correct verb scores 2 points.   Total:_____/20

6 PRESENT CONTINUOUS AND *STARE PER* + THE INFINITIVE
Put the verbs into the present continuous or into the "*stare per* + infinitive" expression.

Finalmente, dopo diversi anni all'università, Serena *(laurearsi)* [_____]. Questa settimana ha deciso di rimanere in casa perché *(preparare)* [_____] la presentazione della sua ricerca alla commissione di laurea. È quasi pronta, deve solo stampare il documento. Sa che l'inchiostro nella stampante *(finire)* [_____] ,ma spera di riuscire a stampare tutto senza problemi.

Purtroppo, proprio mentre *(stampare)* [_____] le ultime pagine, la stampante si blocca. L'inchiostro è finito!

Sono le 2 del pomeriggio , i negozi sono chiusi e non riaprono fino alle 4. Che fare? Serena *(mettersi)* [_____] a piangere dalla rabbia, vuole finire tutto presto, perché deve portare la presentazione al suo professore che in questo momento *(lavorare)* [_____] in università, ancora per poche ore. Allora pensa di telefonare a Luca, che ha una stampante, forse può andare a casa sua…
Drriiinnn ….

"Pronto" risponde Luca.

"Ciao Luca, sono Serena, scusa, *(tu/lavorare)* [_____]?".

"No Serena, *(leggere)* [_____] dimmi.".

"La mia stampante non funziona. Posso venire ad usare la tua?".

"Serena, sono in treno. *(Andare)* [_____] a Milano a una mostra, mi spiace.".

"Non fa niente Luca, grazie lo stesso".

Serena riattacca, non sa come risolvere la situazione. Telefona al professore.

"Professore, buona sera. È ancora in università?".

"Sì, Serena. *(Aspettare)* [_____] la tua copia della presentazione. Ma devo andare fra poco. L'università *(chiudere)* [_____] . Ci sono problemi?".

"Sì. Non riesco a stampare la presentazione. Posso portarLe direttamente la chiavetta USB?".

"Va bene. Ci vediamo fuori.".

"Bene professore. Parto subito. Ci vediamo al bar dell'angolo. Grazie".

Serena si prepara, va a prendere il motorino e corre verso il bar vicino all'università, dove trova il professore che, per fortuna, *(aspettare)* [_____] . Crisi passata!

Each correct verb scores 2 points.	**Total: ____/24**

7 REFLEXIVE AND RECIPROCAL VERBS
Paola writes a report on her day. Complete her diary.

a) **7.00** = **alzarsi** – lavarsi – vestirsi - prepararsi la colazione
a) *Alle 7.00 mi alzo, . . .*

b) **8.00** = uscire per andare al lavoro - prendere l'autobus
b)

c) **8.30** = prendersi un caffè al bar
c)

d) **9.00** = entrare al lavoro
d)

e) **13.00** = prendersi un panino al bar - fumarsi una sigaretta
e)

f) **14.00** = finire la pausa - ricominciare a lavorare
f)

g) **18.00** = uscire dall'ufficio
g)

h) **19.00** = arrivare a casa - rilassarsi - bersi un bicchiere di prosecco
h)

i) **20.00** = prepararsi la cena - cenare
i)

l) **21.00** = farsi la doccia - prepararsi per uscire con gli amici
l)

m) **notte** = tornare a casa stanca ma contenta
m)

Each correct verb scores 1 point.	**Total: ____/20**

8 POSSESSIVE ADJECTIVES
Look at Saverio's family tree and complete the sentences, as shown in the example.

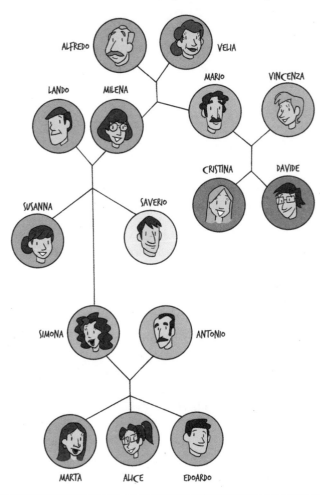

e.g. Davide è _suo cugino_.

1. Velia è _____
2. Susanna è _____
3. Mario è _____
4. Marta è _____
5. Marta e Alice sono _____
6. Velia e Alfredo sono _____
7. Lando e Milena sono _____
8. Antonio è _____
9. Cristina e Davide sono _____
10. Vincenza è _____

Each correct sentence scores 1 point. Total:_____/10

9 PRESENT TENSE AND AGREEMENTS
Form the sentences paying particular attention to articles and agreements.

e.g. Giovanni/mattina/alzarsi/alle 7.00/e/(lui) andare/al lavoro/con/suo/fidanzata > _Giovanni **la** mattina **si alza** alle 7.00 e **va** al lavoro con **la sua** fidanzata._

1. Mio/madre/chiamarsi/Anna.
2. Quando/Paolo alzarsi/presto/essere/sempre/nervoso.
3. Giorgio/andare/a casa/domani.
4. (noi) Venire/al mare/con/nostro/genitori.
5. Paolo/dire/che/suo/nonna/essere/tedesco.
6. Quando/(tu) bere/troppo/(tu) essere/insopportabile.
7. Se/(noi) dimenticarsi/di telefonare/a/nostro/padre/ lui/non/venire/alla stazione.
8. Scusi/signora Franchi/(Lei) potere/tornare/domani?
9. Come/chiamarsi/tuo/figlia?
10. Quando/arrivare/tuo/genitori?
11. Perché/tuo/sorella/non/dire/mai/verità?
12. (io) Lavorare/al quinto piano/e/normalmente/salire/a piedi.
13. Se/non/(noi) mangiare/qualcosa/morire/di fame!
14. (tu) uscire/con/tuo/amici/stasera?

Each correct sentence scores 4 points. Total:_____/56

63

Impersonal construction

(vertical sidebar text) Impersonal construction

A Natale **si mangia** sempre troppo.
(= In generale tutti a Natale mangiano troppo.)

D'estate **si beve** più che d'inverno.
(= D'estate la gente beve più che d'inverno.)

Alle feste **si canta** e **si balla**.
(= Alle feste la gente canta e balla.)

Da Roma a Milano **si fa** prima con il treno che con la macchina.

Quando **si è** nervos<u>i</u> è difficile dormire.

Se si mangia troppo **si diventa** grass<u>i</u>.

■ *The impersonal construction expresses general actions which are common to many people.*

■ *The impersonal construction is made using* **si + verbo** *(3rd person singular).*

■ *With the verbs* **essere** *and* **diventare**, *we use* **plural** *adjectives.*

Impersonal construction
si + verb (3rd person singular)*
si + essere/diventare (3rd person singular) + plural adjective

for the form si + verb (3rd person plural) see page 198.

EXERCISES

I **Choose the correct form of the verbs.**

1. In Italia **va/si va** in vacanza ad agosto.
2. Quando usciamo con la macchina, non **si beve/beviamo** mai troppo.
3. Con gli occhiali **vede/si vede** meglio.
4. La mia famiglia di solito **si mangia/mangia** a mezzogiorno.
5. Quando piove **stanno/si sta** bene in casa.
6. Quando fa troppo caldo **lavora/si lavora** male.
7. Aldo e Claudia oggi **vanno/si va** a ballare.
8. Se si mangia troppo **ingrassano/si ingrassa**.
9. Quando si va in chiesa normalmente **prego/si prega**.

2 Where are we when we do these things? Put the verbs in the impersonal construction and guess where we do these things, as shown in the example.

| a letto | al parco | in palestra | in montagna | in biblioteca | in discoteca | all'ippodromo | a scuola | allo stadio |

e.g. leggere, parlare a voce bassa, studiare: dove? *Si legge, si parla a voce bassa, si studia: **in biblioteca**.*

1. parlare a voce alta, ballare, bere: dove? _____

2. faticare, diventare forti, sudare: dove? _____

3. dormire, riposare, sognare: dove? _____

4. giocare, scommettere, vincere, perdere: dove? _____

5. camminare, passeggiare, portare il cane: dove? _____

6. sciare, camminare, giocare con la neve: dove? _____

7. studiare, imparare, leggere: dove? _____

8. tifare per la squadra preferita, urlare, andare con gli amici: dove? _____

3 Here we have some activities typical of the four Italian seasons.
Put each activity in the impersonal construction and then complete the table as shown in the example.

Le quattro stagioni

cominciare a uscire per fare delle passeggiate; andare a sciare; andare al mare; stare in casa con il riscaldamento acceso; andare in campagna a fare un pic-nic; cucinare con i funghi; cominciare ad andare a scuola; finire di andare a scuola; andare alle feste di Carnevale; cucinare per il pranzo di Pasqua; fuggire dal caldo della città; stare insieme per festeggiare il Natale; andare alle feste di Capodanno; andare nei boschi a cogliere le castagne.

primavera	estate	autunno	inverno
si comincia a uscire per fare delle passeggiate			

Impersonal construction of reflexive verbs

Quando si è stanchi e stressati **ci si deve rilassare** un po'.

In Italia **ci si sposa** sempre più tardi.

Al giorno d'oggi **ci si diverte** con sport sempre più estremi.

Quando non **ci si ama** più **ci si separa**. O no?

■ *The impersonal construction of a reflexive verb is:*

ci + si + verbo *(3rd person singular)*

sposarsi → ci si sposa
divertirsi → ci si diverte

Impersonal construction of reflexive verbs

ci + si + verb (3rd person singular)

EXERCISES

I **What do you do when ...?**
Choose the correct verbs for each situation and use the normal impersonal construction and the reflexive impersonal construction, as shown in the example.

1. avere mal di denti: _lamentarsi_ ▶ Se _si ha mal di denti ci si lamenta._
2. guarda un film comico: _____ ▶ Se _____
3. bere troppo: _____ ▶ Se _____
4. essere invitato a una festa formale: _____ ▶ Se _____
5. volere vincere in uno sport: _____ ▶ Se _____
6. essere sporco: _____ ▶ Se _____

| lavarsi | divertirsi | **lamentarsi** | vestirsi eleganti | sentirsi male | allenarsi molto |

---

2 **What do you do with these objects?**
Find a suitable action for each object and use the impersonal construction, as shown in the example.

1. con il coltello / _tagliare il pane_ ▶ _Si taglia il pane._
2. con le forbici / _____ ▶ _____
3. con la forchetta / _____ ▶ _____
4. con la penna / _____ ▶ _____
5. con l'ombrello / _____ ▶ _____
6. con il telefono / _____ ▶ _____
7. con gli occhiali / _____ ▶ _____
8. con il giornale / _____ ▶ _____
9. con il biglietto / _____ ▶ _____
10. con la macchina / _____ ▶ _____
11. con il caffè / _____ ▶ _____

forbici *forchetta* *ombrello* *penna* *telefono* *occhiali* *giornale* *biglietto* *caffè* *macchina* *coltello*

| scrivere | viaggiare | tenersi aggiornati | tenersi svegli | **tagliare il pane** |
| entrare a teatro | mangiare | tagliare la carta | comunicare | vedere meglio | ripararsi dalla pioggia |

3 Put the verb in the correct form, choose an impersonal construction when you need it.

e.g. Oggi Paolo *(andare)* [va] al mare.

D'estate *(andare)* [si va] al mare.

1. Anna la sera *(uscire)* [＿＿＿＿＿] spesso con gli amici.
2. D'estate nei posti di vacanza *(uscire)* [＿＿＿＿＿] tutte le sere e *(andare)* [＿＿＿＿＿] a dormire tardi.
3. I Rossi *(andare)* [＿＿＿＿＿] a dormire verso le 10.
4. Quando vado a sciare *(alzarsi)* [＿＿＿＿＿] presto.
5. D'inverno quando si va a sciare *(alzarsi)* [＿＿＿＿＿] presto.
6. Quando io e mia moglie andiamo da Paolo *(annoiarsi)* [＿＿＿＿＿] sempre a morte.
7. Ad andare in vacanza da soli *(annoiarsi)* [＿＿＿＿＿].
8. Quando si lavora con il caldo *(stancarsi)* [＿＿＿＿＿] di più.
9. Con il suo lavoro Carlo *(stancarsi)* [＿＿＿＿＿] molto.

4 Put the verbs into the present tense. Choose an impersonal construction if necessary.

Recentemente l'Italia *(mostrare)* [＿＿＿＿＿] un grande aumento di lettori. In Italia infatti, secondo l'Istituto Nazionale di Statistica (ISTAT) *(leggere)* [＿＿＿＿＿] di più.

L'ISTAT *(indicare)* [＿＿＿＿＿] che negli ultimi tempi *(esserci)* [＿＿＿＿＿] molti più lettori. Si sa però che questi sono lettori "deboli", che leggono al massimo tre libri l'anno, infatti, se *(osservare)* [＿＿＿＿＿] con attenzione, *(notare)* [＿＿＿＿＿] che sono principalmente le persone che leggono un solo libro all'anno.

Nell'indagine *(vedere)* [＿＿＿＿＿] che il lettore medio è molto giovane (il 65,4% ha 11-14 anni) e *(vivere)* [＿＿＿＿＿] principalmente al Nord. Normalmente *(avere)* [＿＿＿＿＿] un buon titolo di studio, *(ricoprire)* [＿＿＿＿＿] alti incarichi o è studente. Non *(essere)* [＿＿＿＿＿] chiara la ragione del basso numero di lettori forti (chi *(leggere)* [＿＿＿＿＿] almeno dodici libri l'anno). Eppure *(parlare)* [＿＿＿＿＿] spesso dell'Italia come di un paese in cui *(scrivere)* [＿＿＿＿＿], *(pubblicare)* [＿＿＿＿＿] e, specialmente, *(tradurre)* [＿＿＿＿＿] molto. Chi *(comprare)* [＿＿＿＿＿] tutti questi libri?

Inside and Out

Having a hard time with new vocabulary? Here's a tip: unknown, long words may include a known, shorter term. This can help you to understand its meaning and memorize it easily.

e.g.: Il **riscaldamento** non funziona. (riscaldamento > **riscaldare** > **caldo**)

Present perfect (*Passato prossimo*)

Il mese scorso **ho comprato** un motorino.
Ieri **sono andato** al cinema.

Questa mattina **ho telefonato** a mia madre.
Paolo **è uscito** con gli amici.

mangiare > *mangiato*: Ieri sera abbiamo mangi**ato** veramente bene!
conoscere > *conosciuto*: Alla festa ho conosci**uto** il fratello di Alessandro.
finire > *finito*: Ornella e Titti hanno fin**ito** le vacanze.

Franco non **ha** capit**o** niente.
Francesca non **ha** capit**o** niente.
Ennio e Franco non **hanno** capit**o** niente.
Francesca e Lilli non **hanno** capit**o** niente.

Franco **è** andat**o** via.
Francesca **è** andat**a** via.
Ennio e Franco **sono** andat**i** via.
Francesca e Lilli **sono** andat**e** via.

■ *The **present perfect** (passato prossimo in Italian) is used to describe actions or events which took place in a fairly recent past.*

■ *The present perfect is formed with the:*
   ***present tense of the verb avere/essere +
   the past participle of the verb***

■ *The past participle is formed as follows:*

   *verbs ending in -**are** > past participle -**ato***
   *verbs ending in -**ere** > past participle -**uto***
   *verbs ending in -**ire** > past participle -**ito***

■ *The past participle of verbs with **avere** ends in -**o**.*

■ *The past participle of verbs with **essere** behaves **like an adjective** with four endings (-o, -a, -i, -e) and agrees with the subject of the verb.*

Present perfect		
avere/essere + past participle		
io	ho parlato	sono andato/a
tu	hai parlato	sei andato/a
lui/lei/Lei	ha parlato	è andato/a
noi	abbiamo parlato	siamo andati/i
voi	avete parlato	siete andati/e
loro	hanno parlato	sono andati/e

1 Find the reason for each person's mood, as shown in the example.

1) **Giulia è stanca perché...**

a) ha perduto le chiavi di casa e ha dovuto chiamare i pompieri per entrare.

2) Carlo e Gianni sono tristi perché...

b) hanno appena saputo che le loro ragazze tedesche sono tornate in Germania.

3) Paola e Gigi sono stanchi perché...

c) **ha lavorato troppo e non è ancora andata a casa.**

4) Serena e Marta sono nervose perché...

d) ha passato l'esame ed è finalmente diventata avvocato.

5) Sergio è arrabbiato perché...

e) si sono sposati oggi e la festa del matrimonio è durata tanto.

6) Anna è felice perché...

f) sono partite per le vacanze e hanno dimenticato di spegnere il gas.

2 Conjugate the verbs *avere* and *essere.*

Ieri *(io/avere)* _____ comprato una nuova auto. Appena *(avere)* _____ ritirato la macchina *(essere)* _____ partito subito e *(essere)* _____ andato a fare un giro in campagna. Purtroppo, con la mia sfortuna, la benzina *(essere)* _____ finita quando *(io/essere)* _____ arrivato in aperta campagna, così *(avere)* _____ dovuto lasciare la macchina lì e fare l'autostop. *(Essere)* _____ passati tre ragazzi che mi *(avere)* _____ portato fino in città. Quando *(essere)* _____ arrivato a casa *(avere)* _____ telefonato alla mia ragazza, Amelia, che *(essere)* _____ venuta a prendermi con la sua macchina. Poi *(essere)* _____ andati insieme a comprare la benzina, e *(essere)* _____ andati a prendere la mia macchina. Che brutto inizio!

3 Form the past participle of the verbs and find the name of this famous Italian personality.

Si chiama Guglielmo, è *(diventare)* _____ famoso come scienziato e inventore. Fra il 1800 e il 1900 ha *(studiare)* _____ l'elettromagnetismo e ha *(inventare)* _____ la radio. È *(andare)* _____ in Inghilterra a fare le sue ricerche e ha *(sposare)* _____ un'irlandese, poi è *(partire)* _____ per l'America dove ha *(continuare)* _____ a fare esperimenti. Nel 1909 ha *(ricevere)* _____ il premio Nobel per la fisica. L' Inghilterra lo ha *(nominare)* _____ baronetto e l'Italia senatore a vita e marchese. Sai chi è?

4 You don't know who the personality in Exercise 3 is? Choose the correct form of the present perfect in the sentences, as shown in the example. The relevant letters make up his last name.

1. Ieri le ragazze **sono andate** (M) / **sono andati** (F) al mare.   **M**
2. L'Italia **è diventato** (L) / **è diventata** (A) una Repubblica nel 1946. ___
3. Giulia **ha comprata** (B) / **ha comprato** (R) un libro a sua sorella. ___
4. I miei **sono partito** (I) / **sono partiti** (C) questa mattina. ___
5. La mia amica **ha passato** (O) / **ha passata** (N) l'esame. ___
6. Pierino **è caduta** (C) / **è caduto** (N) dalla bicicletta. ___
7. Ieri **ho ricevuto** (I) / **ho ricevuta** (S) il tuo regalo. ___

Avere or *essere* ?

Il bambino **ha finito il gelato**.
(cosa? → il gelato)
Mario **ha sposato Marella**.
(chi? → Marella)
Ho studiato italiano tutto il giorno.
(cosa? → italiano)
Abbiamo incontrato Anna.
(chi? → Anna)

■ *All* transitive verbs (verbs which have a direct object) form the present perfect with the auxiliary **avere**.

Mi sono alzata alle 6.00.
Ci siamo conosciuti un mese fa.

■ *All* reflexive verbs form the present perfect with the auxiliary **essere**.

Questa borsa **è costata** molto.
L'ascensore **è salito** al primo piano.
Le vacanze **sono cominciate ieri**.

■ *Almost all* intransitive verbs (verbs which do not have a direct object) form the present perfect with the auxiliary **essere**. These include:

Renata **è restata** a casa.
Oliviero **è rimasto** in albergo.

a) *stative verbs:* (re)stare, rimanere, etc.

Siamo andati al mare.
Il treno **è partito** un'ora fa.

b) *verbs of movement:* andare, venire, arrivare, partire, tornare, entrare, uscire, cadere, etc.

Mio nonno **è morto** molto tempo fa.
Ieri **è nata** mia nipote.
La festa **è finita** a mezzanotte.

c) *verbs relating to change:* diventare, morire, nascere, invecchiare, iniziare, cominciare, finire, etc.

L'Islanda mi **è piaciuta** moltissimo.
Luca mi **è sembrato** un po' triste.

d) *impersonal verbs:* piacere, dispiacere, bastare, parere, succedere, sembrare, etc.

■ *Many* verbs have an irregular past participle.

Ho **visto** un bellissimo film.
Siete **venuti** alla festa?
Che è **successo**?

EXERCISES

I **Read this letter. Find the verbs in the present perfect and divide them into two columns: verbs with *avere* and verbs with *essere*. Then write also the infinitive, as shown in the examples.**

Milano, 25 gennaio

Cara Marcella,

non ci sentiamo da alcuni mesi ormai, ma in questi ultimi tempi ho avuto davvero molto da fare e da organizzare. Ora finalmente ho trovato un po' di tempo per scrivere, quindi ti racconto cosa ho fatto in questo periodo. Come vedi ora abito a Milano. Mi sono lau- reata nel giugno scorso e, dopo la laurea, sono partita con alcune amiche per fare un giro d'Europa in Interrail. Siamo andate in Austria, Germania, Danimarca e Norvegia; siamo arrivate fino a Capo Nord e poi siamo tornate verso sud, passando dalla Svezia. È stata una vacanza bellissima come puoi immaginare! Ci siamo divertite un mondo e abbiamo incontrato tantissima gente! Pensa che in Svezia è successa una cosa davvero strana! In un ostello di Stoccolma, dove abbiamo dormito per 2 notti, abbiamo conosciuto un gruppetto di italiani che stavano facendo un giro simile al nostro. Abbiamo passato un paio di giorni con loro e io... beh... fra tutti quei bellissimi svedesi alti e biondi... non mi sono innamorata di Salvo? Uno dei ragazzi del gruppo, un siciliano che lavora qui a Milano. Ora hai capito perché sono venuta a vivere qua. Quando sono tornata dalla vacanza ho cominciato a cercare lavoro in questa città, per stare vicino a Salvo. Alla fine ho trovato un posto come traduttrice/interprete alla Fiera di Milano, ho fatto le valigie e mi sono trasferita qui. Che ne pensi? È stata una grossa decisione, non è stato facile lasciare Perugia... ma sono contenta di essere qui con Salvo.

E tu che fai? Come va?

Scrivi presto e raccontami tutto di te.

Baci

Carolina

avere		essere	
present perfect	infinitive	present perfect	infinitive
ho avuto	*avere*		
ho trovato	*trovare*		

2 *Avere* or *essere?* **Choose the correct form of the verb.**

Silvia e Ennio **hanno divorziato / sono divorziate** poche settimane fa; quindi **si hanno messo / si sono messi** d'accordo e **hanno organizzato / sono organizzati** una bellissima festa. Sono ancora buoni amici anche se non vogliono più vivere insieme perché non si amano più. Noi amici **abbiamo andato / siamo andati** quasi tutti, anche Paul e la moglie, che **sono arrivati / hanno arrivato** dalla Germania. La festa **ha durato / è durata** fino alla mattina, gli invitati **sono ballati / hanno ballato**, hanno mangiato / sono mangiati e **si sono divertiti / hanno divertito** come matti. Alla fine della festa Silvia e Ennio **hanno tornato / sono tornati** a casa con i loro nuovi partner.

3 *Avere* or *essere?* **Change the text into the present perfect.**

Tangentopoli
Durante i primi anni '90 scoppia un grave scandalo nella vita politica italiana. La polizia e i magistrati cominciano a controllare gli affari di personaggi politici e di famosi imprenditori e trovano le prove delle relazioni illegali tra politica, mondo degli affari e mafia. Molti uomini di governo corrotti diventano ricchissimi grazie ai soldi della mafia. Dopo questo periodo di continui scandali i maggiori partiti spariscono. Alcuni fondano nuove organizzazioni politiche e altri cercano di rifondare i vecchi partiti con nuovi nomi. Da allora inizia quella che si chiama la Seconda Repubblica.

*Durante i primi anni '90 **è scoppiato** un grave scandalo nella vita politica italiana. La polizia e i magistrati...*

4 **Put the verbs into the present perfect.**

Ah! L'amore!
Questa è la storia di un uomo innamorato e un po' ingenuo. Un uomo di 34 anni, che *(passare)* ⬚ ⬚ diversi anni in carcere, *(ottenere)* ⬚ ⬚ a ottobre il permesso di uscire per sette giorni, ma quando *(uscire)* ⬚ ⬚ non *(ritornare)* ⬚ ⬚ più. La polizia lo *(cercare)* ⬚ ⬚ per mesi ma non *(trovare)* ⬚ ⬚ nessuna traccia. L'uomo però, innamorato di una donna detenuta nel carcere femminile, non *(sapere)* ⬚ ⬚ resistere alla tentazione e *(andare)* ⬚ ⬚ a trovarla. Naturalmente i poliziotti del carcere femminile *(controllare)* ⬚ ⬚ i suoi documenti quando lui *(entrare)* ⬚ ⬚, lo *(riconoscere)* ⬚ ⬚, lo *(arrestare)* ⬚ ⬚ e lo *(riportare)* ⬚ ⬚ dentro.
Vero amore o... ?

(adapted from "ANSA")

Some verbs with an irregular past participle

verb	past participle	example
accendere	*acceso*	Non ho **acceso** la luce perché è ancora chiaro.
accorgersi	*accorto*	Non ti sei **accorto** che il gatto è uscito?
aprire	*aperto*	Ha **aperto** Lei la porta?
bere	*bevuto*	Quanto avete **bevuto**?
chiedere	*chiesto*	Abbiamo **chiesto** informazioni a un vigile.
chiudere	*chiuso*	I negozi hanno **chiuso** alle 19:00.
correre	*corso*	Sono **corsa** qui appena ho saputo dell'incidente.
decidere	*deciso*	Allora hai **deciso** dove andare in vacanza?
dire	*detto*	Ho già **detto** tutto alla polizia.
dividere	*diviso*	Hanno **diviso** l'appartamento.
essere	*stato*	Ieri siamo **state** al cinema.
fare	*fatto*	Il bambino ha **fatto** la pipì a letto.
leggere	*letto*	Mio padre ha **letto** tutta l'enciclopedia.
mettere	*messo*	Hai **messo** i soldi in banca?
morire	*morto*	Suo nonno è **morto** tre anni fa.
nascere	*nato*	Dante è **nato** a Firenze.
offendere	*offeso*	Aldo ha **offeso** Beppe.
offrire	*offerto*	Gigi ha **offerto** il pranzo.
perdere	*perso*	Ho **perso** due milioni a carte.
prendere	*preso*	Questa estate avete **preso** tanto sole.
rimanere	*rimasto*	Sei **rimasto** in città a Ferragosto?
rispondere	*risposto*	Non ha **risposto** alla mia domanda, Signor Rossi.
rompere	*rotto*	Ho **rotto** il computer.
scegliere	*scelto*	Alla fine ho **scelto** la gonna blu.
scendere	*sceso*	Siamo **scesi** al pianterreno.
scrivere	*scritto*	Abbiamo **scritto** a casa.
spegnere	*spento*	Hanno **spento** tutte le luci.
stare	*stato*	È **stato** in casa tutto il giorno.
succedere	*successo*	Che è **successo**?
tradurre	*tradotto*	Hanno **tradotto** il libro di Queneau.
vedere	*visto*	Hai **visto** l'ultimo film di Benigni?
venire	*venuto*	Non è **venuto** quasi nessuno alla festa.
vincere	*vinto*	La Francia ha **vinto** i Mondiali del 1998.
vivere	*vissuto*	Ho **vissuto** due anni in Germania.

EXERCISES

I **What have they done? Put the verbs into the present perfect and answer the questions.**

1. Cosa ha fatto Giuliano quando sua moglie ha baciato un altro uomo?

(Correre) [   ] a dividere i due e *(dire)* [   ] a sua moglie di smettere.

2. Cosa hanno fatto i bambini quando è iniziato il temporale?

(Accendere) [   ] la luce e *(chiamare)* [   ] i genitori.

3. Cosa ha fatto Paola il giorno del suo compleanno?

(Decidere) [   ] di non dire niente a nessuno e *(stare)* [   ] a casa.

4. Cosa hanno fatto gli italiani nel 1943?

(Perdere) [   ] la guerra e *(chiedere)* [   ] l'aiuto degli americani.

5. Cosa è successo nel 1996?

(Morire) [   ] Marcello Mastroianni.

6. Che hai fatto? Perché l'appartamento è distrutto?

Perché quando *(uscire)* [   ] non *(spegnere)* [   ] il gas e così

(scoppiare) [   ] un incendio.

7. Che ha fatto Sergio quando è nato suo figlio?

(Scegliere) [   ] il miglior champagne, *(offrire)* [   ] da bere a tutti e

(fare) [   ] festa.

8. Che ha fatto Amelia per protesta contro il problema del traffico in città?

(Scrivere) [   ] una lettera al giornale che nessuno *(leggere)* [   ].

9. Che è successo? Perché Simona non guida più?

(Andare) [   ] troppo veloce, *(avere)* [   ] un incidente, così

(prendere) [   ] una multa e *(perdere)* [   ] la patente.

10. Che hanno fatto Valerio e Ugo negli ultimi 10 anni?

(Rimanere) [   ] in Germania, *(vivere)* [   ] a Stuttgart, *(aprire)* [   ]

un ristorante, *(fare)* [   ] i soldi, *(venire)* [   ] in Italia e *(comprare)* [   ] una casa
al loro paese.

2 What have they done?
Write what these people have done. Make phrases with the verbs in the list, as shown in the example.

a. vincere la lotteria
b. nascere
c. bere
d. fare il bagno
e. chiudere la porta
f. prendere l'autobus
g. scendere le scale
h. rompere il bicchiere
i. morire

1. *ha bevuto*

2. _____

3. _____

5. _____

6. _____

4. _____

7. _____

8. _____

9. _____

3 What did Ms X do yesterday?
Describe Ms X's day. Use the verbs in the list. Then guess what her occupation is.

alle	verbi	ieri
8.00	alzarsi e fare colazione	1. *si è alzata e ha fatto colazione*
9.00	prendere l'auto e uscire per andare al lavoro	2.
10.30	avere un appuntamento con alcuni avvocati	3.
12.00	studiare un caso importante	4.
13.00	fare una pausa pranzo con i colleghi	5.
14.00	occuparsi di un omicidio nella città	6.
15.00	parlare con i giornalisti	7.
17.00	prendere un caffè con un giudice	8.
18.00	dare gli ordini per il lavoro notturno	9.
19.00	andare al corso di judo	10.
21.00	tornare a casa stanchissima	11.
22.30	andare a letto e leggere un giallo	12.

Do you know what job she does?

Direct object pronouns

Usi il computer per lavoro? Sì, **lo** uso spesso. *(lo=il computer)*

Ogni quanto guardi la tv? **La** guardo ogni sera. *(la=la tv)*

Io non mangio mai **le** olive. Le odio! *(le=le olive)*

Gli anni della guerra? **Li** ricordo benissimo! *(li=gli anni)*

Piero **ci** saluta sempre. *(ci=noi)*

Mi ami? *(mi=me)*

Certo! **Ti** amo da morire. *(ti=te)*

Vi chiamiamo domani. *(vi=voi)*

■ *We use direct object pronouns to replace a direct object (a noun not preceded by a preposition). The direct object pronoun always comes before the verb.*

Signora, **La** chiamo domani. *(La=Lei)*

■ *When addressing people formally person singular direct object pronoun La is used.*

Dov'è la scuola? Non **lo** so. *(lo=dove è la scuola)*

■ *The direct object pronoun can also replace a phrase.*

Il biglietto? **Lo** compro domani.

Sandra, **la** chiamo più tardi.

■ *Sometimes the direct object pronoun is used as well as the direct object itself. This is an emphatic form, which gives more importance to the object.*

Ho comprato un'auto nuova. **La** vuoi vedere?

Ho comprato un'auto nuova. Vuoi veder**la**?

L'ultimo libro di Baricco? **L'**ho appena cominciato a leggere.

L'ultimo libro di Baricco? Ho appena cominciato a legger**lo**.

■ *When there is a modal or phrasal verb (**potere, volere, dovere, sapere, cominciare a, stare per, stare + gerund, finire di**) + the infinitive, the direct object pronoun can either go before the verb or after the infinitive.*

Direct object pronouns		
	singular	plural
1st person	mi	ci
2nd person	ti	vi
3rd person masculine	lo	li
3rd person feminine	la (La)	le

I   **Connect the questions to the most appropriate answers, as shown in the example.**

1) Guardi spesso la TV?

2) Ogni quanto chiami i tuoi genitori?

3) Leggi il giornale?

4) Parli inglese?

5) Bevi mai il caffè?

6) Conosci quelle ragazze là?

7) Come fai la pizza?

8) Perché non prendi mai l'autobus?

9) Dove compri i libri?

10) Perché porti gli occhiali?

a) Li compro sempre al mercato dell'usato.

b) Certo, lo leggo ogni giorno.

c) Li porto solo per leggere perché sono un po' astigmatico.

d) No, non la guardo molto, solo qualche sera.

e) Lo studio, ma non lo parlo molto bene.

f) Lo prendo ogni mattina a colazione.

g) È semplice: la preparo con farina, sale, lievito, acqua e un pochino di olio di oliva.

h) Normalmente li sento una volta alla settimana.

i) Sì, vengono a scuola con me. Le conosco bene.

l) Non lo sopporto! È sempre in ritardo e sempre pieno!

13 Direct object pronouns

2   **Connect the words on the left with those on the right to make sentences, as shown in the example.**

1) Le forbici

2) La mia fidanzata

3) La multa

4) Il motorino

5) I vigili

6) I sandali

7) Le tende

8) La mamma

9) Il governo

a) la prendiamo se guidiamo troppo veloci.

b) ci riempie di tasse.

c) mi ama e mi vuole sposare.

d) le usiamo per tagliare le cose.

e) lo usiamo per muoverci meglio in città.

f) ci controllano quando guidiamo.

g) li portiamo d'estate perché fa caldo.

h) le chiudiamo quando vogliamo un po' di buio.

i) mi tratta ancora come un bambino.

3 What do the direct pronouns highlighted in the dialogue refer to? Write them in the table, as shown in the example.

Un italiano, un islandese e un indiano sono in un aereo che va da New York a Londra. Durante il volo si verificano dei problemi ai motori e la situazione è un po' preoccupante.

Italiano - Oddio, mamma mia! E ora? Speriamo bene! Per fortuna che ho con me l'immagine di San Cristoforo che **mi** protegge! Signore **la** vuole toccare?

Islandese - No, no grazie. Io non sono cattolico. Forse **la** vuole provare il signore vicino a me.

Indiano - No. Io sono ateo. Quindi spero solo che tutto andrà bene. Questo volo **lo** prendo spesso e i problemi di solito **li** risolvono subito.

Islandese - Forse ha ragione. Io però ho con me l'ascia di Thor, il dio del tuono. Io sono un seguace della religione degli Asi, gli antichi dei nordici. Sicuramente Thor **mi** salverà! Anche perché non è onorevole morire così banalmente.

Italiano - Gli Asi? Ma non è una religione pagana? E **la** seguite ancora? È incredibile! Fate anche sacrifici?

Islandese - Sì, **li** facciamo, ma raramente e non umani. Ci riuniamo per le feste pagane e la nostra sacerdotessa dirige il rituale. Celebriamo agli dei e **li** glorifichiamo. Un po' come voi cristiani no?

Indiano - **Mi** scusi, ma penso che il signore islandese abbia ragione. Che differenza fa in cosa si crede? Le vostre religioni sono illogiche e basate sulla superstizione. Perché invece non ci rilassiamo con una bottiglia di champagne? Se mi permettete **la** offro io.

Italiano e islandese - Grazie molto gentile, **la** beviamo volentieri. Questa è certamente una cosa che ci unisce tutti.

pronoun	refers to...
mi	me (l'italiano)
la	l'immagine di San Cristoforo

4 Choose the correct pronoun and guess what we're making.

a) Prendiamo l'olio e **li/lo** mettiamo in una padella. Quando l'olio è caldo, prendiamo uno spicchio d'aglio, **lo/la** sbucciamo, **la/lo** tagliamo e **lo/la** mettiamo nell'olio. Poi facciamo a pezzetti un peperoncino e **la/lo** aggiungiamo al tutto. Quando gli spaghetti sono pronti **lo/li** buttiamo nella padella e **li/lo** facciamo saltare nella salsa. Sai che ricetta è?

b) Prendiamo dei biscotti Savoiardi e **li/la** bagniamo con un pochino di Marsala e molto caffè. Prendiamo del mascarpone e dello zucchero e **li/le** mescoliamo insieme. Quando la crema di mascarpone è pronta **le/la** mettiamo sopra i biscotti. Poi prepariamo altri biscotti e **li/lo** mettiamo sopra alla crema e quindi **la/li** ricopriamo con altra crema. Infine prendiamo del cacao in polvere e **li/lo** spargiamo sulla crema di mascarpone. Conosci questo dolce italiano?

5 Let's go to the cinema! Complete the sentences with direct pronouns and then answer the questions.

1. È un posto dove si girano molti film italiani. Tutti ____ conoscono. Si chiama Cinecittà. Dove è?
   ☐ **Venezia**   ☐ **Roma**   ☐ **Milano**

2. È un festival del cinema molto importante. I cinefili ____ seguono molto. Il premio al vincitore è il Leone d'Oro. Dove si tiene?
   ☐ **Bologna**   ☐ **Cannes**   ☐ **Venezia**

3. Ha vinto l'Oscar nel 1997 con "La vita è bella". In Italia i suoi film sono molto famosi e tutti ____ trovano molto divertenti. Come si chiama?
   ☐ **Benigni**   ☐ **Moretti**   ☐ **Tornatore**

4. La Roma degli anni '60 è molto famosa. Ormai tutti ____ ricordano grazie ad un grande film: "La dolce vita". Chi è il regista?
   ☐ **De Sica**   ☐ **Fellini**   ☐ **Antonioni**

5. Un poeta insegna a un giovane postino l'arte della poesia. Il postino impara molto bene. Scrive delle belle poesie e ____ utilizza per conquistare la sua donna. È la storia di un film italiano molto conosciuto. Come si chiama?
   ☐ **"Mediterraneo"**   ☐ **"Caro diario"**   ☐ **"Il postino"**

6. Sono film italiani che copiano un tipo di cinema americano. Sergio Leone è stato uno dei registi più famosi di quei film. Come ____ chiamiamo?
   ☐ **spaghetti western**   ☐ **macaroni western**   ☐ **linguine western**

7. È un regista famoso, molti ____ conoscono anche come scrittore e poeta. È morto a Ostia, assassinato. Il suo nome è Pier Paolo...
   ☐ **Zeffirelli**   ☐ **Visconti**   ☐ **Pasolini**

Inside and Out

Movies by Federico Fellini, one of the all-time greatest Italian film directors, have left a long-lasting mark on the Italian language. Several characters playing in world famous "La dolce vita", for instance, wear a close fitting turtleneck sweater, hence the term "dolcevita" for such sweaters in Italian.

13 Direct object pronouns

6 **Fill in the blanks with the correct direct pronoun.**

a) Il 13 dicembre è il giorno dedicato a una santa di origine siciliana, Lucia, vissuta nel terzo secolo d.C. Secondo la leggenda, Lucia e la madre diventano cristiane, ma [____] devono nascondere, per paura delle persecuzioni degli imperatori romani contro i cristiani. La famiglia di Lucia decide di far [____] sposare a un uomo molto ricco ma Lucia non [____] vuole sposare e vuole invece rinunciare alle sue ricchezze e regalar [____] ai poveri della sua città. Quando il fidanzato [____] scopre, [____] denuncia come cristiana. Lucia è arrestata, i giudici [____] accusano di essere una strega e [____] condannano al rogo. Ma Lucia non brucia. Allora ordinano a un soldato di uccider [____] con la spada. Così Lucia diventa martire e santa nel mondo cristiano. Il giorno di Santa Lucia è una grande tradizione anche in Svezia, e in molte città italiane del Nord, dove il 13 dicembre arriva con un asinello e porta i doni ai bambini buoni. A Verona le famiglie lasciano qualcosa da mangiare per la Santa e l'asinello e lasciano anche dei piatti vuoti e lei [____] riempie con i dolci tipici di questa festa. La notte del 12 dicembre i bambini vanno a letto presto e chiudono forte forte gli occhi, perché, se Santa Lucia [____] trova svegli, [____] acceca con la cenere.

b) Un'altra donna famosa, che porta dolci e regali, è la Befana. Questa vecchietta arriva ogni anno a portare i regali ai bambini e tutti [____] aspettano la notte del 6 gennaio. Quella notte i bambini lasciano delle calze vuote e lei [____] riempie di dolci per i bambini buoni e di carbone per quelli cattivi. Di solito la Befana arriva su una scopa o su un asinello. Sapete che la tradizione della Befana è stata promossa molto durante il Fascismo che [____] ha sempre considerata una tradizione tipica italiana, molto più di Babbo Natale?

Direct object pronouns with past participle

Hai comprato il latte? Sì, **l'**ho comprat**o** ieri.
Hai mangiato tu la torta? Sì, **l'**ho mangiat**a** tutta.
Hai cambiato le scarpe? Sì, **le** ho cambiat**e**.
Hai cucinato gli spaghetti? No, non **li** ho cucinat**i**.

■ *After the direct object pronouns **lo, la, li, le**, the past participle must agree with the pronoun (-o, -a, -i, -e).*

Giulia, sai bene che io **ti** ho amat**a** tanto!
Giulia, sai bene che io **ti** ho amat**o** tanto!
Mario non **ci** ha vist**i**.
Mario non **ci** ha vist**o**.

■ *After the direct object pronouns **mi, ti, ci, vi**, the past participle may or may not agree with the pronouns.*

Hai visto l'ultimo film di Moretti? Sì, **l'**(lo) ho visto due volte.
Hai comprato l'insalata? No, non **l'**(la) ho comprata.

■ *Only **la** and **lo** are apostrophised before a word which begins with a vowel.*

I **I am organising a birthday party. This is the list of the things I have to do and the things I have already done. Connect the words to the correct phrases.**

1) **La torta**	a) devo ancora farlo.
2) Gli invitati	b) devo avvisarli perché sono un po' anziani.
3) La musica	c) li ho chiamati tutti.
4) Le bottiglie di vino	d) li ho messi sul tavolo.
5) Da mangiare	e) **devo ordinarla.**
6) I giochi	f) devo chiedere a Fabio di portarla.
7) I due signori del piano di sotto	g) le ho già comprate.

2 Choose the correct expression.

Una storia incredibile

È stata una rapina un po' particolare quella di ieri a un ufficio postale romano. I rapinatori infatti l'hanno **organizzati/l'hanno organizzata** con molta fantasia. Tre ragazzi sono arrivati alla posta con un pacco molto pesante e **l'hanno portato/l'hanno portati** dentro. Hanno detto: "Dobbiamo **spedirla/spedirlo** può aprire la porta?" e **l'hanno data/l'hanno dato** a un impiegato. L'impiegato si è avvicinato alla porta e **l'ha aperto/l'ha aperta** per far passare il pacco. Improvvisamente un uomo molto piccolo è uscito dal pacco, ha puntato il mitra sugli impiegati e **lo ha minacciato/li ha minacciati**. Gli altri tre ragazzi **lo hanno raggiunto/li hanno raggiunti** e hanno rubato tutti i soldi contenuti nella cassaforte della posta.

(adapted from "La Repubblica")

3 Insert the correct personal pronoun and complete the past participle. Then find out whom the phrase refers to, as shown in the example.

e.g. Ha conosciuto Piera e *L'*ha subito invitata alla sua festa. → *Aldo: l'amicone.*

1. È subito diventata tutta rossa quando Stefano ____ ha chiamat_ per salutar_ .

2. Mi sono nascosto dietro la porta e quando loro sono entrati in camera ____ ho spaventat___ moltissimo!

3. Quella donna è incredibile! Non solo ___ ho portat_ alla stazione, ma ho anche dovuto aiutar___ a trovare il treno e il binario. Poi ha anche perso il biglietto!

4. È sempre in ritardo! È normale. Non porta mai l'orologio. Probabilmente ___ ha lasciat___ da qualche parte.

5. Cerchi Stefi? ___ ho vist_ prima al parco a fare footing. Forse adesso ____ trovi in piscina.

6. Sono così noiose! Non ____ vediamo spesso. Stanno sempre in casa, quando ___ abbiamo chiamat___ prima stavano guardando la TV.

7. Dov'è la torta? Scommetto che ___ ha mangiat___ tutta lui! Quando c'è qualcosa di dolce in casa ___ fa sempre sparire!

8. Dicono che è una pittrice molto brava. I suoi quadri alcuni ____ trovano bellissimi ma io non ____ ho mai capit___.

9. Oddio che chiacchierone quelle due! ____ ho incontrat___ per strada alle 3.00 e ____ ho potut_ lasciare solo dopo più di un'ora! Quanto parlano!!

10. I gemelli? Non ____ ho mai sopportat___! Vogliono sempre tutto e subito!

Bruno: il goloso

Gioia e Pino: i paurosi

Aldo: l'amicone

Maria e Barbara: le pettegole

Marta: la timida

Marco e Roberto: i viziati

Vincenzo: il ritardatario

Carla e Sonia: le pigre

Ursula: l'artista

Sandra: l'imbranata

Stefania: la sportiva

Prepositions with places

Domani vado **a Palermo**.
Di solito facciamo le vacanze **a Capri**.

■ *Normally **a** is used with:*
- *cities*
- *small islands*

Parigi è **in Francia**.
La montagna **in Calabria** è molto bella.
L'anno prossimo voglio andare **in Africa**.
Sandro abita **in Corsica**.

■ *Normally **in** is used with the names of :*
- *countries*
- *regions*
- *continents*
- *large islands*

Vieni **da Marco** stasera?
Domani c'è una festa **da me**.

■ *Normally **da** is used with:*
- *names of persons*
- *personal pronouns*

Quando **parti per** Vienna?
Se vado a Torino **passo per** Genova.

■ *Normally **per** is used with:*
- *partire*
- *passare*

Sono di Bari ma abito all'estero.
Alberto **torna da** Ischia sabato prossimo.
Questo regalo **viene da** Parigi.
L'università è **vicino a** casa mia.
Anna vive **lontano da** Roma.

■ *Other common expressions of place are:*
- *essere di*
- *tornare da*
- *venire da*
- *vicino a*
- *lontano da*

EXERCISES

I Choose the correct preposition and guess who or what the texts refer to.

a) È stata una famosa famiglia **di/in** Firenze, molto potente e importante **a/in** tutta la Toscana. Ha fatto molto per l'economia e le arti **da/in** Toscana dal Medioevo al Rinascimento. Un componente famoso di questa famiglia si chiama Lorenzo.
Sai chi sono? → **I M __ __ __ __ I**

b) Si chiama Giacomo, è **da/di** Venezia ma muore **a/in** Boemia, nel XVIII secolo. Figlio di attori, viaggia molto **a/in** Europa e vive **a/in** molte città. Poi finisce in prigione **in/a** Venezia per magia e massoneria. Alla fine evade e fugge **da/di** Venezia, e vive **in/a** tutta Europa come diplomatico e cavaliere. Scrive le sue memorie, dove parla molto delle sue avventure con le donne.
Sai chi è? → **C __ __ __ __ __ __ __ __**

È un dolce molto famoso **a/in** Italia e anche all'estero. Viene **a/da** Milano ma è esportato anche **a/in** Europa e **in/a** America. È un tipo di dolce che mangiamo quando passiamo il Natale **a/da** parenti e amici. La sua forma è simile alla cupola di una chiesa.
Sai che dolce è?
→ **P __ __ __ __ __ __ __ __ __ __**

2 Do you know Italy? Complete the sentences with *in* or *a*.

1. Il fiume Po nasce [*in*] Piemonte e finisce in mare [   ] Emilia Romagna.
2. [   ] Sardegna, [   ] Alghero, la gente parla catalano.
3. [   ] Ischia* ci sono sorgenti termali ottime per la salute.
4. [   ] Matera, [   ] Basilicata, ci sono delle case molto particolari, scavate nella montagna.
5. Il lago di Como è vicino [   ] Milano.
6. Molti italiani dopo la prima guerra mondiale sono emigrati [   ] America e [   ] Australia.
7. Ci sono molti italiani che vivono [   ] Germania e tornano [   ] Italia per le vacanze.

*Ischia: a small island off Naples.

3 Do you know Italy? Complete the sentences with *da* or *di*. Then decide which sentences are true or false.

		true	false
1.	La famosa torta "pastiera" viene [*da*] Napoli.	☒	☐
2.	Il fiume Tevere passa [ ] Firenze e [ ] Pisa.	☐	☐
3.	Il vino Brunello viene [ ] Montalcino.	☐	☐
4.	Napoli è molto lontana [ ] Amalfi.	☐	☐
5.	Sophia Loren è [ ] Milano.	☐	☐
6.	Il carnevale [ ] Venezia è famoso.	☐	☐
7.	Gli Appennini vanno [ ] nord a sud.	☐	☐
8.	Il liquore limoncello è [ ] Verona.	☐	☐

14 Prepositions

4 Choose the correct prepositions in the following conversations.

a

▲ Pronto? Ciao Andrea, sono Silvia.

▪ Ciao bella come stai?

▲ Bene grazie, sono **in/a** Siena. Rimango qualche giorno.

▪ Bello, allora stasera vieni a cena **a/da** me. Ok?

▲ Grazie, perché no? Vengono anche Alberto e Sandro?

▪ Come no! Loro vengono sempre **a/da** me il sabato sera. Poi andiamo **in/da** un nostro amico che ha un bar discoteca.

▲ Perfetto! Non vedo l'ora. Ciao!

b

▲ Pronto signora, sono Giacomo Nicoli, vorrei parlare con Elisabetta.

▪ Elisabetta non c'è, mi dispiace. Non abita più qui.

▲ Ah, posso avere il nuovo telefono?

▪ Betti non vive più **in/a** Genova, ora abita **in/a** Inghilterra, lavora là.

▲ Bello! È **in/a** Londra?

▪ Sì, abita **a/da** sua zia che è sposata con un inglese, Le do il numero.

▲ Grazie.

5 Complete with prepositions.

Cara Anna,

ho un problema. Mia figlia Pia è sposata e ha due bambini. Lei e il marito abitano ☐ Livorno, non molto lontano ☐ casa mia, visto che io e mio marito abitiamo ☐ Pisa. Il problema è che quando vengono a pranzo o a cena ☐ noi, o quando noi andiamo ☐ loro e mangiamo insieme, io non sopporto il marito di mia figlia! Lui mangia come un maiale! Non ha educazione a tavola, fa rumori mentre mangia e parla con la bocca piena. Anche i figli stanno diventando come lui. Mia figlia dice che io sono esagerata e che lui non mi piace perché è ☐ Livorno. È vero che preferisco le persone ☐ Pisa, ma io non sopporto più di avere quell'uomo qui ☐ me. Che devo fare?

6 In this text there are 4 incorrect prepositions. Find them.

Due innamorati

Domani mi sposo. La festa di matrimonio è a Roma ed è ben organizzata: ci sono 140 invitati. Molti miei amici vengono a Roma da Milano, da Firenze e da Bologna. Anche i genitori del mio fidanzato, Fritz, devono venire da Monaco, perché la sua famiglia abita a Germania. Vogliamo fare una festa sulla via Appia, quindi, visto che probabilmente la festa finisce tardi, alcuni miei amici dormono in albergo in Roma. I genitori di Fritz invece stanno a noi, perché abbiamo una casa grande. Sono molto felice di sposare Fritz, in viaggio di nozze andiamo a Africa e io non vedo l'ora di partire. Sono sicuro che Fritz è l'uomo della mia vita. Voglio vivere con lui qui in Italia, se possibile.

Prepositions with time

Aspetto l'autobus **da** mezz'ora *(e sono ancora qui ad aspettarlo)*. Studio inglese **da** molto tempo *(e ancora lo studio)*. Vivo a New York **da** 3 anni *(e ancora ci vivo)*.	*Normally the preposition **da** is used to express a continuous time, that is an action which is still continuing in the present.*
Ho aspettato l'autobus **per** mezz'ora *(sono andato via, non lo aspetto più)*. Voglio vivere all'estero (**per**) un po' di tempo. Rimango a Milano (**per**) 2 mesi.	*Normally the preposition **per** is used to express a definite time, that is an action closed by a time limit, in the past or in the future. Sometimes **per** can be left out.*
Ho conosciuto Rita 2 anni **fa**. Sono arrivato alla stazione 10 minuti **fa** e ho perso il treno.	*Normally the preposition **fa** is used to express a precise time in the past.*
Mi alzo **tra** 5 minuti. Il prossimo treno parte **fra** un'ora.	*Normally the preposition **tra/fra** is used to express a precise time in the future.*
Lavoro **da** settembre **a** giugno. Sergio studia **da** mattina **a** sera.	*Normally the prepositions **da... a...** are used to express a definite period, with a specific start and end.*

1 Choose the correct preposition.

Una storia comune

Sonja vive a Roma **da/fra** 3 anni. La sua storia è piuttosto comune: è arrivata a Roma 3 anni **da/fa** per rimanere solo **per/da** un anno, imparare l'italiano e tornare a casa. Invece ha trovato un lavoro in un pub e lì ha conosciuto un ragazzo, Antonio. Si sono innamorati e hanno passato ogni fine settimana insieme, **per/da** mattina **a/da** sera. Ormai stanno insieme **fa/da** più di due anni e pensano di sposarsi **fa/fra** un anno.

2 Complete with prepositions.

Antonio e Sonja si sposano

Antonio pensa:

"Oddio! Questa è una giornata importante. Sono nervoso, è il giorno del mio matrimonio e sono qui davanti alla chiesa che aspetto da un'eternità! Per di più non fumo [   ] 5 mesi e ho deciso che non voglio più fumare [   ] tutta la vita. È troppo pericoloso e fa male alla salute. Pensare che 5 mesi [   ] fumavo 30 sigarette al giorno e ora... 0! Ma oggi è una giornata particolare no? Quando arriva Sonja? La cerimonia comincia [   ] 10 minuti. Gli invitati sono tutti in chiesa e aspettano ormai [   ] mezz'ora! Dov'è? Perché non viene? ... Forse ha cambiato idea? Mamma mia! Chi mi dà una sigaretta?"

3 Complete the text with the prepositions in the list.

| fa | fa | fra | per | per | da |

Le origini della cucina italiana

La cucina italiana è famosa in tutto il mondo [   ] almeno cinquant'anni, ma quando è nata? Le colonizzazioni greca ed etrusca sono state importanti per le origini della cucina italiana, con gli Etruschi in Etruria migliaia di anni [   ] e i greci nella Magna Grecia più di 2000 anni [   ]. I greci sono rimasti nell'Italia meridionale [   ] circa cinque secoli e sono stati quasi certamente loro che hanno introdotto il vino. Le tradizioni greca ed etrusca sono poi passate nella cultura gastronomica dell'antica Roma dove, in età imperiale, [   ] circa 300 anni, la cucina ha avuto una grande importanza e raffinatezza. Il generale e console Lucullo, per esempio, che è vissuto a Roma durante il primo secolo avanti Cristo, ha dato origine all'aggettivo luculliano, usato per descrivere un pranzo ricchissimo.

Dopo la dominazione romana la cucina italiana si è sviluppata sempre più localmente, con produzioni regionali e influenzate dalle dominazioni straniere. Anche ora alcune abitudini straniere sono entrate nei nostri usi alimentari. E chissà come sarà la nostra cucina [   ] altri cento anni?

14 Prepositions

4 Choose the correct preposition.

L'unità d'Italia

L'Italia è una nazione unica **da/fa** poco più di un secolo, dal 1861. Per questo è difficile parlare di italianità quando gli italiani sono stati uniti solo **fra/per** così poco tempo. Solo 200 anni **fra/fa** infatti l'Italia era divisa in molti stati. Dopo l'unificazione gli italiani hanno cominciato a parlare e a scrivere in una sola lingua; **dal/al** 1861 **dal/al** 1911 la percentuale di analfabeti è scesa dal 75% al 38%. Ma ancora oggi molti parlano il dialetto in casa e con gli amici. Chissà, forse **in/fra** altri 50 anni tutti noi parleremo la stessa lingua.

5 Complete the sentences with the expressions in the list, as shown in the example.

l'idraulico   sposato   ancora   spasso   viaggiato   buonissima

e. g.: Da giovane ho fatto molto sport e oggi sono | *ancora* | un bel ragazzo.

1. Da bambino non sono andato a scuola e oggi faccio |_____| e guadagno molti soldi.
2. Da ragazzo ho incontrato una bella ragazza e oggi sono |_____| e ho tre bei bambini.
3. Da adolescente non ho bevuto molto e oggi ho una |_____| salute.
4. Da giovanotto ho |_____| molto e oggi parlo tre lingue straniere.
5. Da vecchio voglio avere tanti nipotini da portare a |_____|.

Other prepositions

Andiamo **in** pizzeria?
Andiamo **alla** pizzeria "Bellanapoli"?
Laura deve andare **in** farmacia.
Laura deve andare **alla** farmacia di via Ripetta.

■ *Often with places which end in -ia the preposition in is used. When the place is a definite place, the preposition alla is used.*

Questa maglia è **di** <u>cotone</u>.
Il tavolo che voglio comprare è **di** <u>legno</u> scuro.

■ *Normally the preposition di is used to express material.*

Che sete! Compro <u>qualcosa</u> **da** <u>bere</u>.
Non ho <u>niente</u> **da** <u>mangiare</u> in frigorifero.
Oggi ho <u>troppo</u> **da** <u>fare</u>.

■ *When a verb follows an indefinite pronoun (qualcosa, niente, molto, troppo, etc) the preposition da is usually used before that verb.*

Serena vuole un <u>uomo</u> **da** <u>sposare</u>.
Ci sono i <u>bambini</u> **da** <u>portare</u> a scuola.

■ *When a verb follows a noun often the preposition da is used before that verb.*

Ho comprato <u>qualcosa</u> **di** <u>carino</u> per il compleanno di Vania.
Ieri non ho fatto <u>niente</u> **di** <u>particolare</u>.

■ *When is an adjective follows an indefinite pronoun normally the preposition di is used before that adjective.*

Prepositions

14

EXERCISES

1 **Connect the phrases and choose the correct preposition.**

1) **Bella quella camicia! È di/a seta?**
2) Volete niente **di/da** mangiare?
3) Ciao, hai un po' di tempo?
4) Sei già stato **a/in** panetteria?
5) Vieni al cinema stasera?
6) Cosa avete fatto ieri?
7) Che fame!
8) Che metti domani alla festa?
9) Non ho niente **a/da** bere per la cena di domani.
10) Ti piace questa maglia?

a) Probabilmente metto qualcosa **di/in** elegante.
b) Vuoi qualcosa **di/da** mangiare?
c) Sì, ma preferisco le maglie **per/di** pura lana.
d) **No, ma sembra seta, vero?**
e) Se vuoi, porto un po' di vino io.
f) Grazie, abbiamo già mangiato.
g) Mi dispiace, devo correre **in/a** farmacia, sta per chiudere!
h) Sì, ho già comprato il pane.
i) Non abbiamo fatto niente **a/di** speciale.
l) Non posso. Ho molto **a/da** studiare per un esame.

2 **Choose the correct preposition.**

Caccia al tesoro

Mauro è una persona molto attiva, ha sempre mille cose **da/a/per** fare e, quando non lavora, inventa sempre qualcosa **da/di/su** nuovo e interessante per passare il tempo. Il mese scorso ha organizzato una caccia al tesoro per gli amici. È stata davvero divertente. I partecipanti hanno avuto molti enigmi **a/da/di** risolvere e diverse cose **per/da/di** fare: il giro del paese in bicicletta, salire sul campanile della chiesa, correre **a/in/da** macelleria a trovare della carne di tacchino... Le squadre poi hanno anche dovuto organizzare una sfilata di moda con abiti **a/da/di** materiali alternativi, come carta e plastica. Alla fine della caccia tutti i partecipanti, stanchissimi, sono andati **in/per/a** pizzeria insieme e poi hanno continuato la serata **a/in/da** birreria.

3 **Complete the texts with the prepositions in the list.**

da (x3) **fra** (x2) **con** **in** (x5)

Animali italiani

a) Vi ricordate dell'animale che ha allattato Romolo e Remo, i fondatori [____] Roma? È un animale che è presente [____] Italia [____] molto tempo. Vive prevalentemente [____] regioni appenniniche, sulle Alpi, nel Lazio e [____] Toscana. È sensibile e intelligente ma rappresenta qualcosa [____] pericoloso per molti allevatori, che hanno paura di lui, perché mangia pecore e galline. Di solito ha [____] 2 e 8 piccoli. Questo animale è presente anche in un modo di dire comune nella lingua italiana. Infatti, prima di un esame diciamo "In bocca al __ __ __ __".

b) Questo animale vive principalmente [____] un famoso parco nazionale [____] Abruzzo, dove trova sempre qualcosa [____] mangiare e viene protetto. Può essere molto grande e pesare [____] gli 80 e i 360 kg. È un animale solitario e per questo difficile [____] vedere, anche nel parco. Per questo quando diciamo a qualcuno "Sei un __ __ __ __ __" significa che questa persona non sta volentieri [____] la gente.

Choose the correct sentence. The relevant letters will give you the name of these animals.

a
1. Voglio qualcosa di leggere (C)/Voglio qualcosa da leggere (L)
2. Ho studiato italiano da 4 anni (A)/Ho studiato italiano per 4 anni (U)
3. Ci vediamo fra cinque minuti (P)/Ci vediamo in cinque minuti (N)
4. Partiamo per Milano (O)/Partiamo a Milano (E)

b
1. Ho comprato una nuova sciarpa di lana (O)/ Ho comprato una nuova sciarpa con lana (R)
2. Vivo a Roma da poco (R)/Vivo a Roma in poco (A)
3. Che begli occhiali per sole (N)/Che begli occhiali da sole (S)
4. Fra due mesi mi laureo (O)/Da due mesi mi laureo (A)

4 Complete with prepositions.

La prima cosa bella

È un film di Paolo Virzì, un regista [____] Livorno, una città [____] Toscana. Il film ha avuto un gran successo [____] Italia ed è stato candidato agli Oscar del 2011. È la storia di Bruno, che insegna [____] Milano e della sua difficile relazione [____] la madre. Il film comincia [____] Livorno, [____] estate, nel 1971, quando Bruno è ancora un bambino e vive in quella città. Nel film vediamo spesso *flashback* di Bruno [____] bambino e vediamo che è infelice. Ora che è adulto Bruno è convinto che non c'è niente [____] fare per risolvere il rapporto con la madre. Quando però la madre sta male Bruno decide di andare [____] lei, rimane vicino [____] lei e capisce tante cose. Solo allora cambia idea e decide di fare qualcosa [____] concreto della sua vita.

Compound prepositions

L'auto **del** *(di + il)* padre di Silvia è rotta.
Andiamo **al** *(a + il)* cinema stasera?
Questo vino viene **dalla** *(da + la)* California.
Nello *(in + lo)* zaino c'è il libro di matematica.
Non sono mai andata **sulle** *(su + le)* Alpi.

Stasera esco **con le** mie amiche.
I giocattoli sono **per i** bambini.
Tra le due ragazze preferisco Daria.

In America parlano inglese.
Negli Stati Uniti parlano inglese.
Kurt vive **in** Olanda.
Kurt vive **nei** Paesi Bassi.
Studio spesso **in** biblioteca.
Studio spesso **nelle** biblioteche.

Lavoro **in** ufficio.
Lavoro **nell'**ufficio al primo piano.
La domenica Carla va **in** chiesa.
La domenica Carla va **nella** chiesa di S. Eusebio.
Vado **a** scuola.
Vado **alla** scuola di via Manzoni.

■ *Sometimes prepositions are followed by definite articles. In this case the prepositions **di, a, da, in, su** are joined to the article to form a **compound preposition**.*

■ *The prepositions **con, per, tra/fra** are not joined to the article.*

■ *There are not many rules to help decide on the use of compound prepositions. Normally they are used:*

a) in the plural;

b) before a definite, particular noun.

Compound prepositions							
	il	lo	la	i	gli	le	l'
di	del	dello	della	dei	degli	delle	dell'
a	al	allo	alla	ai	agli	alle	all'
da	dal	dallo	dalla	dai	dagli	dalle	dall'
in	nel	nello	nella	nei	negli	nelle	nell'
su	sul	sullo	sulla	sui	sugli	sulle	sull'

14 Prepositions

I **Complete with compound prepositions, as shown in the example.**

e.g. "Vai a teatro, stasera?" "No, vado *(a + il)* | al | cinema."

1. "Di chi è quel motorino?" "È *(di + la)* | | mia amica."

2. L'Italia si estende *(da + le)* | | Alpi fino *(a + l')* | | isola di Lampedusa.

3. "Dove sono le chiavi?" "In casa, *(in + la)* | | mia borsa."

4. "Sei venuta *(con + la)* | | macchina di tuo padre?" "No, sono venuta in motorino."

5. *(Su + il)* | | tavolo in cucina ci sono i bicchieri da vino.

6. Scusi, fate riduzioni *(per + gli)* | | studenti?

7. Perché non ci vediamo *(fra + le)* | | nove e le dieci?

8. "Dove avete parcheggiato?" *(Tra + la)* | | Mercedes e la Volvo."

9. Traiano è stato uno *(di + gli)* | | imperatori di Roma.

2 **Choose the correct preposition.**

Un mito della canzone italiana: il festival di Sanremo

Non è possibile pensare **a/alla** musica leggera italiana senza nominare il festival di Sanremo. Questo popolarissimo festival della canzone è nato **in/negli** anni '50, precisamente nel 1951. In quegli anni l'Italia era povera, divisa **da/dalla** guerra fredda e **dai/dalle** tensioni politiche fra sinistra e centro. Il festival è riuscito a mettere d'accordo tutti gli italiani. La canzone che ha vinto per prima è stata "Grazie **dei/di** fiori" cantata da Nilla Pizzi. Incredibilmente, nonostante i grandissimi cambiamenti **in/nella** musica popolare italiana, le vecchie canzoni **del/di** Festival di Sanremo sono ancora conosciute e amate da tutti.

Sai in che regione si trova Sanremo?

3 **If you don't know the answer to Exercise 2, choose the correct sentences below. The relevant letters will give you the name of the region.**

1.	La biblioteca di università di Roma è grande.	**T**
2.	Mi piacerebbe andare in Stati Uniti.	**O**
3.	Ieri sono andata alla piscina comunale.	**L**
4.	Sono venuto al lavoro con la bici di mia sorella.	**I**
5.	Ho avuto un incidente in auto di mia madre.	**S**
6.	È proibito camminare su prati.	**C**
7.	A Carnevale c'è sempre tanta gente per le strade.	**G**
8.	Sono tornato ieri dagli Stati Uniti.	**U**
9.	Ho appena telefonato a miei genitori.	**A**
10.	Anna si sposa nella chiesa del paese.	**R**
11.	È bellissimo fare trekking sulle Alpi.	**I**
12.	Sei mai andato in Paesi Bassi?	**N**
13.	Ci vediamo a teatro di Piazza Manzoni.	**A**
14.	Ruth viene dai Paesi Bassi.	**A**

The name of the region is _ _ _ _ _ _ _ _

Now correct the mistakes in the remaining sentences.

14 **Prepositions**

4 Choose the correct compound preposition and decide if the phrase is true or false, as shown in the example.

Credenze e superstizioni

	true	false
e.g. Toccare la schiena **al/allo** gobbo porta fortuna.	X	☐
1. Mettere le chiavi **sui/sul** letto porta sfortuna.	☐	☐
2. **Ai/Agli** studenti prima **dell'/degli** esami si dice :"Buona fortuna!"	☐	☐
3. Quello che fai il primo **dall'/dell'** anno lo fai tutto l'anno.	☐	☐
4. 17 è il numero **nella/della** fortuna.	☐	☐
5. Aprire un ombrello **al/all'** interno di una casa porta fortuna.	☐	☐
6. Se passi sotto **alla/della** scala sei fortunato.	☐	☐
7. Far cadere l'olio **sull'/sul** tavolo porta sfortuna.	☐	☐

5 Complete the text with the compound prepositions in the list.

con gli | degli | degli | dei | del | dell' | dell' | dell' | della | della | nel | sull'

La lingua italiana

Un'indagine dell'Istat [＿＿] uso [＿＿] lingua italiana e i dialetti [＿＿] 1995 ha mostrato che circa il 94%

[＿＿] italiani parlava l'italiano in almeno una situazione (famiglia, amici, estranei), ma solamente il 44,6% lo parlava in famiglia e

il 47,3% [＿＿] amici. La situazione naturalmente cambiava a seconda [＿＿] regione di appartenenza. Ad esempio, mentre

circa il 90% [＿＿] toscani parla l'italiano, in Veneto quasi la metà [＿＿] abitanti parla il dialetto sia in famiglia che con gli

amici. Una indagine simile era stata fatta otto anni prima. In otto anni c'è stato un aumento significativo [＿＿] uso [＿＿]

italiano e un calo [＿＿] uso [＿＿] dialetto.

(adapted from B. Mastragostino "Italiano, una lingua televisiva")

6 Complete the text with the compound prepositions in the list.

dei | delle | di | di | di | in | in | nell' | nell' | tra le

Il polo industriale italiano

[＿＿] Italia nord-occidentale si trovano tre regioni ricche [＿＿] industrie: Piemonte, Lombardia e Liguria. In particolare

Piemonte e Lombardia sono [＿＿] regioni più industrializzate d'Italia. [＿＿] Piemonte ci sono industrie meccaniche, elet-

tromeccaniche e tessili; [＿＿] Lombardia industrie [＿＿] ogni tipo. Gli occupati [＿＿] industria sono il 41% in

Piemonte e il 44% in Lombardia, ma è il settore [＿＿] servizi avanzati a occupare il maggior numero di persone. La Liguria vive

principalmente [＿＿] turismo, con il 60% [＿＿] persone in questo settore. Ma non mancano industrie meccaniche, siderur-

giche e chimiche.

(adapted from "In Italia")

DI + definite article (partitive articles)

Vorrei **del** pane.
Quanto signora?
Non so, faccia Lei.

Puoi prestarmi **dello** zucchero?
Vuoi **del** vino?

Ho comprato **dei** libri.
Quel negozio ha **delle** borse molto belle.

■ *The preposition **di** followed by a definite article may indicate an unknown amount. **Di** and the article merge in a single word called **partitivo** (i. e. partitive article).*

■ *The singular partitive article is generally used with uncountable nouns.*

■ *The plural partitive article can indicate unspecified amounts, thus serving as a plural form of indefinite articles (**un, uno una**). In English it can be often translated by **some**, a **few**.*

I **Complete the text using *di* + definite article (partitive articles).**

Questa è una ricetta della nonna, non ho mai avuto gli ingredienti precisi ma ho imparato a farla guardando mia nonna mentre la prepara. Prendi ⬚ fagioli cannellini e ⬚ pane toscano vecchio. Ci vuole anche un mazzo di cavolo nero e ⬚ verdure (zucchine, carote), ⬚ odori, una cipolla rossa, ⬚ concentrato di pomodoro, ⬚ olio, ⬚ sale e ⬚ pepe. Mia nonna ci metteva anche ⬚ salsicce nostrane.

Dopo che i fagioli sono lessi, fa' un passato molto denso, aggiungi ⬚ sale e ⬚ pepe e metti da parte. Poi trita gli odori e soffriggili, aggiungi il cavolo nero a pezzi, aggiungi ⬚ concentrato di pomodoro, sale e pepe e infine metti anche le carote e ⬚ zucchine fatte a pezzi. Fa' cuocere per circa 30 minuti. Aggiungi le salsicce a pezzi, versa il passato di fagioli e continua a cuocere a fuoco molto lento.

In un tegame metti ⬚ fette di pane toscano e versaci la zuppa calda. Aspetta che il pane abbia assorbito la zuppa.

Servi anche fredda se vuoi.

Inside and Out

Dictionaries are there to help!
Many verbs are usually followed by definite sets of prepositions. Whenever you find a new verb, remember to look it up in the dictionary and note down prepositions that usually come with it.

e. g.: *Il risultato dipende **da** te.* (**dipendere da** qualcosa/qualcuno).
*Oggi finisco **di** lavorare.* (**finire di** + verbo all'infinito).

Indirect object pronouns

Ho visto Carlo e **gli** ho dato il regalo. *(gli = a lui, a Carlo)*
Ho parlato con Rita e **le** ho detto tutto. *(le = a lei, a Rita)*
Perché non **mi** telefoni domani? *(mi = a me)*

Vera non viene all'opera. Non **le** interessa.

Scusi signora, **Le** dispiace se fumo? *(Le = a Lei)*

Ti piace la mia nuova casa?
Questo film **mi sembra** bellissimo.

I miei genitori festeggiano le nozze d'argento. Io **gli** ho regalato un fine settimana a Capri.
(gli = a loro, ai miei genitori)
I miei genitori festeggiano le nozze d'argento. Io ho regalato **loro** un fine settimana a Capri
(loro = a loro, ai miei genitori)

Ti ha chiamato Franco. **Gli** devi ritelefonare.
Ti ha chiamato Franco. Devi ritelefonar**gli**.
Ho parlato con Francesca. **Le** ho finito di raccontare la mia storia.
Ho parlato con Francesca. Ho finito di raccontar**le** la mia storia.

■ *Indirect object pronouns are used to substitute a person or an object preceded by the preposition **a**.*

■ *The indirect object pronoun is **always** used before the verb.*

■ *When addressing people formally the 3rd person feminine indirect object pronoun **Le** is used.*

■ *Some Italian verbs normally require the indirect pronoun: **piacere, sembrare, dispiacere**, etc.*

■ *The indirect object pronoun of the 3rd person plural has two forms: **gli** and **loro**. The pronoun **loro** is less common and is used after the verb.*

■ *When there is a modal or phrasal verb (**potere, volere, dovere, sapere, cominciare a, stare per, stare + gerund, finire di**) + the infinitive, the indirect object pronoun can go before the verb or after the infinitive.*

Indirect object pronouns		
	singular	plural
1st person	**mi** (a me)	**ci** (noi)
2nd person	**ti** (a te)	**vi** (a voi)
3rd person masculine	**gli** (a lui)	**gli** (a loro)
3rd person feminine	**le/Le** (a lei/a Lei)	**gli** (a loro)

EXERCISES

I Put the conversation in the correct order. Then underline the indirect pronouns and explain what they refer to, as shown in the example.

a

1. - Sì grazie, **gli** può dire che ha telefonato Ricci e che gli ritelefono più tardi?
2. - Pronto buongiorno, c'è il dottor Rossetti?
3. - Certo signora, arrivederLa.
4. - No, mi dispiace, il dottore è fuori. Vuole lasciargli un messaggio?

b

1. - Non gli piace molto il nero. Non avete niente di blu o grigio?
2. - Prego, che taglia Le serve?
3. - Buongiorno desidera?
4. - Una L per favore. È per mio marito
5. - Vorrei vedere quel maglione in vetrina.
6. - Le va bene nero? Abbiamo solo questo colore di quella taglia.
7. - No, mi dispiace.

c

1. - No, grazie. Non ci interessano questi stupidi colossal!
2. - Che film c'è?
3. - Ciao! Vi va di venire al cinema?
4. - Titanic. Vado con Carla, le piacerebbe rivederlo.

	indirect object pronoun	refers to...
	gli	*dottor Rossetti*
conversation a		
conversation b		
conversation c		

2 Read the text, then substitute all the underlined words with an indirect pronoun.

Sono stanchissima! Che giornata! Oggi al lavoro abbiamo avuto diversi problemi: la mattina si è rotta la fotocopiatrice. È sempre così difficile avere un tecnico urgentemente! Abbiamo telefonato al tecnico diverse volte e, alla fine, quando abbiamo detto al tecnico che pensavamo di rimandare indietro la macchina, è arrivato. Ha guardato la fotocopiatrice, ha fumato una sigaretta, ha telefonato all'azienda e, quando dopo circa 40 minuti ha finito e ha dato a noi una fattura di 40 euro, abbiamo chiesto al tecnico di spiegare a noi il problema. "Non lo so - ha risposto a noi - ma ora funziona". Poi mi ha chiamata il capo, la signora Ferranti, per discutere del nuovo progetto su cui lavoro. Naturalmente non è piaciuto alla signora Ferranti e ha detto a me di rimanere in ufficio fino a tardi per rivederlo perché alla signora Ferranti serve urgentemente. Sono rimasta al lavoro fino alle 10.00 per finire il progetto! Quando alla fine ho telefonato a un taxi per andare a casa hanno detto a me di aspettare almeno mezz'ora, perché di venerdì sera c'è molta gente in giro a divertirsi e hanno molto da fare. Finalmente sono arrivata a casa! Alle 11.00! E sulla segreteria telefonica ho trovato un messaggio della mia amica Francesca, che dice a me che ha dei biglietti gratis per l'Opera di domani e vuole invitarmi ad andare con lei. Finalmente una buona notizia!

3 Who is speaking? Choose the correct indirect object pronoun and guess who says these lines, as shown in the example.

Who's speaking?

e.g. Signora, **Le/gli** consiglio di andare più piano.   _il vigile_

1. Guardi avvocato che **ti/Le** ho detto tutto quello che so!   _____
2. Mi dispiace ma **ci/ti** devo dare un brutto voto. Non hai studiato.   _____
3. Per ritirare la raccomandata **mi/vi** deve fare una firma qui.   _____
4. Quante volte **mi/vi** devo dire che la musica troppo alta disturba i vicini?   _____
5. Signorina, **gli/mi** servono quei documenti al più presto.   _____
6. No, la banana non **ti/mi** va! Non **ti/mi** va e non **ti/mi** va!   _____
7. Questi pantaloni **gli/Le** stanno proprio bene signore!   _____
8. **Gli/Mi** mancano la mamma, la pizza e il vino buono!   _____
9. Non ha il biglietto? Allora **ti/Le** devo fare una multa.   _____

l'uomo d'affari   il vigile   il controllore   la commessa   la mamma   il bambino   l'italiano all'estero
il ladro   il professore   il postino

4 Enzo is going on holiday and leaves instructions for his flatmate. Insert the correct indirect pronoun.

(al gatto): [____] devi dare da mangiare due volte al giorno.

Non [____] devi permettere di fare pipì sulle piante.

(alle piante): [____] devi dare acqua solo una volta.

È bene se [____] fai ascoltare della musica. [____] piace Bizet.

(alla vicina): Non [____] conviene dar [____] confidenza. È una pettegola.

(a Serena): Se telefona [____] devi dire che sono fuori per lavoro.

5 **What day is it? Complete with the indirect object pronouns and guess what day it is.**

1. Ieri siamo andati da Carla e [ ] abbiamo portato un regalo. Abbiamo mangiato la torta e [ ] abbiamo cantato "Tanti auguri a te".

           Natale ☐   **matrimonio** ☐   **compleanno** ☐

2. I bambini hanno trovato una calza con dentro i dolci che [ ] piacciono di più.

           Natale ☐   **Epifania** ☐   **compleanno** ☐

3. Abbiamo mangiato le uova benedette e l'agnello e gli invitati (a noi) [ ] hanno portato le uova di cioccolata.

           carnevale ☐   **Pasqua** ☐   **capodanno** ☐

4. È stato un pranzo lunghissimo! (a noi) [ ] hanno fatto mangiare antipasti, 4 primi, 4 secondi, frutta, formaggi e, naturalmente il dolce di nozze! Quando gli sposi sono partiti [ ] abbiamo fatto molti scherzi.

         matrimonio ☐   **Pasqua** ☐   **capodanno** ☐

5. (a te) [ ] è piaciuta la festa? A me molto. I fuochi artificiali di mezzanotte erano meravigliosi!

           Natale ☐   **capodanno** ☐   **matrimonio** ☐

6. Ho incontrato Sonia alla festa in maschera. [ ] ho parlato per tutta la sera ma non ho capito che era lei!

           carnevale ☐   **Pasqua** ☐   **compleanno** ☐

---

6 **Complete with the indirect object pronouns.**

Regali di Natale

Che difficile fare i regali di Natale! Come al solito mi sono trovato all'ultimo momento senza idee. Facciamo una lista.

<u>Mamma:</u> volevo comprar[ ] un libro di ricette tradizionali, ma ultimamente [ ] è venuta la mania dello yoga e della cucina macrobiotica.

<u>Papà:</u> avevo pensato di prender[ ] una pipa, ma da quando mamma è diventata salutista anche lui ha cambiato gusti e ha smesso di fumare.

<u>La fidanzata:</u> che [ ] faccio? L'anno scorso [ ] ho comprato una scatola di cioccolatini e sono quasi sicuro che non [ ] è piaciuta. Forse [ ] compro un paio di guanti.

<u>I futuri suoceri:</u> sempre più difficile. Che [ ] prendo? Una bottiglia di whiskey? O forse [ ] potrei offrire una cena a casa dei miei?

Quanto odio il Natale!!!

Inside and Out

Piacere belongs to a group of high-frequency verbs that are often used in the third singular and plural form and generally take an indirect pronoun. This group includes verbs such as *dispiacere, bastare, servire, interessare, sembrare, parere,* etc.

e. g.: *Per comprare l'auto **ci** servono almeno 15.000 euro. (**ci**=a noi)*
     *Teresa è andata a Berlino perché **le** interessa molto vedere quella città. (**le**=a lei)*

■ Progress test
(Units 11-15)

Have you made progress? Use this test to check.
Each exercise repeats one or more grammatical topic.
If you get more than half of the total correct: WELL DONE!
Otherwise, repeat the topics that give you most problems.

I **IMPERSONAL CONSTRUCTION**
Conjugate the verbs in the impersonal construction and put the adjectives in the correct form, as shown in the examples.

Per belle apparire un poco si deve soffrire

Povere noi donne! Quanta fatica per diventare più belle! *(Cominciare)* | *si comincia* | la mattina presto; *(alzarsi stanca)*

| *ci si alza stanche* | con le borse sotto gli occhi, ma dopo una buona sessione di trucco *(diventare presentabile)*

| | e finalmente *(potere)* | | uscire. E che dire degli appuntamenti mensili?

(Andare) | | dal parrucchiere, *(andare)* | | dall'estetista … *(farsi bionda)*

| | *(farsi mora)* | | *(farsi rossa)* | |

… E se i muscoli si ammosciano un po'? Allora *(recarsi)* | | in palestra almeno due volte alla settimana: *(soffrire)*

| | , *(sudare)* | | e *(saltellare)* | | come delle pazze a ritmi di musica

assordante, e tutto in nome della bellezza. E quando arrivano le rughe *(tirarsi)* | | e *(fare)* | |

di tutto per sembrare più giovani. Non *(potere)* | | mangiare troppo altrimenti *(ingrassare)*

| | … che noia!

Each correct answer scores 3 points.   Total:_____/45

---

2 **IMPERSONAL CONSTRUCTION**
Put the verbs into the present tense and choose an impersonal construction if necessary.

In vacanza al mare

L'Italia ha delle coste bellissime e molti, italiani e stranieri, *(passare)* | | le vacanze estive al mare. Le località di

mare, infatti, *(offrire)* | | molti divertimenti e attività per tutti. Normalmente *(passeggiare)* | |

sulla spiaggia, *(nuotare)* | | , *(abbronzarsi)* | | e *(rilassarsi)* | | sotto

l'ombrellone con un libro o un buon gelato. Alcuni *(pescare)* | | o *(andare)* | | in barca.

I bambini *(giocare)* | | con la sabbia, *(fare)* | | il bagno e *(divertirsi)* | |

moltissimo con gli amichetti.

Se *(svegliarsi)* | | presto è sempre una buona idea andare in spiaggia quando *(esserci)* | |

ancora poche persone e godersi la tranquillità della spiaggia vuota.

Anche le sere sono molto belle. *(Andare)* | | a mangiare in riva al mare, *(camminare)* | | sul

lungomare e spesso *(potere)* | | ballare in spiaggia perché gli stabilimenti balneari *(organizzare)*

| | delle feste. Ci sono sempre alcuni che *(fare)* | | il bagno a mezzanotte e, quando *(uscire)*

| | dall'acqua, vanno a casa di qualcuno a farsi una spaghettata.

Each correct verb scores 3 points.   Total:_____/57

3 REGULAR AND IRREGULAR PRESENT PERFECT
Put the verbs into the present perfect.

L'uomo con la pioggia dentro

Tutto è cominciato una sera di marzo. Lui *(tornare)* [   ] a casa, *(mettere)* [   ] la borsa a terra e *(dire)* [   ]: "Piove". Lei lo *(guardare)* [   ] in modo strano: non aveva visto niente. Lui *(precisare)* [   ]: "Mi piove dentro". Lei *(avvicinare)* [   ] l'orecchio al suo petto e *(sentire)* [   ] il rumore di una pioggia leggera dentro di lui.

"Come *(succedere)* [   ]?" *(lei/chiedere)* [   ]." *(io/Vedere)* [   ] un cane", *(rispondere)* [   ] lui "un cane abbandonato a un angolo di strada. Mi *(venire)* [   ] da piangere, ma le lacrime non *(uscire)* [   ], *(cominciare)* [   ] invece questa pioggia dentro, che ora però è più lenta".

Poiché lui è una persona molto sensibile, dentro di lui piove di continuo. Si è fatto visitare, esaminare, radiografare. Il medico *(dire)* [   ]: "Si sta riempiendo di pioggia". Non *(proporre)* [   ] cure, troppe cose nella vita causano quella pioggia, è impossibile fermarla. Quando il livello *(salire)* [   ] ancora si è messo a letto. Lei gli *(rimanere)* [   ] vicina. *(Cercare)* [   ] di escluderlo dal mondo, ma lui adesso soffre per se stesso. E la pioggia lo *(riempire)* [   ].

Lei lo *(guardare)* [   ] affogare, poi gli *(chiudere)* [   ] gli occhi ed *(restare)* [   ] con la testa sul suo petto, mare finalmente calmo. Quando lei *(sentire)* [   ] il temporale, *(andare)* [   ] alla finestra, ma *(vedere)* [   ] il sole. Solo allora *(capire)* [   ] di non avere lacrime, fuori.

(loosely adapted from G. Romagnoli "Navi in bottiglia", La Repubblica on line, November 2002)

Each correct verb scores 2 points.   **Total:** _____/54

4 REGULAR AND IRREGULAR PRESENT PERFECT
Change the underlined verbs into the present perfect, as shown in the example.

A rubare le verdure

Un giorno un ladro entra in un orto con molti cavoli, rape, carote e altre verdure. Il ladro comincia a rubare tutte le verdure che vede e le mette in un sacco e dentro la camicia. Sul più bello arriva il giardiniere, lo acchiappa e grida: "Cosa fai qui? Come fai ad entrare nel mio orto?"
Il ladro si spaventa molto e risponde: "Non so come arrivo qui. Succede così: a mezzogiorno si alza un vento fortissimo che mi porta fino a qui".
Allora il giardiniere domanda: "Perché tutte quelle verdure sono strappate?"
E il ladro dice: "È colpa mia, ma solo perché ho paura e provo di tutto per non volare via. Il vento infatti mi sbatte qua e là e io non riesco a fermarmi".
Chiede quindi il giardiniere: "Come ti finisce la verdura nel sacco e nella camicia?"
Il ladro lo guarda e risponde: " Non so, ci penso e ripenso, ma non capisco come succede".
Nessuno conosce il resto della conversazione. Forse il giardiniere riesce, con il bastone, a far tornare la memoria al ladro.

(adapted from "Enciclopedia della Favola", a cura di G. Rodari, pag. 930)

Un giorno un ladro **è entrato** *in un orto ...*

Each correct preposition scores 2 point.   **Total:** _____/60

5 SIMPLE PREPOSITIONS
Complete with simple prepositions.

Gianna è italiana, di Palermo, ma abita [   ] Parigi dove lavora, vicino [   ] Montmartre. Viaggia molto per lavoro: domani è [   ] Roma, poi va [   ] Firenze per qualche giorno e solo alla fine della settimana torna [   ] Parigi. Che vita! Gianna vive volentieri [   ] Francia, ma ogni tanto, quando è stanca, si prende una vacanza [   ] Italia, e va [   ] Capri*, dove ha amici, o [   ] Sicilia, dove vive sua madre. Partire [   ] l'Italia è sempre una bella esperienza. La vita [   ] Capri, dai suoi amici, è così divertente! I suoi amici non sono italiani, vengono [   ] un paese non lontano [   ] Amburgo, [   ] Germania, ma passano spesso le vacanze [   ] Italia. Mentre le vacanze [   ] Lampedusa**, da sua madre, sono sempre molto rilassanti. Di solito quando Gianna torna [   ] Parigi [   ] Lampedusa è molto rilassata e pronta a ricominciare il lavoro a pieno ritmo.

*Capri: a small island off Naples.

**Lampedusa: a small island South of Sicily.

Each correct preposition scores 1 point.   Total:_____/18

6 SIMPLE AND COMPOUND PREPOSITIONS
Complete the sentences with the prepositions (with or without the article).

1. Mi piace molto passare il tempo [   ] musei della città.
2. Domani vado a scuola [   ] [   ] macchina di mio padre.
3. Vivere [   ] Milano non mi piace molto, preferisco una città più piccola.
4. Rosalba è [   ] Palermo ma vive [   ] Stati Uniti [   ] cinque anni.
5. Ormai abito qui [   ] America [   ] quindici anni.
6. Quando ho molto [   ] studiare non rispondo [   ] telefono.
7. Ieri ho comprato un paio di guanti [   ] pelle.
8. Di solito il tempo è buono [   ] marzo [   ] ottobre.
9. Loro studiano sempre [   ] biblioteca, io invece preferisco studiare a casa.
10. Siete mai stati [   ] Sardegna? È bellissima!
11. L'anello di Teresa è [   ] oro bianco.
12. [   ] biblioteche comunali non si lavora molto bene. C'è troppa gente.
13. La mia amica ha una casa [   ] Ischia.
14. Ho divorziato tre anni [   ].
15. Non ho niente [   ] carino per la festa di domani!
16. Devo uscire a comprare qualcosa [   ] mettere alla festa di domani.
17. Olivia parte oggi [   ] Milano per andare in vacanza [   ] Africa.
18. Voglio lavorare [   ] almeno un anno in questa ditta.
19. Lo spettacolo comincia [   ] dieci minuti.

Each correct preposition scores 3 points.   Total:_____/60

7 SIMPLE AND COMPOUND PREPOSITION
Complete the text with the prepositions in the list.

di (x 5) a (x 2) **delle** **fra** **dalla** **nei** **della** **nella** **in**

Una famosa maschera del Carnevale

Questa è forse la più conosciuta [____] le maschere italiane e forse una [____] più antiche. Infatti viene [____] figura del Diavolo Buffo delle commedie medievali. È [____] Bergamo e all'inizio il suo dialetto è bergamasco ma poi è cambiato e ora parla [____] veneto. È vestito [____] tutti i colori, e fa il servitore, ma non ha molta voglia [____] lavorare. Ha un carattere stravagante e inventa sempre qualcosa [____] nuovo per non lavorare, ma non riesce mai [____] fare niente [____] buono. È un personaggio [____] Commedia dell'Arte ed è molto rappresentato [____] teatri italiani, [____] commedie del 500 e 600. Carnevale questa è certo una fra le maschere più simpatiche.

Each correct preposition scores 1 point.   Total:_____/17

8a SIMPLE AND COMPOUND PREPOSITION
If you want to know the name of the character in Exercise 7, eliminate the sentences which are grammatically incorrect. The letters relevant to the correct sentences will give you the name of the character, as shown in the example.

1. Andiamo spesso a cantare nella Chiesa di San Francesco. (A)
2. ~~Milano si trova nella Lombardia. (N)~~
3. Viviamo nella Repubblica Dominicana. (R)
4. Firenze è fra Bologna e Roma. (L)
5. Fra un po' vado alla casa. (T)
6. Le chiavi sono nella borsa. (E)
7. Andare a sciare sulle Alpi è una cosa meravigliosa. (C)
8. Amo vivere nell'Italia. (R)
9. Puoi prestarmi qualcosa di leggere? (O)
10. Non ho molto di mangiare oggi. Devo ordinare una pizza. (E)
11. Non mi piacciono i mobili di plastica. (C)
12. Mi piace vestirmi di rosso. (H)
13. I documenti sono in ufficio del capo. (L)
14. Ci vediamo in banca di via Nazionale (G)
15. Abbiamo un appuntamento in 20 minuti. (O)
16. Vieni al bar? (I)
17. Vorrei una villa in Capri. (M)
18. Sui bar italiani si beve spesso il caffè in piedi. (O)
19. Domani partiamo tutti per l'America. (N)
20. Ho lavorato qui da 4 anni. (L)
21. Devo lavorare alle 4 dalle 9. (B)
22. Quanti abitanti ci sono in Stati Uniti? (A)
23. Ho viaggiato molto in Europa dell'Est. (I)
24. Alla pizzeria di Nino la pizza è ottima (O)

The character is **A** _ _ _ _ _ _ _ _ _

Each correct preposition scores 2 point.   Total:_____/20

8b SIMPLE AND COMPOUND PREPOSITIONS
Correct the sentences in Exercise 8a which are wrong.

2. *Milano si trova **in** Lombardia.*

Each correct preposition scores 2 point.   Total:_____/24

9 DIRECT AND INDIRECT OBJECT PRONOUNS
Direct or indirect? Decide whether the highlighted pronoun is direct or indirect.

	direct	indirect
1. I miei amici **mi** hanno invitato al cinema.	☐	☐
2. Non so se vado, **mi** hanno detto che vogliono vedere un film russo.	☐	☐
3. I film russi **mi** sembrano un po' deprimenti.	☐	☐
4. Tu che dici? **Ti** piacciono?	☐	☐
5. **Ti** ho mai raccontato di quella volta che sono andato a vedere "La corazzata Potemkin"?	☐	☐
6. A 16 anni una mia fidanzata "intellettuale" **mi** ha convinto ad andare con lei.	☐	☐
7. Alcuni nostri amici **ci** hanno sconsigliato ma lei non ha voluto ascoltarli.	☐	☐
8. Beh, non ricordo niente del film. Ho dormito quasi tutto il tempo e lei **mi** ha lasciato.	☐	☐
9. **Mi** ha detto che non poteva perdere tempo con uno che russa davanti ad una tragedia russa.	☐	☐
10. **Ti** pare una cosa da dire?	☐	☐

Each correct answer scores 2 points.   Total:_____/20

10 DIRECT AND INDIRECT PRONOUNS
Complete with direct or indirect pronouns.

Il caffè di Piero

Che bellezza! Il mio primo caffè della giornata! Ho preso la moka, ☐ ho riempit☐ di acqua, ho messo il filtro e poi ho aggiunto il mio caffè preferito: Arabica. ☐ piace questa miscela, ☐ bevo ogni giorno. È l'unica che ☐ tiene sveglio e ☐ fa affrontare bene la giornata. La mia ragazza invece è una salutista, dice che il caffè non ☐ fa bene, che ☐ rende nervosa e beve solo tè deteinato. Sì! Avete capito bene: tè deteinato, un'offesa all'italianità! Volete mettere con il piacere di preparare la moka, sentir☐ mentre fa il caffè e sentire il profumo del caffè che riempie la stanza… poi versar☐ nella tazzina, senza zucchero naturalmente. E, finalmente, ber☐ mentre ti svegli lentamente… questo sì che è un piacere della vita!

Each correct pronoun scores 3 points.   Total:_____/30

11 DI + DEFINITE ARTICLE
Complete with *di* + definite article or with the indeterminative articles.

Il vicino di casa è veramente ☐ bel ragazzo, ha ☐ bellissimi occhi azzurri e ☐ stupendi capelli scuri corti corti, ha ☐ corpo atletico, penso sia ☐ insegnante di educazione fisica e mi sembra anche intelligente. Solo che non capisco se è ☐ disorganizzato o ☐ avaro. Ogni giorno mi suona il campanello e viene a chiedermi qualcosa in prestito. Una volta vuole ☐ zucchero, un'altra ☐ uova, l'altro giorno gli mancava ☐ pasta e una volta ha chiesto ☐ frutta. Ma non ha mai tempo per fare la spesa? Sta succedendo che quando vado al supermercato compro sempre ☐ cose in più perché non si sa mai, potrebbero servire a lui. La mia amica dice che ci sta provando con me. Voi che ne pensate?

Each correct answer scores 2 points.   Total:_____/24

Conjugation of the imperfect (Imperfetto)

Da bambina **giocavo** con le bambole.

Una volta i ragazzi **leggevano** più libri e **guardavano** meno tv.

Ieri sera non **riuscivo** a dormire per il caldo.

Quando **avevo** vent'anni il sabato andavo sempre in discoteca.

Aldo e Giorgio **venivano** spesso a trovarmi.

■ *Almost all verbs have a regular form in the* **imperfect** *(imperfetto in Italian).*

Stamattina c'**era** il sole ma **faceva** freddo.

Non ho capito che cosa **diceva** Carlo.

Quando **ero** piccolo non **bevevo** vino.

■ *The verbs* **essere, fare, dire** *and* **bere** *have irregular forms in the imperfect.*

Imperfect - regular verbs

	am-**are**	ved-**ere**	apr-**ire**
io	am-**avo**	ved-**evo**	apr-**ivo**
tu	am-**avi**	ved-**evi**	apr-**ivi**
lui/lei/Lei	am-**ava**	ved-**eva**	apr-**iva**
noi	am-**avamo**	ved-**evamo**	apr-**ivamo**
voi	am-**avate**	ved-**evate**	apr-**ivate**
loro	am-**avano**	ved-**evano**	apr-**ivano**

Imperfect - irregular verbs

	essere	fare	dire	bere
io	ero	facevo	dicevo	bevevo
tu	eri	facevi	dicevi	bevevi
lui/lei/Lei	era	faceva	diceva	beveva
noi	eravamo	facevamo	dicevamo	bevevamo
voi	eravate	facevate	dicevate	bevevate
loro	erano	facevano	dicevano	bevevano

EXERCISES

I   **Choose the correct form of the imperfect and decide if the sentences are true or false.**

Un po' di storia

	true	false
1. Una volta la Corsica **erano/era** italiana.	☐	☐
2. Nel Medioevo gli intellettuali italiani **parlavano/parlavamo** inglese.	☐	☐
3. Prima della Repubblica gli italiani **avevano/abbiamo** un re.	☐	☐
4. Una volta nel sud Italia **c'eri/erano** i greci.	☐	☐
5. I fondatori di Roma si **chiamava/chiamavano** Ennio e Paolo.	☐	☐
6. Prima dell'eruzione del Vesuvio, Pompei **rappresentavi/rappresentava** un importante centro romano commerciale e culturale.	☐	☐
7. L'antica Roma si **trovava/trovavamo** su dieci colli.	☐	☐
8. Le quattro repubbliche marinare **erano/eri** Pisa, Venezia, Genova e Amalfi.	☐	☐
9. La famiglia Medici **venivano/veniva** da Bologna.	☐	☐

2 Choose the correct form of the imperfect.

Una volta…

a) Quando **era/ero** piccola tutti mi **dicevano/diceva** che sembravo mio fratello, ma io non **era/ero** contenta, prima di tutto perché lui **era/ero** un maschio e poi perché mio fratello non mi **piacevo/piaceva**. **Ero/Era** antipatico e non **volava/voleva** mai giocare con me, mi **faceva/fava** sempre gli scherzi e **ridevo/rideva** di me con i suoi amici. E tu: **andava/andavi** d'accordo con tuo fratello o con tua sorella?

b) Mia nonna mi racconta sempre che quando lei **ero/era** giovane e **vivevi/viveva** in campagna la vita non **erano/era** molto facile. I contadini **mangiavamo/mangiavano** carne solo una volta la settimana, quando **eravate/erano** fortunati. E di solito **ero/era** carne di coniglio allevato da loro. I giovani **doveva/dovevano** aiutare in casa e solo le famiglie meno povere **potevano/potevate** permettersi di far studiare qualche figlio. Come **vivevano/viveva** i contadini nel tuo paese 70 anni fa?

3 Conjugate the verbs in the imperfect.

Leggende italiane

Liguria. Secondo una leggenda, ad Alassio, una cittadina ligure, molto tempo fa *(vivere)* [   ] alcune streghe chiamate "bazure". Nelle notti di tempesta, le streghe *(ritrovarsi)* [   ] sulla spiaggia, *(mettere)* [   ] in mare le barche che i pescatori *(avere)* [   ] lasciato e *(andare)* [   ] verso l'Africa. Prima dell'alba, però, *(tornare)* [   ] con enormi quantità di datteri.

Lombardia (Valtellina). Ancora oggi nel paese di Primolo è tradizione toccare il vetro che protegge l'immagine della Madonna di Primolo. Infatti, un tempo le ragazze che non *(trovare)* [   ] marito *(chiedere)* [   ] l'aiuto della Madonna in questo modo.

Calabria. Secondo una leggenda, nelle grotte alla base del monte Riventino una volta *(vivere)* [   ] delle fate. Queste fate *(volere)* [   ] costruire una chiesa sul monte perché *(essere)* [   ] molto religiose. Solo un uomo *(potere)* [   ] comunicare con le fate. *(Essere)* [   ] il ragazzo che ogni giorno *(portare)* [   ] il pranzo agli uomini che *(lavorare)* [   ] alla costruzione della chiesa. Ogni giorno il ragazzo *(parlare)* [   ] con le fate e poi *(andare)* [   ] a dare ai muratori le istruzioni per costruire la chiesa. Ma gli uomini, che *(essere)* [   ] curiosi e *(volere)* [   ] vedere le fate, uccisero il ragazzo, che *(cercare)* [   ] di proteggerle. Da quel giorno nessuno ha più visto le fate.

Inside and Out

In spoken Italian a polite request (especially when grocery shopping) can be made by using the *imperfetto* past tense (instead of the *indicativo* present tense or the present conditional).

e. g.: *Buongiorno, **volevo** tre etti di prosciutto.*
*(**volevo**=voglio/vorrei).*

Use of the imperfect

Da bambina **avevo i capelli biondi**. **Faceva** così **freddo** ieri!	■ *The tense called imperfect is used normally:* *a) in physical or atmospheric descriptions;*
D'estate **andavamo** al mare **tutti i giorni**. Ricordo che **di solito dicevi** molte bugie.	*b) to indicate a repetition or a habit;*
Non sono venuto perché **ero depresso**. Anna **non si sentiva bene** ieri.	*c) for a psychological description, a sensation or* *a feeling;*
C'**era una volta** un re che **aveva** una figlia bellissima.	*d) at the begin of a fairy tale;*
Stavate mangiando? **Stavano per** uscire quando siamo entrati.	*e) with the expressions **stare + gerund** and* ***stare per**;*
Mentre guardavamo la TV è saltata la luce.	*f) after the word **mentre**;*
Aspettavo l'autobus già da mezz'ora quando è passato mio padre in macchina. Anna **era** in casa e **leggeva** il giornale.	*g) when expressing a continuous unfinished* *action, which is not definite in time.*
Ieri ho studiato **tutto il** giorno. Abbiamo lavorato **dalle** 9 **alle** 5.	■ *In the case of an action which is definite in* *time, it is preferable to use the **present perfect**.*

Imperfect (Imperfetto) · **16**

EXERCISES

I **Find the verbs in the imperfect and in the present perfect and write them in the table with the infinitive, as shown in the examples.**

Una nascita nella famiglia Rossi

Giacomo **è nato** il 4 marzo, di giovedì. **Era** un giorno caldo e c'era una luce così chiara e uniforme sulla città che sembrava un giorno di primavera. Subito dopo la nascita la madre, Silvia, l'ha voluto vedere e lo ha tenuto un po' lì con sé. Il bambino era grande e aveva dei capelli lunghi e neri, come quelli di un cantante rock. Per fortuna era tranquillo e non piangeva. Mentre Silvia si trovava all'ospedale, il padre, Piero, era al lavoro e aspettava nervoso una telefonata dall'infermiera. Appena è arrivata la buona notizia si è alzato, ha smesso di lavorare ed è uscito di corsa per andare a vedere la moglie e il figlio. Per strada si è fermato a comprare un mazzo di fiori e una scatola di cioccolatini. Quando finalmente è arrivato all'ospedale ha salito le scale di corsa e, per la confusione, è entrato nella stanza sbagliata, dove non si è accorto che la donna che stava nel letto non era sua moglie. Le è andato vicino per baciarla, ma quando ha visto che la pancia era ancora grossa e che la donna era bionda, e non castana come Silvia, si è scusato e, imbarazzato, è uscito dalla stanza. La moglie si tro- vava in quella accanto e Giacomo era lì con lei, addormentato nella culla. Piero ha pianto di commozione, mentre Silvia rideva perchè era la prima volta che vedeva suo marito così confuso.

present perfect	imperfect
è nato (nascere)	*Era (essere)*

2 Now insert the verbs again in their place in the text.

aspettava   aveva   è andato   è arrivata   è arrivato   è entrato   era   era   era   era   era   era   era   era
era   è uscito   è uscito   ha pianto   ha salito   ha smesso   ha tenuto   ha visto   ha voluto   piangeva
rideva   sembrava   si è accorto   si è fermato   si è scusato   si trovava   si trovava   stava   vedeva

Giacomo è nato il 4 marzo, di giovedì. Era un giorno caldo e c' [_____] una luce così chiara e uniforme sulla città che [_____] un giorno di primavera. Subito dopo la nascita la madre, Silvia, l' [_____] vedere e lo [_____] un po' lì con sé. Il bambino [_____] grande e [_____] dei capelli lunghi e neri, come quelli di un cantante rock. Per fortuna [_____] tranquillo e non [_____]. Mentre Silvia [_____] all'ospedale a partorire, il padre, Piero, [_____] al lavoro e [_____] nervoso una telefonata dall'infermiera. Appena [_____] la buona notizia si è alzato, [_____] di lavorare ed [_____] di corsa per andare a vedere la moglie e il figlio. Per strada [_____] a comprare un mazzo di fiori e una scatola di cioccolatini. Quando finalmente [_____] all'ospedale [_____] le scale di corsa e, per la confusione, [_____] nella stanza sbagliata, dove dapprima non [_____] che la donna che [_____] nel letto non [_____] sua moglie. Le [_____] vicino per baciarla, ma quando [_____] che la pancia [_____] ancora grossa e che la donna [_____] bionda, e non castana come Silvia, [_____] e, imbarazzato, [_____] dalla stanza. La moglie [_____] in quella accanto e Giacomo [_____] lì con lei, addormentato nella culla. Piero [_____] di commozione, mentre Silvia [_____] perchè [_____] la prima volta che [_____] suo marito così confuso.

3 Choose the correct form of the verb.

Una domenica

Domenica il tempo non era per niente buono: **c'era/è stato** un gran vento e **ha fatto/faceva** molto freddo. Per questo Carla, che non **si sentiva/si è sentita** molto bene, **decideva/ha deciso** di telefonare a qualche amica per invitarla a casa sua. Ma: Federica non **è stata/era** in casa e così Carla **doveva/ha dovuto** lasciare un messaggio sulla segreteria telefonica; Monica **rispondeva/ha risposto** che non **ha potuto/poteva** venire, perché **ha dovuto/doveva** uscire a fare spese con la madre; a casa di Piera **rispondeva/ha risposto** il figlio che non **ha saputo/sapeva** dove **è stata/era** la madre. Insomma, una domenica da passare da sola davanti alla TV? Carla **pensava/ha pensato** che forse non **era/è stata** una cattiva idea. **Si è fatta/Si faceva** una cioccolata calda, **metteva/ha messo** un video di un film romantico e **passava/ha passato** una delle più belle domeniche degli ultimi anni!

4 Conjugate the verbs into either the present perfect or into the imperfect.

Intervista con un famoso imprenditore

■ Buongiorno signor Arraffoni. Vorrei chiederLe come *(fare)* [_____] a diventare un imprenditore così importante.

▲ *(Avere)* [_____] la fortuna di conoscere le persone giuste al momento giusto. Quando *(essere)* [_____] più giovane *(lavorare)* [_____] come animatore sulle navi da crociera, ma poi *(incontrare)* [_____] delle persone che mi *(aiutare)* [_____] nei miei progetti. Come gli americani anche io *(farsi)* [_____] da solo.

■ E si può dire che Lei *(costruire)* [_____] un impero. Ma non Le *(bastare)* [_____]? Perché *(entrare)* [_____] in politica?

▲ *(Avere)* [_____] molti amici politici. Loro mi *(consigliare)* [_____] di presentarmi alle elezioni per proteggere i miei interessi. E poi il paese *(avere)* [_____] bisogno di un volto nuovo e onesto.

■ La Sua famiglia cosa pensa di questa Sua carriera?

▲ Sono tutti felici e orgogliosi. Da quando sono in politica *(risolvere)* [_____] i problemi di tutta la famiglia. *(Trovare)* [_____] lavoro a tutti e *(comprare)* [_____] tante belle cose anche alla mia mammina!

Present perfect or imperfect of some verbs

- Some verbs change meaning depending on whether they are used in the present perfect or in the imperfect tense.

- **Dovere**, **potere** and **volere** (modal verbs):

Dovevo studiare ma sono andata al cinema *(e forse ho studiato o forse no)*.

Mia sorella ha risparmiato per un anno perché **voleva** comprare un motorino *(e forse lo ha comprato o forse no)*.

Non **potevo** rispondere al telefono, ero sotto la doccia *(e forse ho risposto o forse no)*.

a) when they are used in the **imperfect** they indicate uncertainty *(perhaps the action happened, perhaps not)*;

Ieri **ho dovuto** studiare 3 capitoli di storia *(e li ho studiati)*.

Ieri non **ho voluto** lavorare perché era il compleanno di mia moglie *(e non ho lavorato)*.

Non **siamo potuti** andare in vacanza per mancanza di soldi *(e non ci siamo andati)*.

b) when they are used in the **present perfect** the action definitely happened.

- *Conoscere:*

Conoscevi i miei genitori?

a) when used in the **imperfect** it means "to know someone for a long time";

Ho conosciuto tuo fratello ieri.

b) when used in the **present perfect** means that someone has been introduced to me, that I have met someone for the first time.

- *Sapere:*

Lo **sapevi** che ho una casa a Roma?

a) when used in the **imperfect** it means "know something for a long time";

Ho appena **saputo** che ti sei sposato!

b) when used in the **present perfect** indicates "to get to know something by way of someone else".

16 Imperfect (Imperfetto)

1 Present perfect or imperfect?
Choose the correct form of the verb.

1. **Sapevo/Ho** saputo proprio ora che Anna ha telefonato.
2. Nessuno **ha voluto/voleva** invitare Franco per capodanno, e così è rimasto da solo a casa.
3. A quei tempi Sonia non **ha conosciuto/conosceva** ancora suo marito.
4. Sergio è triste perché **sapeva/ha saputo** che non ha passato l'esame.
5. Non **dovevi/hai dovuto** lasciare la porta aperta! Ora il gatto è scappato.
6. Da bambina non **ho potuto/potevo** uscire da sola la sera.
7. Mi dispiace, ma ho avuto così tanto da fare che non **ho potuto/potevo** finire quel lavoro!
8. I miei genitori **conoscevano/hanno conosciuto** Pino a una festa di Carnevale.
9. **Volevo/Ho voluto** telefonarti ma non ho trovato una cabina.
10. Per punizione oggi **dovevo/sono dovuto** restare tutto il giorno in casa!
11. I Rossi **dovevano/hanno dovuto** fare dei lavori in casa ma hanno deciso di usare i soldi per andare in vacanza.
12. Davvero Franca si è fatta suora? Non lo **ho saputo/sapevo**!
13. **Sapevo/Ho saputo** da Susi che Franca si è fatta suora.

2 Present perfect or imperfect ? Put the verbs in the correct tense and guess the city.

Una città italiana

Nell'antichità *(essere)* [＿＿＿＿] una città romana e i romani la *(chiamare)* [＿＿＿＿] Augusta Taurinorum.
Per molti anni *(essere)* [＿＿＿] la sede dei Duchi di Savoia, che sono poi diventati Re d'Italia. Proprio in questa città la
famiglia Agnelli *(aprire)* [＿＿＿] una grande fabbrica di auto che *(diventare)* [＿＿＿] molto famosa in
Italia e all'estero e che negli anni '60 *(essere)* [＿＿＿] un simbolo del boom economico italiano.
Sai che città è?

3 If you do not know the answer to the Exercise 2, choose the correct sentences.
The letters which correspond to the correct sentences form the name of the city.

1. Sapevo appena ora della partenza di Mario. **P**
2. Ho saputo appena ora della partenza di Mario. **T**
3. Mentre dormivo sono entrati i ladri. **O**
4. Mentre ho dormito sono entrati i ladri. **A**
5. Ho studiato inglese per 5 anni. **R**
6. Studiavo inglese per 5 anni. **D**
7. Paola conosceva suo marito su Internet. **O**
8. Paola ha conosciuto suo marito su Internet. **I**
9. Oggi volevo fare la dieta, ma non ho resistito. **N**
10. Oggi ho voluto fare la dieta, ma non ho resistito. **V**
11. Ieri ho lavorato 10 ore! **O**
12. Ieri lavoravo 10 ore! **A**

The city is ＿ ＿ ＿ ＿ ＿ ＿

Indirect object pronouns plus direct object pronouns

Belli questi fiori, chi **te li** ha regalati? *(ti + li)*

> When an indirect object pronoun and a direct object pronoun are found in the same sentence, they join up to form a **double object pronoun**.

"Chi ti ha prestato il motorino?"
"**Me lo** ha prestato Claudio." *(mi + lo)*

"Mi dai i guanti?" "Sì, **te li** do subito." *(ti + li)*

"Chi vi ha comprato gli sci?"
"**Ce li** ha comprati nostro padre." *(ci + li)*

Ve li hanno dati i biglietti per il teatro? *(vi + li)*

> When they form a double object pronoun, the indirect object pronouns **mi, ti, ci vi** change the vowel **-i > -e**.

"Chi ha detto a mamma dell'incidente?"
"**Gliel'**ho detto io." *(le + l')*

"Chi ha preso il giocattolo a Angelo?"
"**Gliel'**ha preso la sorella." *(gli + l')*

Signora, è questa la Sua valigia? Vuole che **Gliela** porti su in camera? *(Le + la)*

"Hai detto ai tuoi che partiamo oggi?"
"No, **glielo** dico dopo." *(gli + lo)*

> Double object pronouns in the 3rd *person* (singular and plural) are:
>
> ### *glielo/gliela/glieli/gliele*
>
> *(NOTE! These double object pronouns are one word)*

Paolo mi ha chiesto la macchina e io **gliel'**ho prestat**a**.
Paolo mi ha chiesto dei soldi e io **glieli** ho prestat**i**.

> As for direct object pronouns, the past participle of the verb agrees with the double object pronoun (**-o, -a, -i, -e**).

La macchina è rotta, non **te la** posso dare.
La macchina è rotta, non posso dar**tela**.

> When there is a modal or phrasal verb (**potere, volere, dovere, sapere, cominciare a, stare per, stare + gerund, finire di**) + the infinitive, the double object pronoun can go either before the verb or after the infinitive.

indirect object pronouns		direct object pronouns		double object pronouns
mi				me lo/me la/me li/me le
ti				te lo/te la/te li/te le
gli/le				glielo/gliela/glieli/gliele
ci	**+**	lo/la/li/le	**=**	ce lo/ce la/ce li/ce le
vi				ve lo/ve la/ve li/ve le
gli				glielo/gliela/glieli/gliele

17 Double object pronouns

1 Choose the correct pronoun.

● Ciao Serena dove vai?

■ Devo comprare un regalo per il matrimonio di Giorgio e Sonia. Tu **te lo/glieli/glielo** hai già comprato?

● Sì, e **me lo/glielo/ce lo** ho portato ieri. Ma non sai che hanno una lista di nozze*?

■ No, non **te lo/me lo/me le** hanno detto! E dove l'hanno fatta?

● Da "Pasquini", in centro. A Franco invece **me lo/glielo/te lo** hanno detto, solo dopo che lui aveva già comprato il regalo!

■ No! Quei due sono proprio un disastro. Comunque grazie dell'informazione. A dopo. Ciao!

*** lista di nozze**: wedding list. The list would be held by one shop.

2 Complete the sentences with the pronouns in the list.

glieli   **ce lo**   **me lo**   **me li**   **gliela**   **ve le**   **glielo**   **te lo**   **ve li**

1. Hai visto quel quadro? L'ha fatto mio cugino. [   ] ha regalato quando mi sono laureato.

2. Mmmm… quanti biscotti! Sono tutti per Lino? Davvero vuoi portar [   ] tutti?

3. Non preoccupatevi. Se non sapete dove lasciare le bambine domani sera [   ] guardo io.

4. Credi a me! Gianni è scappato con la segretaria. [   ] dico io!

5. Certo che sappiamo che nonno ha fatto la guerra! [   ] ripete ogni giorno!

6. Se avete bisogno di dischi per la festa, [   ] porto io!

7. Veronica vuole una bici per Natale, mi piacerebbe comprar [   ] ma non so se ho i soldi.

8. [   ] hai dati quei numeri di telefono? Non mi ricordo.

9. No, Piero non sa che ho visto sua moglie con un altro. Non ho avuto il coraggio di dir [   ].

3 Change the sentences using a double object pronoun, as shown in the example.

e.g. Luca ha aperto <u>la porta</u> <u>a Lucia</u>. > (a Lucia=**le** + la porta=**la** → **le** + **la** = **gliela**) *Luca **gliela** ha aperta.*

1. Il prete ha prestato <u>la Bibbia</u> <u>al bambino</u>. > [   ]

2. Il barbiere <u>mi</u> ha tagliato <u>i capelli</u>. > [   ]

3. A Ferragosto <u>ci</u> hanno tirato <u>i secchi di acqua</u>. > [   ]

4. Hanno raccontato subito <u>tutta la storia</u> <u>ai giornali</u>. > [   ]

5. Le ragazze hanno detto <u>a Piera</u> <u>che Aldo la tradiva</u>. > [   ]

6. <u>Ti</u> hanno mai raccontato <u>la storia di Roma</u>? > [   ]

7. <u>Vi</u> hanno portato <u>i mobili</u>? > [   ]

8. Ieri <u>mi</u> hanno rotto <u>il vetro</u> con una pallonata. > [   ]

9. <u>Ci</u> hanno rotto <u>i timpani</u> tutto il giorno con quella musica a tutto volume! > [   ]

10. Finalmente Silvia ha comprato <u>il regalo</u> <u>a sua sorella</u>. > [   ]

11. Signor Bianchi, <u>Le</u> hanno recapitato <u>quel pacco</u>? > [   ]

12. Ho detto <u>al dottore</u> <u>che avevo le vertigini</u>. > [   ]

13. Perché hai detto <u>ai miei</u> <u>che sono andata in vacanza con Dimitri</u>? Non lo sapevano! > [   ]

4 Complete the sentences with the verbs in the list and with the double object pronouns, as shown in the example.

comprare   cucinare   guardare   pagare   portare   prestare   prestare   **spedire**   spiegare   tagliare

e.g. Nonna, devo andare alla posta, la lettera _te la spedisco io_.

1. Se non hanno ancora trovato una baby sitter, i bambini _____

2. Ho finito la scuola per parrucchiere, se vuoi i capelli _____

3. Se non sapete come arrivare, la strada _____

4. Signor Bianchi, devo andare al supermercato. Se vuole il latte _____

5. Quando vado al ristorante con mio figlio succede sempre che il conto _____

6. Se hai fame e non hai tempo, il pranzo _____

7. Non avete contanti? Non vi preoccupate, i soldi _____

8. Se non hai niente da metterti per il matrimonio di Anna, un vestito _____

9. *(in albergo)* Signora, la valigia _____

---

5 Complete the text with the double object pronouns in the list, as shown in the example.

ce la   gliela (x 3)   ve lo   me li   glielo

C'è una notte speciale nell'estate italiana: la notte del 10 agosto, la notte di San Lorenzo. Se non sapete perché, [   ] racconto io: durante questa notte gli italiani cercano luoghi con poca illuminazione, nei parchi, in periferia, al mare e in campagna per guardare il cielo e vedere una stella cadente. In realtà non si tratta di stelle, ma di asteroidi; ma a noi questa storia [   ] hanno spiegata in maniera molto più poetica quando eravamo bambini. San Lorenzo è un santo martire dell'epoca romana e questa notte [   ] hanno dedicata in tempi lontanissimi. La leggenda dice che le stelle cadenti sono le lacrime che lui ha versato prima di morire, che scendono sulla Terra il giorno della sua morte.

Una notte, da bambina, ho visto moltissime stelle cadenti! Ero in campagna dai nonni e guardavo il cielo con i miei cugini, ogni volta che vedevo una stella cadente [   ] indicavo e esprimevamo tutti un desiderio. Si crede infatti che ogni stella cadente farà avverare un desiderio prima della fine dell'anno. Io volevo dei nuovi giocattoli e, il Natale seguente, Babbo Natale [   ] ha portati quasi tutti. Ricordo che mia cugina ha chiesto un vestito da principessa, ma la mamma non [   ] ha comprato, forse non ha scelto una stella, ma un aereo che passava.

Sapete che c'è un sito sulla notte di San Lorenzo che vi dà la possibilità di regalare una stella? Un mio amico ha trovato una stella per la moglie, le ha dato un nome e [   ] ha regalata proprio la notte del 10 agosto.

---

6 Find the 3 mistakes in the use of the double object pronouns.

Una giornataccia

Che giornata! Questa mattina sono arrivato al lavoro dopo le ferie e ho scoperto che il prossimo convegno era ancora tutto da organizzare. Vuoi sapere cosa è successo? Te lo spiego subito.

La segretaria che doveva venire per lo straordinario non è venuta perché nessuno glielo ha detto.

La posta elettronica in ufficio non funziona e non ce lo hanno ancora riparata.

I partecipanti non hanno ricevuto i biglietti aerei perché nessuno glieli ha mandate.

La conferenza del prof. Forti è spostata al pomeriggio ma nessuno glielo ha comunicato.

Le camere in albergo non ce li hanno ancora confermate.

Il servizio di catering per il ricevimento di apertura aspetta ancora la conferma della data perché nessuno gliel'ha mandata.

Io avevo lasciato il mio numero in albergo, ma nessuno ha avuto il coraggio di telefonarmi.

Reflexive pronouns plus direct object pronouns

Ho deciso. Voglio il motorino! **Me lo** compro di sicuro!

Mi chiamo Daria. **Te lo** sei dimenticato?

Paola è convinta di essere una grande ballerina, **se lo** ripete ogni giorno.

A me e mia sorella piace cambiare stile di capelli. **Ce li** tingiamo spesso.

Ve la ricordate la parola chiave per l'allarme?

Gli atleti devono tenere d'occhio il cuore, infatti **se lo** controllano regolarmente.

*When a reflexive pronoun and a direct object pronoun are found in the same sentence, they join up to form a **double object pronoun**. In this case the **-i** of the reflexive pronoun becomes an **-e**.*

reflexive pronouns	direct object pronouns	double object pronouns
mi		me lo/me la/me li/me le
ti		te lo/te la/te li/te le
si		se lo/se la/se li/se le
ci	+ lo/la/li/le =	ce lo/ce la/ce li/ce le
vi		ve lo/ve la/ve li/ve le
si		se lo/se la/se li/se le

EXERCISES

1 **Choose the correct double object pronouns.**

Smemorina, la mia segretaria, è una ragazza tanto simpatica ma con una pessima memoria e molto disordinata. Ieri si è alzata e si è preparata per venire al lavoro ma è uscita di casa senza scarpe, **se le/gliele** è dimenticate! È arrivata al lavoro in pantofole e **ce li/se le** è tenute per tutto il giorno, ma nessuno ha detto niente perché ormai tutti la conosciamo. Anche io ho imparato come comportarmi con lei: ho sempre con me una chiave dell'ufficio perché Smemorina **me la/se la** dimentica quasi sempre, le lettere più importanti **se le/me le** scrivo sempre io perché lei non **se la/se le** ricorda mai, il pranzo **me la/me lo** ordino da sola perché lei di solito **se la/se lo** dimentica… Lo so, è un disastro, ma è la nipote del direttore generale…

2 **Rewrite the sentences with the pronouns, as shown in the example.**

e.g. <u>Mi</u> dimentico sempre <u>la luce</u> accesa. → *Me la dimentico sempre accesa.*

1. Lucia <u>si</u> trucca sempre <u>gli occhi</u> di blu.
2. Stasera <u>ci</u> beviamo tutta <u>una bottiglia di whiskey</u>.
3. Piero <u>si</u> gioca sempre <u>lo stipendio</u> al casinò.
4. Io <u>mi</u> risciacquo sempre <u>i capelli</u> con l'aceto.
5. <u>Mi</u> sono fatto <u>l'abbonamento</u> a La Scala.
6. <u>Mi</u> porto sempre <u>il giornale</u> al lavoro, così non devo uscire per comprarlo.
7. Perché non <u>ti</u> metti <u>gli occhiali</u>? Vedresti meglio.
8. I miei <u>si</u> comprano sempre <u>l'olio</u> direttamente dal contadino.
9. <u>Ti</u> lavi <u>i denti</u> prima di andare a letto?

3 Fabio is a very meticulous person but his brother Gino is exactly the opposite. Write Gino's replies to Fabio, using reflexive pronouns and direct object pronouns.

Fabio	Gino
1. Io mi rifaccio sempre il letto dopo che mi sono alzato.	a) Io no, non **me lo rifaccio mai.**
2. Io mi faccio sempre la doccia prima della colazione.	b) Io no, non _____
3. Io mi metto sempre un po' di gel sui capelli prima di uscire di casa.	c) Io no, non _____
4. Io mi metto sempre la cravatta per andare al lavoro.	d) Io no, non _____
5. Io mi compro sempre il giornale prima di arrivare in ufficio.	e) Io no, non _____
6. Io mi mangio sempre dei panini per pranzo.	f) Io no, non _____
7. Io mi ricordo sempre dove ho parcheggiato la macchina.	g) Io no, non _____
8. Io mi preparo sempre una bella cenetta ogni sera.	h) Io no, non _____
9. Io mi stiro sempre le camicie prima di andare a dormire.	i) Io no, non _____

4 Rewrite the sentences with the pronouns, as shown in the example.

e.g.: Chi vi ha raccontato quella cosa? > [*Chi ve l'ha raccontata?*]

1. Quando hai regalato il motorino a tua figlia? > Quando [_____] hai regalat[____] ?
2. Perché non mi hai portato il libro? > Perché non [_____] ha portat[____] ?
3. Preferisco se lo dice lui a Gianni. > Preferisco se [_____] dice lui.
4. Domani ci portano la cucina nuova. > Domani [_____] portano.
5. Hai ricordato ai tuoi di lasciare le chiavi alla vicina? > [_____] hai ricordat[____] ?
6. Vi siete ricordati le sterline? > [_____] siete ricordat[____] ?
7. Perché non hanno comprato le Nike a Simona? > Perché non [_____] hanno comprat[____] ?
8. Ieri Paolo si è bevuto tutta la bottiglia di vino. > Ieri [_____] è bevut[____] tutta.
9. Mi hanno portato via la macchina perché non avevo finito di pagarla. > [_____] hanno portat[____] via perché non avevo finito di pagarla.
10. Quante volte vi ho detto di chiudere la porta? > Quante volte [_____] ho dett[____] ?

5 Answer the questions using the pronouns, as shown in the example.

e.g.: Hai portato l'ombrello? Sì, *(portare)* [*me lo sono portato*] .

1. Hai detto alle tue amiche della festa? No, *(dire)* [_____] oggi.
2. Come si chiama il primo re di Roma? Oddio, *(io)* non *(ricordarsi)* [_____] !
3. Quando mi riporti il libro che ti ho prestato? *(Riportare)* [_____] questo fine settimana.
4. Hai visto le scarpe che porta mia sorella? *(Regalare)* [_____] io il mese scorso per il suo compleanno.
5. Ho dovuto comprare gli occhiali da vista ma non *(mettere)* [_____] mai, non sono abituata.
6. Se volete un po' di frutta venite pure da me, *(dare)* [_____] io. Ne ho tanta.
7. Basta Carlo! D'ora in poi il computer non *(prestare)* [_____] più.
8. Paoletta, la storia della buona notte *(raccontare)* [_____] la mamma fra cinque minuti, aspettala.
9. I miei hanno bisogno di un nuovo televisore, *(regalare)* [_____] noi.
10. Ieri è venuta Cristina? Perché non *(dire)* [_____] ?

Present conditional

Mi **piacerebbe** andare in Polinesia.

Scusi, **chiuderebbe** la porta per favore?

Al posto tuo **prenderei** il treno dell'una.

Nella banca ci **sarebbero** 3 ostaggi.

compr-are: Signor Bini, **comprerebbe** un cane?
spend-ere: Dario **spenderebbe** tutti i suoi soldi per i vestiti.

Sarebbe così gentile da aiutarmi a scendere?

Vorrei tanto quell'auto!
Scusi, **potrebbe** smettere di fumare?
Dovresti prendere un'aspirina.

■ *The present conditional is used for:*

a) expressing a wish;

b) expressing oneself formally;

c) giving advice;

d) giving information which is not 100% certain.

■ *The forms of the present conditional of verbs ending in -are are the same as those of verbs ending in -ere.*

■ *The present conditional of the verb essere is irregular.*

■ *Some verbs have an irregular form of conditional: volere (vorrei), potere (potrei), dovere (dovrei), sapere (saprei), andare (andrei), etc.*

Present conditional - regular verbs

	am-**are**	prend-**ere**	apr-**ire**
io	am-**erei**	prend-**erei**	apr-**irei**
tu	am-**eresti**	prend-**eresti**	apr-**iresti**
lui/lei/Lei	am-**erebbe**	prend-**erebbe**	apr-**irebbe**
noi	am-**eremmo**	prend-**eremmo**	apr-**iremmo**
voi	am-**ereste**	prend-**ereste**	apr-**iresti**
loro	am-**erebbero**	prend-**erebbero**	apr-**irebbero**

Present conditional - irregular verbs

	essere	avere
io	**sarei**	**avrei**
tu	**saresti**	**avresti**
lui/lei/Lei	**sarebbe**	**avrebbe**
noi	**saremmo**	**avremmo**
voi	**sareste**	**avreste**
loro	**sarebbero**	**avrebbero**

Other irregular verbs

verb	conditional
andare	io **andrei**
bere	io **berrei**
cadere	io **cadrei**
dare	io **darei**
dire	io **direi**
dovere	io **dovrei**
fare	io **farei**
potere	io **potrei**
rimanere	io **rimarrei**
sapere	io **saprei**
stare	io **starei**
tenere	io **terrei**
vedere	io **vedrei**
venire	io **verrei**
vivere	io **vivrei**
volere	io **vorrei**

EXERCISES

1 Match the most suitable wish to the correct illustration, as shown in the example.

a) Vorrei un osso grandissimo!

1) bambino

b) Ci vorrebbe un bel sole.

3) gatto

c) Vorrei concludere quell'affare.

2) cane

d) Quanto pagherei per passare l'esame!

4) manager

e) Mangerei un gelato enorme!

f) Mmm… quanto mi piacerebbe un bel topo succoso.

6) studente

5) turista

---

2 Choose the correct form of the conditional.

a) In un negozio

 Buongiorno, desidera?

● Buongiorno. **Vorrei/Vorresti/Vorrebbe** vedere quella gonna blu in vetrina.

■ Che taglia porta?

● La 44 o la 46, dipende dal modello. **Potresti/Potrei/Potrebbe** provarle entrambe?

■ Certo. Ecco a Lei. Il camerino è lì dietro.

b) In treno

■ Scusi, Le **dispiacerei/dispiacerebbe/dispiaceresti** spegnere la sigaretta? È uno scompartimento non fumatori.

● Guardi signora, io non vedo il cartello "Vietato Fumare" da nessuna parte…

■ Ma io sono sicura che questa è una carrozza non fumatori! Altrimenti non **sarebbe/sarei/saresti** qui. Non sopporto il fumo!

● Allora signora **farebbero/faresti/farebbe** bene a controllare il biglietto, forse è nella carrozza sbagliata.

■ Ecco qui: carrozza 9 posto numero 24.

● Visto? Questa è la carrozza 10.

---

3 Put the verbs in the present conditional and join the phrases on the left with those on the right.

1) *(Lei/Potere)* [ ] chiudere la finestra per favore?

a) *(tu/Dovere)* [ ] prendere un appuntamento dal dentista

2) Oddio! Che mal di denti!

b) Prendiamo il costume, aspetta!

3) Che ne *(voi/dire)* [ ] di un giro al mare?

c) *(tu/Potere)* [ ] fare un po' di sport.

4) *(tu/Dovere)* [ ] studiare di più.

d) Perché no? Dove andate?

5) Che è successo al computer?

e) Certo, la chiudo subito.

6) Dove possiamo trovare quel libro?

f) Non capisco. *(Sembrare)* [ ] rotto.

7) Vi *(piacere)* [ ] venire in vacanza con noi?

g) *(voi/Dovere)* [ ] provare nella nuova libreria.

8) Non mi sento molto in forma ultimamente, che mi consigli?

h) Ma se studio ogni giorno 3 ore!

4 Choose from the list the correct advice for these people. Begin the sentence with: *Io, al posto tuo...* and use the conditional, as shown in the example.

e.g. Sono stanco! Io al posto tuo, *mi prenderei tre giorni di riposo.*

1. Ho bisogno di soldi. Io al posto tuo, _____

2. Voglio un uomo! Io al posto tuo, _____

3. Ho un mal di testa terribile. Io al posto tuo, _____

4. Mi annoio e non so che fare. Io al posto tuo, _____

5. Non mi piace più il mio lavoro. Io al posto tuo, _____

6. Sono ingrassato. Io al posto tuo, _____

7. Si è rotta la lavatrice. Io al posto tuo, _____

8. Ho freddo. Io al posto tuo, _____

9. Ho fame ma non ho voglia di cucinare. Io al posto tuo, _____

accendere il riscaldamento   andare a mangiare da mamma   chiamare il tecnico   chiedere un prestito in banca
entrare in un club di cuori solitari   fare una dieta   mandare il curriculum ad altre aziende   prendere un'aspirina
prendersi tre giorni di riposo   telefonare a un'amica e organizzare la serata

5 Put the verbs into the present conditional.

Giovanni sogna...

Quanto *(io/volere)* [_____] vincere alla lotteria! Gioco tutte le settimane e so già esattamente cosa *(fare)*
[_____] con i soldi. Prima di tutto *(organizzare)* [_____] una mega festa per tutti gli amici e i parenti in
una villa in campagna. Il ricevimento *(essere)* [_____] nel parco, con tantissime cose da mangiare e da bere. Dentro la
villa ci *(essere)* [_____] almeno tre sale con tre diversi d.j. per la musica. La festa *(potere)* [_____] continuare per un fine settimana, poi mi *(mettere)* [_____] a pensare seriamente a come investire i soldi. Sicuramente *(comprare)* [_____] un paio di case: una in città e una al mare, forse all'estero. Poi *(investire)* [_____] gran
parte degli altri soldi e *(fare)* [_____] in modo da avere una rendita annua per poter vivere bene tutta la vita. Ah! Stavo
per dimenticare i viaggi! Naturalmente mi *(piacere)* [_____] fare dei bei viaggi, almeno uno all'anno, per periodi di mini-
mo un mese! Ma forse, invece di perdere tempo a sognare, *(fare)* [_____] bene a prepararmi per andare al lavoro,
comincio fra un'ora!

6 Put the verbs into the present conditional.

Organizziamo le vacanze

Diana incontra gli amici per organizzare le vacanze di agosto.

Diana - Ciao ragazzi! Allora che facciamo ad agosto? Dove vi *(piacere)* ☐ andare? L'agenzia qui vicino ha delle belle offerte, *(noi/potere)* ☐ andare a vedere.

Paola - Mah, sinceramente io *(preferire)* ☐ un viaggio più indipendente. Non mi piace sentirmi limitata dai viaggi organizzati. Maurizio, so che tu *(volere)* ☐ vedere le capitali scandinave, perché non compriamo un InterRail?

Maurizio - Questa *(essere)* ☐ proprio un'ottima idea! Mio fratello l'ha fatto l'anno scorso e si è divertito tantissimo!

Diana - Un mese in giro con i treni? Che fatica! Non *(essere)* ☐ meglio prendere un volo low-cost per Copenhagen o Stoccolma e poi organizzare delle escursioni da lì? *(noi/Potere)* ☐ anche prenotare gli alberghi già ora, su Internet.

Paola - Diana, io non ho molti soldi da spendere, non *(volere)* ☐ finirli tutti in voli e alberghi. Non ti *(interessare)* ☐ una vacanza un pochino più avventurosa?

Maurizio - Dai Diana! Sono sicuro che *(tu/divertirsi)* ☐ .

Diana - Beh, in effetti *(volere)* ☐ andare nel Sud della Francia, se mi promettete che andiamo anche in Francia ci penso su.

Maurizio - L'itinerario non è un problema! Anche io *(volere)* ☐ vedere la Francia. Andiamo a controllare i prezzi e organizziamo allora!

7 Choose the correct form of the verbs.

Paola e Giovanna si incontrano dopo molti mesi.

Paola - Ciao Giovanna! Ma quanto tempo che non ci vediamo! Ti vedo in forma perfetta!

Giovanna - Grazie Paola, sto bene infatti. Lavoro molto ma ho deciso che non **ho/avrei** nessuna intenzione di diventare grassa e rovinarmi la salute per colpa del lavoro, quindi **andrei/vado** in palestra almeno due volte la settimana. Purtroppo **vorrei/voglio** andarci più spesso, ma non ho proprio tempo. Ma anche tu stai molto bene!

Paola - Non tanto. Non sai quanto mi **piace/piacerebbe** avere una linea come la tua. Non vedi come sono ingrassata? Eppure non mangio tanto, non capisco perché.

Giovanna - Ma stai facendo qualcosa?

Paola - Sì. Ho appena cominciato una nuova dieta e la seguo molto regolarmente. Non **mangio/mangerei** quasi niente, solo verdura e frutta, ma spesso non **avrei/ho** energia.

Giovanna - Uhm, non mi sembra una dieta adatta. Vai da un dietologo?

Paola - No. L'ho trovata su un giornale.

Giovanna - Secondo me dovresti stare più attenta alla salute. Perché non **verresti/vieni** in palestra con me? Un po' di sport e un'alimentazione sana ti **fanno/farebbero** sicuramente bene!

Paola - Ma sono così pigra... ci penso, ok?

Giovanna - Va bene, ciao Paola!

Inside and Out

Mussolini supported a fiercely nationalistic language policy. During his regime, foreign words were replaced by Italian equivalents, such as *mescita* (substitute for snack bar), *acquavite* (brandy/whiskey), etc. Some of these neologisms have fallen into oblivion, but others - such as *tramezzino* (club sandwich) and *autista* (*chauffeur*, driver in French) are now commonly used.

Perfect conditional

Quanto mi **sarebbe piaciuto** fare quel viaggio!
Avrei voluto comprare un'auto nuova, ma non avevo i soldi.

L'imputato **avrebbe ammesso** l'omicidio.

Sapevo che **avresti telefonato** per scusarti. *(sapevo: 1st action in the past; avresti telefonato: 2nd action in the past or future in the past)*
Loro credevano che **saresti venuto** con la macchina. *(credevano: 1st action in the past; saresti venuto: 2nd action in the past or future in the past)*

Ti **avrei telefonato** ma non avevo il tuo numero.
Diceva sempre che **sarebbe andato** a vivere in America.

■ *The perfect conditional is used:*

a) *to talk about a hypothetical or impossible situation;*

b) *to give information on a past event, which is not 100% certain;*

c) *to express an action which represents the future in the past, that is a second action in the past subsequent to a previous action in the past.*

■ *The perfect conditional is formed with the **conditional** of avere or essere plus the **past participle** of the verb.*

Perfect conditional
(present conditional of *avere* or *essere* + past participle)

io	avrei parlato	sarei andato/a
tu	avresti parlato	saresti andato/a
lui/lei/Lei	avrebbe parlato	sarebbe andato/a
noi	avremmo parlato	saremmo andati/e
voi	avreste parlato	sareste andati/e
loro	avrebbero parlato	sarebbero andati/e

EXERCISES

I Join the phrases together to make sentences, as shown in the example.

a. **Sarei venuta volentieri alla tua festa di compleanno,**

b. Ti avrei voluto telefonare,

c. Sandro avrebbe dovuto portare anche il vino,

d. I miei avrebbero voluto che studiassi medicina,

e. Anna sarebbe stata felice di darti una mano,

f. Avremmo voluto andare all'Opera,

g. Mio fratello avrebbe voluto farmi uno scherzo per il 1° d'Aprile,

h. Mi sarei voluta fare i capelli biondi,

i. Avrei voluto mascherarmi per Carnevale,

1. ma non ho trovato una maschera che mi piaceva.

2. ma io non ci sono cascato.

3. ma non sapeva che avevi bisogno di aiuto.

4. ma non avevo il tuo numero.

5. **ma un mio amico mi aveva già invitata a cena fuori.**

6. ma il parrucchiere me lo ha sconsigliato.

7. ma io non sopporto il sangue.

8. ma non c'erano più biglietti.

9. e invece ha portato solo la birra.

2 Put the verbs in the perfect conditional and guess the name of the personality.

Era una forte personalità politica, secondo lui l'Italia *(dovere)* [   ] ritornare al glorioso passato dell'antica

Roma ed era convinto che, sotto il suo comando, *(diventare)* [   ] un grande impero. Per questo credeva

che un'alleanza con la Germania *(aiutare)* [   ] l'Italia nella sua espansione.

È andato al potere nel 1924. Nel 1940 ha dichiarato guerra alla Francia e alla Gran Bretagna e ha convinto gli italiani che l'Italia *(vincere)*

[   ] . Molti italiani lo hanno seguito. Ma nel 1943, quando l'Italia ha perso la guerra, la sua dittatura è

finita e lui è stato ucciso.

Sai come si chiama?

---

3 If you don't know the name of the personality in Exercise 2, read the following sentences. Find the correct ones, the letters in brackets will form his last name.

1. Anna diceva sempre che non si sposerebbe mai, invece il suo matrimonio è la prossima settimana. (P)
2. I ragazzi avrebbero dovuto telefonare alle 4.00 invece non si sono sentiti. (M)
3. Mia madre credeva che sarei diventata una grande pianista. (U)
4. Secondo la polizia i rapinatori avrebbero ucciso uno degli ostaggi. (S)
5. Quel politico affermava che non sarebbe mai fatto un'alleanza con la destra, invece ha fatto tutto il contrario! (T)
6. Tornerei prima, ma il traffico era tremendo! (R)
7. Ultime notizie: il disastro aereo sarebbe successo a causa di un guasto ai motori. (S)
8. Peccato che non sono potuta venire alla festa, mi avrebbe tanto piaciuto! (A)
9. Ma non avevi detto che saresti venuto a prendermi in macchina? (O)
10. Lo sapevo che avresti passato quell'esame! (L)
11. Diceva che mi amerebbe per sempre, invece è scappato con la segretaria! (N)
12. Lo dicevo io che ci sarebbe stato uno sciopero dei treni. (I)
13. Credevamo che avrebbero chiuso la biblioteca. (N)
14. Un pic-nic sarebbe stata una ottima idea! Peccato che non ci abbiamo pensato! (I)

The personality is __ __ __ __ __ __ __ __ __

---

4 Now rewrite the wrong sentences correcting the mistakes.

1. _____

_____

5. _____

_____

6. _____

_____

8. _____

_____

11. _____

5 Rewrite the sentences using the perfect conditional, as shown in the example.

e. g.: Fabio dice che verrà alla festa > | Fabio ha detto che sarebbe venuto alla festa. |

1. Grazia telefona per dire che arriverà in ritardo >
2. Stefano risponde che non si laureerà in tempo >
3. Il ministro afferma che si prenderà le sue responsabilità >
4. Francesca crede che tutto cambierà >
5. La segretaria mi assicura che spedirà quel documento importante >
6. L'ufficio conferma che farà il bonifico domani >
7. La bibliotecaria dice che i libri arriveranno presto >

6 An article written at the end of 2000 tells us what will disappear in the future. 100 years later, in 2100, you find the article and summarise it for a newspaper of your times. Rewrite only the underlined sentences, using the perfect conditional, as shown in the example.

Con l'aiuto della ricerca genetica il cancro sarà sconfitto. Inoltre grazie alla tecnologia digitale andranno in pensione tante macchine e i fili che ingombrano case e uffici. Tutto questo sarà molto positivo, purtroppo però, se non facciamo attenzione, anche molte specie viventi, animali e piante scompariranno. Per fortuna la società sarà più ricca e democratica e lavoreremo di meno. Però il mondo viaggerà sempre più a marce diverse. Infatti i paesi più ricchi forniranno servizi, cultura, simboli e valori e altri produrranno beni materiali per il consumo dei primi, con fabbriche altamente inquinanti. Altri ancora non produrranno niente ma saranno un serbatoio di mano d'opera a basso prezzo e basi militari. Insomma, se non si prenderanno provvedimenti, alcuni degli aspetti del futuro prossimo sono preoccupanti.

(adapted from "Il Venerdì di Repubblica")

Cento anni fa scrivevano che:

a. *con l'aiuto della ricerca genetica il cancro* **sarebbe stato** *sconfitto.*

b. grazie alla tecnologia digitale _____

c. anche molte specie viventi, animali e piante _____

d. la società _____

e. il mondo _____

f. i paesi più ricchi _____

g. altri _____

h. altri ancora _____

7 Put the verbs in the conditional tense (present or perfect).

Un impiegato va dal suo capo e dice:
"Mi scusi, *(potere)* [   ] avere una giornata libera per andare a fare le spese di Natale con mia moglie?"
"Ovviamente no!"- risponde il capo.
"La ringrazio di cuore, signore! Sapevo che *(potere)* [   ] contare sul Suo aiuto!"

8 Choose the correct verb.

Sono qui in casa, da sola, e aspetto Fabio. Lo **aspetto/aspetterei** ormai da 3 ore e non capisco cosa **è successo/sarebbe successo**. Ieri mi **ha telefonato/avrebbe telefonato** e mi ha detto che **passerebbe/sarebbe passato** a prendermi alle 11.00 per andare a fare un pic-nic. Invece non è ancora arrivato. Uffa! Sono le 2.00 e ho fame, **ho mangiato/avrei mangiato** qualcosa ma non ho niente in casa. Questa mattina non **sono andata/sarei andata** a fare la spesa perché sapevo che **pranzerei/avrei pranzato** con Fabio! Ci sono solo dei pomodori nel frigorifero e forse un po' di pasta. Che faccio? Forse mi preparo una pasta con i pomodori. Peccato però! **Ho voluto/Sarei voluta** tanto andare fuori. È una così bella giornata!

9 Choose the correct verb and put it into the present conditional, as shown in the example.

È domenica sera, sono le 22.30 e Maria scrive una e-mail ad una sua amica per raccontarle come ha passato la giornata.

Ciao Paola,

come va? Sono sicura che ti stai godendo le temperature del Marocco. Deve essere bellissimo in questa stagione!

Qui invece la primavera è davvero fredda. Finalmente ieri le previsioni del tempo dicevano che oggi le temperature *(aumentare/~~diminuire~~)* `sarebbero aumentate` e *(iniziare/smettere)* `_____` finalmente di piovere, quindi abbiamo organizzato una gitarella in campagna, con i bambini. Il progetto era di partire subito dopo colazione e passare anche a prendere mia madre, che aveva detto che le *(piacere/volere)* `_____` venire con noi. Alle 9.00, però, pioveva a dirotto e non sapevamo che fare, abbiamo aspettato un'oretta, credendo che il tempo *(migliorare/finire)* `_____` ma ha smesso di piovere solo alle 11 e ormai fuori faceva anche piuttosto freddo. Abbiamo deciso che *(essere/avere)* `_____` inutile partire così tardi e con quel tempo instabile quindi ci siamo messi d'accordo con mia madre che ha promesso che *(andare/preparare)* `_____` le sue magnifiche lasagne e ci ha invitati tutti a pranzo da lei. In fondo, quindi, la giornata è finita bene. Hai fatto benissimo ad andare in vacanza in questo periodo ☺ come passate il tempo? Cosa hai visto di interessante?

Non vedo l'ora di vederti e vedere le foto che hai fatto.

Un abbraccio.

Maria

18 Conditional

Adverbs

Probabilmente domani pioverà.
Siamo **incredibilmente** stanchi.
Oggi ho mangiato **proprio** bene!
Ma sì che vengo alla tua festa! Non vedo l'ora!

■ *Adverbs are used to better describe/modify the meaning of a verb, an adjective, another adverb or a whole sentence (whereas adjectives are used to better define the meaning of a noun or a pronoun). Adverbs never change.*

■ *Some adverbs derive from adjectives and are formed as follows:*

È importante che Franco impari a lavorare autonoma**mente**. (autonomo)

a) *Adjectives ending in -o, in the masculine singular form: Feminine form ending with -a + suffix -mente;*

Recente**mente** ho visto Giorgio ed Anna. (recente)

b) *Adjectives ending with -e: Basic singular form + suffix -mente;*

Alla fine ho dovuto cucinare io, natural**mente**! (naturale)
La televisione è mortal**mente** noiosa? (mortale)

c) *Adjectives ending with -le o -re: No final -e + suffix -mente;*

Ieri abbiamo mangiato **abbastanza bene**.

d) *Other adverbs have a peculiar form that does not derive from adjectives.*

■ *Adverbs can have different functions:*

Domani andiamo al mare.
Ho lavorato fino a cinque minuti **fa**.

a. *Adverbs of time*

Sto **male**.
Parlate **lentamente**.

b. *Adverbs of manner*

Quando partite?
Come stai?

c. *Interrogatives*

Ho mangiato **poco**.
Parla sempre **troppo**.

d. *Adverbs of quality*

Sei **proprio** simpatica!
Forse parto.

e. *Adverbs of judgment*

Mio fratello abita **là**.
Oggi mangiamo **fuori**

f. *Adverbs of place*

EXERCISES

I   Form -*mente* adverbs from the adjectives in brackets, as shown in the example.

e. g.: La penisola italiana ha un rapporto *(particolare)* | *particolarmente* | forte con il mare.

1. Gli italiani sono *(storico)* [   ] un popolo di navigatori.

2. *(Tradizionale)* [   ] ogni anno si tiene la regata storica delle antiche Repubbliche Marinare: Amalfi, Genova, Pisa e Venezia.

3. La Repubblica Marinara di Pisa è l'unica che è stata attaccata *(diretto)* [   ] dagli arabi.

4. Questo attacco è ricordato *(annuale)* [   ] l'ultima domenica di giugno, durante il Gioco del Ponte.

5. Durante Fascimo lo stato offriva *(gratuito)* [   ] le vacanze al mare ai bambini.

6. Gli italiani *(recente)* [   ] hanno cominciato a visitare anche i mari tropicali.

7. *(Probabile)* [   ] i primi marinai italiani sono stati i Liguri, i Veneti e i Sardi.

8. Già 2500 anni fa i Sardi portavano *(regolare)* [   ] le loro merci e quelle degli Etruschi attraverso il Tirreno.

2 Answer the questions and decide if the underlined words are adverbs or adjectives, as shown in the example.

	Sei pettegolo/a?
1. Ti presentano una persona **nuova**:	a) fai **subito** delle domande personali per conoscerla meglio. b) fai qualche domanda personale ma senza approfondire molto. c) parli del più e del meno per entrare in confidenza.
2. Il colore dei tuoi vestiti è quasi sempre:	a) il rosso o altri colori sgargianti. b) non hai un colore preferito, dipende dall'umore e dal momento. c) il blu, ma ti piacciono anche i colori chiari.
3. Parli a voce bassa:	a) quando ti confessi! b quando parli di cose delicate. c) sempre, non è necessario far sapere al mondo cosa dici!
4. Incontri un amico e ti accorgi che è decisamente triste:	a) cerchi di sapere perché, insistendo. b) chiedi se vuole parlare con te dei suoi problemi. c) lo incoraggi, ma non lo forzi a raccontare.
5. Solitamente, quando parli, gesticoli?	a) Sì, spesso, per descrivere meglio quello che dici. b) A volte, nei discorsi importanti. c) No, le tue mani sono praticamente ferme.
6. Madonna quanti figli ha?	a) 3. b) 4. c) 2.
7. Ammiri maggiormente:	a) i personaggi dello star system, perché sono estroversi, strani e famosi. b) i politici, perché si dedicano al governo e al potere. c) gli scienziati, perché migliorano la vita.
8. La pietra preziosa che preferisci:	a) il diamante, vistoso e costoso. b lo smeraldo, verde e brillante. c) l'acquamarina, azzurra e trasparente.
9. Secondo te il pettegolezzo può essere utile:	a) per sapere come le persone affrontano la vita. b) non credi a una sua utilità, ma sicuramente è interessante. c) assolutamente no. Significa violare la privacy degli altri.
10. La legge sulla privacy:	a) non serve a niente, ne abbiamo fatto a meno per tanto tempo e non è mai successo niente! b) è utile per proteggere i cittadini. c) è necessaria perché ci sono molte persone impiccione.

Majority of "a" answers: sapete tutto di tutti e conoscete tutti i modi per sapere i fatti degli altri. Siete proprio dei curiosoni!

Majority of "b" answers: non siete sempre indiscreti, ma a volte non resistete. Capite però che in alcuni casi avete esagerato e allora fate marcia indietro.

Majority of "c" answers: non vi piace sapere e sparlare degli altri. Credete che si debbano rispettare gli altri anche perché non volete che gli altri conoscano i fatti vostri.

adverbs	adjectives
subito	nuova

3 Complete the text with the adverbs in the list.

> particolarmente · spesso · già · subito · solamente · normalmente
> inizialmente · incredibilmente · ancora · oggi · abitualmente · fa

I Romani contro i Galli

Noi italiani ci consideriamo discendenti diretti dei Romani, ma in realtà non è così. La guerra tra il mondo latino e il mondo gallico, combattuta da Giulio Cesare più di 2000 anni _____, è stata vinta dai Romani ma è _____ interessante vedere che i Galli hanno trasmesso ai vincitori usi e costumi che noi italiani _____ consideriamo latini mentre, invece, _____ mangiamo, beviamo e dormiamo come facevano i Galli, e non secondo l'uso latino.

Dormire: prima di invadere la Gallia i Romani non conoscevano il materasso, che invece i Galli _____ usavano, facendolo con la lana. I Romani lo hanno scoperto e lo hanno adottato _____.

Vestiti: i Romani si vestivano quasi _____ di bianco, al massimo con una bordatura rossa. I Galli invece usavano _____ una stoffa colorata, a righe o quadri (tipo 'scozzese') e indumenti con cui coprivano le gambe (un tipo di pantaloni). _____ queste stoffe e i pantaloni non hanno avuto successo a Roma, erano considerati volgari e barbari. Ma, con il tempo, il loro uso è diventato comune.

Cucina: _____ i Galli hanno vinto anche in cucina. I loro formaggi e i vini hanno infatti conquistato quasi subito il mondo latino. Il mondo greco-latino, che allevava soprattutto ovini, ha conosciuto i suini proprio dai Galli. E non solo a nord delle Alpi, ma anche nel Nord Italia. L'Italia, infatti, è _____ divisa in un Sud in cui si consuma agnello e il Nord con i famosi salumi e prosciutti. I Galli poi bevevano il vino 'amaro', secco, fresco e conservato in botti mentre i Romani lo bevevano caldo e speziato. Ai Romani non piacevano i vini gallici ma sono quelli che beviamo _____ ora.

4 Choose the correct word.

1. È **difficile/difficilmente** imparare perfettamente una lingua straniera.
2. Si gioca **buono/bene** a tennis nel campo dietro casa tua.
3. **Stranamente/strano** Daniela non risponde al telefono.
4. So che a casa tua c'è una **male/cattiva** ricezione per i cellulari
5. Ogni volta che andiamo dai tuoi mangiamo sempre **troppo/troppi**.
6. C'era uno slogan del Partito Fascista che diceva "**Molti/molto** nemici, **molto/molti** onore".
7. **Difficilmente/difficile** riesco a rimanere sveglia dopo mezzanotte.
8. Lucia la settimana scorsa stava piuttosto **cattiva/male,** ora, per fortuna, sta **migliore/meglio**.
9. Il **peggior/peggio** libro che io abbia mai letto me lo ha regalato il mio ragazzo.
10. Da bambina andavo molto **bene/buono** a scuola.
11. Sei **strana/stranamente** silenziosa, Lidia.
12. Un'ora **fra/fa** è arrivata la posta.

Inside and Out

Some adjectives that usually refer to unknown amounts - i. e. *poco, parecchio, molto, tanto, troppo, altrettanto* - can also have an adverbial function. When they function as adjectives (thus modifying the meaning of a noun), they agree in gender and number with the noun to which they refer.

*e. g. Ho proprio **tanta** fame. / Lucia ha **pochi** amici.*

When they function as adverbs (thus modifying the meaning of an adjective, a verb, an adverb or a whole sentence), they do not change.

The particle *ci* as an adverb of place

"Vai al cinema?" "Sì, **ci** vado." *(ci = al cinema)*

Vai al parco? **Ci** vengo anch'io! *(ci = al parco)*.

"Sei stato in Sicilia?" "No, non **ci** sono mai stato." *(ci = in Sicilia)*.

"Quando vai a Milano?" "**Ci** vado domani."

■ *Often we use the particle **ci** to avoid repeating the name of a place which we have already mentioned. In this case **ci** is **an adverb of place (locativo)**.*

■ *The particle **ci** is always used before the verb.*

EXERCISES

I **Join the phrases together, as shown in the example.**

a) Vai in biblioteca a studiare?

b) Con chi andate alla partita?

c) È tardi. Quando torniamo a casa?

d) È vero che passi sempre le vacanze in Sardegna?

e) Non venite da Anna oggi? Fa una festa.

f) Ma Aldo e Sara non vanno in vacanza?

g) Quando vai da tua madre?

h) Dovresti andare più spesso dal dentista.

i) Vi va di passare dal supermercato con me?

l) Vieni a ballare stasera?

1) Ma se ci vado una volta all'anno! Lo sai che non mi piacciono i dentisti!

2) Sì, ci vanno a luglio, per due settimane.

3) Sì, ci vado ogni giorno.

4) Ci vado almeno una volta al mese, vive da sola e mi preoccupa un po'.

5) No, non ci vengo. Il sabato sera c'è troppa gente in discoteca.

6) Sì, ci vado appena posso. Ho una casa proprio sulla Costa Smeralda.

7) Ci andiamo con nostro padre. Lui è un gran tifoso del Milan.

8) No, non ci veniamo. Non ci ha invitati.

9) Non ti preoccupare. Ci torniamo in tempo per vedere il tuo programma preferito.

10) No grazie. Ci siamo andati questa mattina.

2 Now write what the particle *ci* replaces each time in the sentences in Exercise 1, as shown in the example.

particle *ci*	replaces...
1) **ci** vado una volta all'anno	*dal dentista*
2) **ci** vanno a luglio	
3) **ci** vado ogni giorno	
4) **Ci** vado almeno una volta al mese	
5) No, non **ci** vengo	
6) Sì, **ci** vado appena posso	
7) **Ci** andiamo con nostro padre	
8) No, non **ci** veniamo	
9) **Ci** torniamo in tempo	
10) **Ci** siamo andati	

3 Rewrite the text, replacing the words underlined with the particle *ci*. Pay careful attention to the word order.

Marco è un appassionato di teatro. Normalmente va a teatro almeno due volte al mese. L'altro giorno ha letto sul giornale che c'era un bello spettacolo al teatro di Genova e ha deciso di andare a Genova, anche se è una città piuttosto lontana da La Spezia, dove abita lui. Marco non conosce il teatro comunale di Genova, non è mai stato al teatro comunale di Genova, ma sa che è un buon teatro e che di solito ha un programma molto interessante. Quindi ha telefonato a Silvana, una sua amica di Genova, e le ha chiesto se poteva rimanere a dormire da lei, dopo la fine dello spettacolo. Naturalmente Silvana è stata molto disponibile e, anzi, dopo aver parlato con Marco dello spettacolo, ha detto che sarebbe andata volentieri anche lei allo spettacolo insieme a lui.

Marco è un appassionato di teatro. Normalmente...

_____

_____

_____

_____

_____

_____

Other meanings of the particle *ci*

"Chi pensa al bambino?" "Non preoccuparti, **ci** pensa la baby-sitter." *(ci = al bambino)*
Tu credi all'oroscopo? Io non **ci** credo. *(ci = all'oroscopo)*
Non buttare quel giocattolo! **Ci** tengo moltissimo.
(ci = a quel giocattolo)

■ The particle **ci** is also used in other cases. For example
a) to substitute a word or a phrase introduced by the preposition **a**;

Mi ha detto che mi avrebbe aiutato a trovare un lavoro, ma io non **ci** conto. *(ci = su di lui)*
Mi piacciono le corse dei cavalli ma non **ci** scommetto mai. *(ci = sui cavalli)*

b) to substitute a word or a phrase introduced by the preposition **su**;

Tu credi in Dio? No, non **ci** credo. *(ci = in Dio)*

c) to substitute a word or a phrase introduced by the preposition **in**;

"Sei uscito con Rita ieri?" "No, **ci** esco stasera." *(ci = con Rita)*

d) to substitute a word or a phrase introduced by the preposition **con**.

"Scusi signore, ha il passaporto?" "Sì, **ce** l'ho."
"Hai un po' di soldi?" "No, non **ce** li ho."

■ In everyday speech the particle **ci** is often used in reply to a question with the verb **avere**. In that case it becomes **ce**.

Particles ci and ne

20

EXERCISES

I   Underline the cases in which *ci* is an adverb of place or substitutes phrases introduced by *a, su, in* and *con*. Then complete the table, as shown in the example.

Una lettera ad una rivista

Cara Cuoresolitario,

io e Paola siamo grandi amiche, siamo andate a scuola insieme, anche le nostre mamme erano amiche e, quando la mamma di Paola mi invitava a casa loro, io <u>ci</u> andavo sempre molto volentieri e ci rimanevo spesso anche a dormire. Oggi però Paola mi ha detto che ha visto il mio ragazzo in discoteca con un'altra e io non ci ho creduto. Io e Sandro, il mio ragazzo, non abbiamo mai avuto problemi, lui mi ha sempre detto la verità e, quando l'altra sera mi ha detto che restava in casa perché non si sentiva bene, io gli ho creduto. Lo so che Paola è un'amica, so anche che su lei posso sempre contarci, ma io sono così innamorata di Sandro! Ci tengo troppo! Che devo fare? Chiedergli una spiegazione? Sono così confusa, più ci penso e più mi sento disperata! Non voglio litigare con Paola per colpa di un ragazzo, ma non voglio nemmeno chiudere con Sandro. Aiuto!

adverb of place	a	su	in	con
<u>*ci*</u> andavo				

2 Join together the phrases and complete them with the particle *ci*, as shown in the example.

a) Piero ha detto che si vuole fare prete.

b) Non ti manca la vita della città?

c) Che ne pensi della vita extraterrestre?

d) Vuoi venire a vedere "La strada" al cinema Odeon?

e) Come ti trovi con la famiglia di tuo marito?

f) Come è la situazione con Carla?

g) Per il trasloco vorrei chiedere a Sergio di aiutarmi. Che dici?

1) Non [ ] contare. È una persona inaffidabile.

2) No, grazie. [ ] sono stata due giorni fa. Stasera vado a teatro.

3) Con lei ho chiuso, [ ] ho litigato e non [ ] parlo più.

4) Da quando sto in campagna non [ ] penso molto.

5) Non [ ] credo per niente! Esiste solo nei film.

6) Non [ ] vado molto d'accordo. Sono troppo diversi da me, soprattutto la madre.

7) Non [*ci*] posso credere! Davvero? E quando lo ha deciso?

3 Now write what the particle *ci* replaces each time in the sentences in Exercise 2, as shown in the example.

particle *ci*	replaces...
1) Non **ci** contare	*su Sergio*
2) **Ci** sono stata due giorni fa	
3a) **ci** ho litigato	
3b) non **ci** parlo più	
4) non **ci** penso molto	
5) Non **ci** credo per niente	
6) Non **ci** vado molto d'accordo	
7) Non **ci** posso credere	*a questa cosa (alla notizia che Piero si vuole fare prete).*

4 Rewrite the text, replacing the underlined words with the particle *ci*. Pay careful attention to the word order.

Ieri siamo andati all'ippodromo. Io non ero mai stata <u>all'ippodromo</u> e mi sono davvero divertita <u>all'ippodromo</u>. Eravamo un bel gruppo di amici, una decina di persone che volevano passare una bella domenica insieme. Andrea mi ha chiesto se volevo scommettere qualcosa sulla prima corsa e io, che non avevo pensato <u>a scommettere</u>, ho deciso di provare <u>a scommettere</u>. Sono andata con lui al botteghino ma quando siamo arrivati <u>al botteghino</u> mi sono accorta che non avevo idea di come funzionavano le scommesse. Quindi ho deciso di farmi aiutare da Andrea che conosceva molto bene i cavalli e che mi ha consigliato di scommettere su Furia. Io ho scommesso <u>su Furia</u> dieci euro e ho aspettato con ansia la corsa. Per fortuna che ho scommesso solo pochi soldi <u>su Furia</u>, perché, naturalmente, il cavallo non ha vinto e io ho deciso di non credere più ad Andrea! Comunque ho passato una bella giornata e abbiamo deciso di ritornare <u>all'ippodromo</u> un'altra volta.

The particle *ci* as adverb of place with direct object pronouns

■ The particle **ci** as an adverb of place can be combined with direct object pronouns. In these cases it behaves differently:

"Chi ti porta a casa?" "**Mi ci** porta mio padre."

"Se vuoi **ti ci** posso portare io, oggi ho la macchina."

"E a noi chi ci porta?"

"Se andate verso lo stadio, **vi ci** portiamo noi."

a) with the direct object pronouns **mi, ti, vi** the particle **ci** follows in the pronoun and remains unchanged;

"Chi ha messo il libro sotto la gamba del tavolo?" "**Ce l**'ho messo io."

"Non sopporto i gatti sul letto, invece **ce li** trovo sempre!"

b) with the direct object pronouns **lo, la, li, le,** the particle **ci** precedes the pronoun and changes the vowel -*i* to -*e*;

"Noi dobbiamo andare alla stazione. Chi **ci** porta?" *(and not: "Chi **ci ci** porta?")*

c) the particle **ci** is not used with the pronoun for the 1st person plural **ci**.

direct object pronouns	ci as adverb of place		double object pronouns
mi			mi ci
ti	+	ci	ti ci
ci		=	ci
vi			vi ci

particle ci as adverb of place	direct object pronouns		double object pronouns
	lo		ce lo
ci	la		ce la
	li	=	ce li
	le		ce le

EXERCISES

I Underline all the cases in which the particle *ci* is joined to the direct object pronoun, as shown in the example.

a

■ Papà, andiamo al circo?

● Lo sai che non sopporto il circo, Piero.

■ Ma dai! Non **mi ci** porti mai!

● È vero. Non ti ci porto perché lo trovo uno spettacolo crudele e triste. Quei poveri animali in gabbia! Non ce li posso vedere! Dovrebbero stare nel loro ambiente naturale, non in giro per il mondo!

■ Uffa! Lo sapevo! Chiederò al papà di Franco se mi ci porta lui!

b

■ Ciao tesoro, cosa hai fatto oggi a scuola?

● Siamo andati al parco.

■ Ah davvero? E chi vi ci ha portati?

● Ci hanno accompagnati le maestre. Ci siamo andati con altre due classi.

■ Bello! E sei anche andata sul trenino?

● No, la maestra non mi ci ha lasciata salire.

2 Now write the phrases substituted by the words that you have underlined, as shown in the example.

double object pronoun	replaces...
mi ci	*mi = me; ci = al circo*

3 Choose the correct form.

Anna telefona al marito Pino e gli lascia un messaggio sulla segreteria telefonica:

"Ciao Pino, ti chiamo dal lavoro. La macchina non funziona bene, ci sono problemi con i freni e devo portarla dal meccanico. Probabilmente **ce la/mi ci** porto subito dopo il lavoro. Purtroppo però avevo promesso a Laura e Ornella che le avrei portate in piscina questa sera, ma non credo che farò in tempo. Non so come tornare a casa, probabilmente chiederò al meccanico se **ce lo/mi ci** porta lui, ma non so a che ora arrivo. **Ce le/Ti ci** puoi accompagnare tu? Poi possiamo chiedere alla signora Villi se le riporta a casa lei. Fammi sapere. Ciao".

4 Complete the sentences with *ci + direct object pronoun*, as shown in the example.

1. Carla, se non sai come andare a scuola, $\boxed{ti}$ $\boxed{ci}$ posso portare io.
2. Signorina, queste lettere vanno in archivio. ☐ ☐ porti subito, per favore.
3. Quando andate in vacanza portate pure il cane da me in campagna. ☐ ☐ potete lasciare quanto volete.
4. "Dove sono i guanti?" "Sono nel cassetto di mezzo. ☐ ☐ ho messi io"
5. Mi avevano promesso un trasferimento nella sede di Milano, invece mi hanno mandata a Roma e ☐ ☐ hanno lasciata per 3 anni!
6. Signora, deve mettere questa crema sull'occhio e ☐ ☐ deve tenere tutto il giorno.
7. Quando dovete andare a casa ditemelo che ☐ ☐ accompagno io.
8. Quei libri vanno sull'ultimo scaffale della libreria, aspetta che ti aiuto a metter ☐ .
9. Ieri siamo andati a sciare, ☐ ha portati zio Michele.

Ne as a partitive pronoun

"Vuoi ancora della torta?" "Grazie, **ne** prendo ancora un po'."
*(**ne** = di torta)*
Belle quelle mele, **ne** prendo due chili. *(**ne** = di mele)*
Hai il numero di telefono di un buon albergo a Milano? Io
non **ne** conosco nessuno. *(**ne** = di alberghi)*

■ Usually the particle **ne** is used to express quantities, numbers or negative quantities (niente, nessuno, etc). In this case **ne** is called a **partitive pronoun** and behaves like a direct object pronoun.

"Com'erano i panini?" "Buonissimi, **ne** ho mangiati tre!"
*(**ne** = di panini)*
"Vuoi una sigaretta?" "No, grazie, oggi **ne** ho fumate troppe."
*(**ne** = di sigarette)*

■ Also with the **past participle** the particle **ne** behaves like a direct object pronoun.

"Quanti panini vuoi?"
"**Li** voglio **tutti**." / "**Ne** voglio due."

■ With **tutto/a/i/e** the particle **ne** is not used. Instead we used the direct object pronouns **lo, la, li, le**.

EXERCISES

I Underline all the occurrences of *ne* in the conversation. Then write down what they replace, as shown in the example.

■ Buongiorno signora, mi dica!

● Buongiorno Giovanni. Vorrei del pane casereccio.

■ Le va bene questo? È un chilo e mezzo.

● No, è troppo. **Ne** prendo solo metà, grazie. Ha anche il pane di Altamura? Ne ho provato un po' l'altro giorno ed è buonissimo!

■ Certo che ce l'ho! Ne vuole un po'?

● Sì, ne prendo un pezzo, grazie. Poi vorrei del prosciutto, di quello crudo di montagna.

■ Oh, mi dispiace ma non ne ho più. È finito tutto. Questo prosciutto di Parma Le va bene?

● Ok. Però ne prendo solo un etto. Preferisco quello di montagna di solito. È più saporito.

■ Ecco fatto signora. Altro? La ricotta la vuole?

● No, grazie. Ne ho ancora tanta a casa. Magari ne prendo un po' domani. Basta così, grazie.

■ Sono 10 euro, signora.

● Ecco a Lei, arrivederci Giovanni.

particle *ne*	replaces...
Ne prendo	*(metà) di pane casereccio*

2 Rewrite the text, replacing the underline words with the particle *ne*. Pay careful attention to the word order!

Chiacchiere dal parrucchiere

La signora Paola e la signora Giulia sono dal parrucchiere e passano il tempo parlando della gente dal paese.

■ Giulia, hai sentito l'ultima? Il dottor Seri si è risposato! Con la baby sitter della nipotina!

● Ma quanti anni ha? È una bambina!

■ Hai ragione, lei ha solo 20 <u>anni</u> e lui ha 50 <u>anni</u>!

● Scandaloso! E tu hai sentito quello che è successo al macellaio?

■ No. Cosa?

● Ti ricordi i conigli che vendeva? Vendeva tantissimi <u>conigli</u>! Il prezzo era ottimo e la carne buonissima. Beh … diceva che allevava un po' <u>di conigli</u> lui e un po' li comprava da altri contadini.

■ Sì, sì. Io di solito compro almeno due <u>conigli</u> al mese.

● Non lo fare più! Hanno scoperto che non tutti quelli che vendeva erano conigli! Alcuni erano gatti!

■ Disgustoso! Ma che succede in questo paese? Pensano tutti solo ai soldi? Più hanno <u>soldi</u>, più vogliono <u>soldi</u>!

● Hai ragione! Come la maestra Lalli e i figli! Non è contenta di avere già 5 bambini? Ora aspetta un altro <u>bambino</u>!

■ Ma va! Ma quanti anni ha? Non ha già più di 40 <u>anni</u>?

● Non lo so. Ma dimostra almeno 45 <u>anni</u>!

■ Mah, la gente di questo paese sta impazzendo! Chissà dove andremo a finire!

3 Complete the text with either *ci* or *ne*.

Una gita nel parco nazionale degli Abruzzi

Lo scorso luglio io e Serena abbiamo deciso di passare le vacanze nel parco nazionale degli Abruzzi. Il parco è bellissimo e anche molto grande, infatti, anche se ☐ siamo rimasti una settimana intera ☐ abbiamo vista solo una parte, perciò abbiamo deciso di ritornar☐ appena possiamo.

Nel parco ☐ sono diversi itinerari da seguire e noi ☐ abbiamo fatti 3.

La nostra guida era Fulco, una guardia forestale che lavora nel parco da più di 10 anni e d'estate ☐ viene a vivere con la famiglia. Fulco ci ha parlato dei diversi animali che vivono nel parco e ce ☐ ha fatti vedere alcuni, fra cui anche un orso! Io non sapevo che c'erano degli orsi in Italia, ma Fulco ci ha detto che il numero degli orsi nel parco sta aumentando e che ora ce ☐ sono forse più di dieci! Ma gli orsi non sono l'unica attrazione del parco; sicuramente vale la pena andar☐ anche per passare solo pochi giorni lontani dallo stress del lavoro e della vita in città. Io e Serena per esempio abbiamo deciso che una settimana non è abbastanza e che la prossima volta che ☐ andiamo vogliamo rimaner☐ almeno dieci giorni.

130

Other meanings of the particle *ne*

■ *The particle* **ne** *is used also in other cases. For example*

"Sai niente delle elezioni?" "No, non **ne** so niente."
(ne = delle elezioni)
"Lo sport non mi interessa, quindi non **ne** parlo mai."
(ne = di sport)

a) *to replace some phrases introduced by the preposition* **di**;

È entrata al bar e **ne** è uscita subito dopo. *(ne = dal bar)*
"Hai visto la nuova palestra?" "**Ne** vengo proprio ora."
(ne = dalla palestra)

b) *to replace some phrases introduced by the preposition* **da**, *also with significance of place.*

EXERCISES

1 Match the phrases and complete them with the particle *ne*, as shown in the example.

a) Siete andati a trovare Sara all'ospedale?

b) Che brutta situazione!

c) Sei contento di aver cambiato lavoro?

d) Perché non prendi un altro po' di pasta?

e) Quante sigarette fumi al giorno?

f) Sai niente di Piero?

g) Conosci qualcuna delle amiche di Silvia?

1) Perché [ ] ho mangiata già troppa. Sono davvero pieno!

2) Non mi pare. No, non [ ] conosco nessuna.

3) No, non [ ] so niente. Perché?

4) Di solito [ ] fumo un pacchetto.

5) Si, [*ne*] veniamo proprio ora. Sta piuttosto bene.

6) [ ] sono felicissimo! È un lavoro davvero interessante!

7) Si. È molto imbarazzante. Non so come venir [ ] fuori.

2 Now write the words or phrases that are replaced by the particle *ne* in the sentences in Exercise 1, as shown in the example.

particle *ne*	replaces...
1) **ne** ho mangiata	*(troppa) di pasta*
2) non **ne** conosco nessuna	
3) non **ne** so niente	
4) **ne** fumo un pacchetto	
5) **ne** veniamo proprio ora	
6) **Ne** sono felicissimo	
7) venir**ne** fuori	

3 Rewrite the text, replacing the underlined words with the particle *ne*. Pay careful attention to the word order!

Lettera a Cuoresolitario

Cara Cuoresolitario,

io e mio marito siamo sposati da 10 anni, lui ha 45 anni e io ho 30 <u>anni</u>. All'inizio del nostro matrimonio, parlando di figli, avevamo deciso che non volevamo nessun <u>figlio</u>. Io però ho cambiato idea e comincio a pensare che mi piacerebbe avere un bambino. Lui invece non vuole sentir parlare <u>di avere un bambino</u>. Dice che abbiamo il nostro lavoro, che non avremmo il tempo e che lui non sente il bisogno <u>di avere un bambino</u>. Io però sono convinta che, una volta visto il bambino, lui sarebbe subito innamorato <u>del bambino</u> e cambierebbe idea. Che dovrei fare? Rimanere incinta senza dirglielo?

Inside and Out

The locative particle *ci* can be replaced by **vi**. *Ci* and **vi** are synonyms, but while *ci* is the common form in everyday Italian, **vi** can be found in literary texts.

e. g.: *Mi piace molto il mare, **ci** vado ogni volta che posso.*
*Mi piace molto il mare, **vi** vado ogni volta che posso.*

Particle *ci* plus particle *ne*

"Quanti libri hai messo nella borsa?" "**Ce ne** ho messi 3."
(ci = nella borsa; ne = di libri)
"Quante ore di treno ci vogliono da Roma a Pisa?" "Con
l'Intercity **ce ne** vogliono 3." *(ci = volerci; ne = di ore)*

■ *The particles **ci** and **ne** form the double object pronoun **ce ne**.*

particle *ci*		particle *ne*		double object pronoun
ci	+	ne	=	ce ne

EXERCISES

I Match the phrases, as shown in the example.

a) Ci vuole molto vino per la cena?

b) Quante olive metti nel Martini?

c) Quante persone c'erano alla festa?

d) Con l'autobus fino in centro ci metto 40 minuti.

e) Quanti documenti ci vogliono per aprire un conto in banca?

f) Hai già messo lo zucchero nel caffè?

g) Il maestro Toti porta sempre le sue classi al museo…

1) Ce ne vogliono due: il codice fiscale e la carta d'identità.

2) Io con il motorino ce ne metto 20.

3) Ce n'erano una trentina.

4) Sì, ce ne vogliono almeno 7 bottiglie.

5) Ce ne metto una.

6) … e anche oggi ce ne ha portate due insieme.

7) Sì, ce ne ho messi due cucchiaini.

2 Now write the words or phrases that are replaced by the double object pronoun *ce ne* in the sentences in Exercise 1, as shown in the example.

double object pronoun *ce ne*	replaces…
1) **Ce ne** vogliono due	*Ce = volerci; ne = (due) di documenti*
2) **ce ne** metto	
3) **Ce n'**erano	
4) **ce ne** vogliono	
5) **Ce ne** metto	
6) **ce ne** ha portate	
7) **ce ne** ho messi	

3 Rewrite the answers, using the double object pronoun *ce ne*, as shown in the example.

e.g. Quanto peperoncino hai messo nella pasta?
Ho messo tanto peperoncino nella pasta.

Ce ne ho messo tanto.

1. Quanto olio hai messo nell'insalata?
Ho messo poco olio nell'insalata.

_____

2. Quanti anni hai passato in America?
Ho passato solo due anni in America.

_____

3. Ci sono dei film interessanti da vedere?
Sì, ci sono molti film interessanti.

_____

4. Hai messo delle camicie nella valigia?
Sì, ho messo tre camicie nella valigia.

_____

5. Quante ore ci vogliono da Roma a Milano con l'Eurostar?
Ci vogliono 4 ore.

_____

Particle *ne* with direct object pronouns and reflexive pronouns

Gianni ha comprato delle piante e **me ne** ha regalate tre.

Non posso raccontarti tutto ora, **te ne** parlo domani.

Che bei libri? **Ce ne** presti un po'?

Oggi è il mio compleanno ma i miei genitori **se ne** dimenticano sempre.

Se Fabio vuole un panino **gliene** porto uno io.

Signora, questo formaggio è ottimo. **Gliene** posso offrire un po'?

Ai miei genitori piacciono i libri di Camilleri, così **gliene** ho regalati due.

■ *The particle **ne** can be combined with indirect object pronouns and reflexive pronouns the same way as a direct object pronoun. Therefore*

a) ***ne** is always used after the indirect object pronoun/reflexive pronoun.*

b) *indirect object pronouns of the 3rd person singular and plural, when they are combined with the particle **ne**, form the double object pronoun **gliene**.*

indirect object pronouns	particle *ne*	double object pronouns
mi		me ne
ti		te ne
gli/le	+ ne =	gliene
ci		ce ne
vi		ve ne
gli		gliene

reflexive pronouns	particle *ne*	double object pronouns
mi		me ne
ti		te ne
si	+ ne =	se ne
ci		ce ne
vi		ve ne
si		se ne

EXERCISES

1 **Match the phrases as shown in the example.**

a) I Rossi sono davvero innamorati della loro nipotina...

b) Se quel vino ti piace così tanto, perché...

c) Come faremo a finire tutta quella cioccolata?

d) Accidenti! Non ho invitato Carla al mare...

e) Io e la mia amica non dimostriamo 20 anni, di solito...

f) Le bambine litigano sempre per i giocattoli...

1) ... così gliene abbiamo comprati due perfettamente uguali.

2) ... la maggior parte delle persone ce ne dà almeno 25.

3) ... infatti ce ne parlano ogni volta che li incontriamo.

4) ... non te ne compri una decina di bottiglie?

5) ... me ne dimentico sempre, chissà perché!

6) ... ce ne hanno regalata davvero troppa!

2 Now write the words or phrases that are replaced by the double object pronoun in the sentences in Exercise 1, as shown in the example.

double object pronoun	replaces.....
1) **gliene** abbiamo comprati	*glie* = *alle bambine;* *ne* = *(due) di giocattoli*
2) **ce ne** dà	
3) **ce ne** parlano	
4) **te ne** compri	
5) **me ne** dimentico	
6) **ce ne** hanno regalata	

3 Choose the correct form.

a) In ufficio. L'ingegner Testi ha una riunione di lavoro e chiama la segretaria.

▪ Signorina, i signori vorrebbero un caffè. **Ce ne/Te ne/Se ne** porti 4 per favore.

● I caffè sono pronti tra un minuto.

▪ E ci porti anche delle copie del contratto.

● Ma **te ne/Gliene/ce ne** ho già portate cinque, ingegnere. Le ho messe sulla Sua scrivania.

▪ Guardi signorina che qui non **me ne/Gliene/ce ne** è nemmeno una! Controlli bene.

● *(dopo pochi minuti)* Ha ragione ingegnere, mi scusi. Le avevo lasciate nell'altra stanza e **te ne/me ne/se ne** ero dimenticata! Gliele porto subito.

b) Fra amici. Luca e Antonio parlano di Massimo.

▪ Non sapevo che Massimo aveva avuto problemi di droga. Non **me ne/ve ne/gliene** aveva mai parlato.

● E **gliene/te ne/se ne** sorprendi? Non è una cosa di cui si parla volentieri.

▪ È vero, ma ormai lo conosco da anni. Pensavo che... fra amici...

● Forse **te ne/gliene/se ne** vergogna. In ogni caso al posto tuo non **gliene/me ne/se ne** preoccuperei.

▪ Hai ragione. Ormai sono cose passate.

■ Progress test
(Units 16-20)

Have you made progress? Use this test to check.
Each exercise repeats one or more grammatical topic.
If you get more than half of the total correct: WELL DONE!
Otherwise, repeat the topics that give you most problems.

I **IMPERFECT**
Put the verbs into the imperfect.

Curiosità storiche

a) La fuga d'amore

Una volta in Italia il matrimonio religioso *(essere)* [_____] l'unica forma di unione possibile o quasi. La donna *(dovere)*

[_____] arrivare vergine al matrimonio e in alcune zone la famiglia *(seguire)* [_____] e *(controllare)*

[_____] strettamente le figlie. In Sicilia se due giovani *(amarsi)* [_____] contro la volontà delle loro famiglie e

(volere) [_____] sposarsi, qualche volta *(organizzare)* [_____] la "fuitina" (= fuga). Il ragazzo e la ragazza

(fuggire) [_____] e *(rimanere)* [_____] insieme per una notte. Dopo un tale scandalo, naturalmente, le nozze

(essere) [_____] indispensabili.

b) Le terme romane

Le terme *(essere)* [_____] uno dei luoghi pubblici più frequentati nell'antica Roma, dove i romani *(andare)*

[_____] per rilassarsi e incontrarsi. Generalmente le terme *(avere)* [_____] tre sale e *(funzionare)*

[_____] in questo modo: prima si *(rimanere)* [_____] qualche tempo in una sala moderatamente riscaldata che

(chiamarsi) [_____] "tepidario", poi si *(passare)* [_____] nel "calidario", che *(avere)* [_____] una

temperatura molto elevata, e alla fine si *(entrare)* [_____] nel "frigidario", una terza sala non riscaldata, che *(avere)*

[_____] una grande vasca di acqua fresca.

(adapted from "La Settimana Enigmistica")

Each correct verb scores 1 point.   **Total:_____/20**

---

2 **PRESENT PERFECT AND IMPERFECT**
Choose either the present perfect or the imperfect.

La musica in Italia nel Medioevo e nel Rinascimento

liuto

Il tipo di musica prodotta nel Medioevo era principalmente di carattere religioso come le laudi e i canti gregoriani. I canti gregoriani **sono stati/erano** canti religiosi per voci sole, senza strumenti di accompagnamento e **prendevano/hanno preso** il nome da San Gregorio Magno, che **è stato/era** papa dal 590 al 604.

Nel Rinascimento invece la musica **ha cominciato/cominciava** ad essere ascoltata e prodotta nelle corti. In quel periodo la musica strumentale **aveva/ha avuto** un grande sviluppo, i nobili che **frequentavano/hanno frequentato** le corti **hanno amato/amavano** suonare l'organo, il clavicembalo e il liuto e proprio in quegli anni **nasceva/è nato** il madrigale, che **è stato/era** un componimento poetico musicale a due o più voci, accompagnate da uno strumento. Uno dei più famosi compositori di madrigali **è stato/era** Giovanni Pierluigi da Palestrina, che di solito **cantava/ha cantato** nella cappella Sistina a Roma e **componeva/ha composto** più di 100 messe e 91 madrigali.

organo

clavicembalo

Each correct verb scores 3 points.   **Total:_____/36**

3 PRESENT PERFECT AND IMPERFECT
Complete the letter with the verbs in either the present perfect or the imperfect.

Milano, 3 aprile

Cara Sandra,

non puoi immaginare che giornata che *(io/avere)* [_____] dopo che mi *(tu/lasciare)* [_____] alla stazione! Come sai, *(dovere)* [_____] prendere il treno delle 10.30 per Torino. *(Avere)* [_____] già il biglietto, quindi *(andare)* [_____] a comprare un giornale e poi *(avviarsi)* [_____] verso il binario 2, da dove *(dovere)* [_____] partire il treno. Il treno *(essere)* [_____] già in stazione e io *(essere)* [_____] pronta per salire, quando *(arrivare)* [_____] un ferroviere che *(dire)* [_____] a tutti che c' *(essere)* [_____] dei problemi e che *(noi/dovere)* [_____] cambiare treno e binario!

Quelli che erano già sopra *(scendere)* [_____] e poi tutti insieme *(noi/andare)* [_____] al nuovo binario, il 25, che naturalmente *(essere)* [_____] lontanissimo da quello precedente! Quando alla fine *(io/arrivare)* [_____] al binario, *(essere)* [_____] stanchissima!! Ti ricordi quanti bagagli *(avere)* [_____]? Ma naturalmente non era finita qui! *(noi/Stare)* [_____] tutti per salire sul nuovo treno, quando un ferroviere ci *(dire)* [_____] che quel treno *(andare)* [_____] a Reggio Calabria e che lui non *(sapere)* [_____] assolutamente dove *(essere)* [_____] il treno per Torino!

La gente *(cominciare)* [_____] a innervosirsi, alcuni *(mettersi)* [_____] a litigare con il ferroviere, altri *(andare)* [_____] a cercare il capostazione… io invece, stanchissima, *(sedersi)* [_____] e *(aspettare)* [_____] notizie.

Dopo 10 minuti *(noi/sentire)* [_____] una voce che *(annunciare)* [_____] che il treno delle 10.30 per Torino *(stare)* [_____] partendo dal binario 2! *(noi/Correre)* [_____] tutti verso il binario 2 e quando ci *(arrivare)* [_____] *(vedere)* [_____] il treno che *(lasciare)* [_____] la stazione!

Non ti puoi immaginare cosa *(succedere)* [_____]! Una rivoluzione! Alcuni *(essere)* [_____] così arrabbiati che avrebbero potuto picchiare qualcuno! Io non *(avere)* [_____] nemmeno la forza di parlare! Ma non basta: una voce *(annunciare)* [_____] che il prossimo treno per Torino *(partire)* [_____] dopo 3 ore!

Alla fine un gruppetto di viaggiatori *(andare)* [_____] a protestare con il capostazione e solo quando *(loro/tornati)* [_____] *(noi/accorgersi)* [_____] che *(essere)* [_____] il primo Aprile! Che stupidi eh? Se ci penso ora mi viene da ridere, ma in quel momento mi sarei messa a piangere!

Susi

Each correct verb scores 4 points. Total:_____/180

4 PRESENT PERFECT AND IMPERFECT
Put the verbs into the present perfect or into the imperfect. Then guess the name of the vegetable.

Parliamo di un tipo di verdura che una volta *(essere)* [＿＿＿＿＿] molto diversa da adesso, perché, nel XVI secolo gli olandesi *(decidere)* [＿＿＿＿＿] di cambiare il suo colore. La ragione di questo cambiamento *(essere)* [＿＿＿＿＿] particolare: gli olandesi *(volere)* [＿＿＿＿＿] onorare la loro dinastia regnante, che *(chiamarsi)* [＿＿＿＿＿] Orange. Per questo, attraverso l'incrocio di diverse varietà di semi, questa verdura, che prima *(avere)* [＿＿＿＿＿] un colore viola, *(diventare)* [＿＿＿＿＿] arancione. Forse, se *(voi/visitare)* [＿＿＿＿＿] Viterbo, *(assaggiare)* [＿＿＿＿＿] una ricetta tradizionale che si prepara con questo tipo di verdura, che si può ancora trovare in quella zona e nel Cambridgeshire, in Inghilterra. Hai capito di che ortaggio si tratta?

The vegetable is ＿ ＿ ＿ ＿ ＿ ＿

Each correct verb scores 3 points.   **Total:＿＿＿/27**

---

5 PRESENT CONDITIONAL
The Paltronis have won a €1 million national lottery prize. Each family member has a different dream to fulfill thanks to that money. Conjugate all verbs in the conditional form according to the subject, as shown in the example.

Padre

Comprare una moto di grossa cilindrata, licenziarsi, fare un giro del mondo avventuroso con mia moglie, dimenticarsi della famiglia per almeno un anno, farsi una casetta in riva a un lago in Canada, andare a pescare più spesso, mettere su una band hard rock.

e. g. *Comprerei una moto di grossa cilindrata . . .*

Trovare una brava tata per quelle pesti dei miei figli, organizzare un viaggio di lusso con mio marito, partire con lui per almeno un paio di mesi, comprare una casetta per mia madre, iscrivere i ragazzi in un collegio svizzero, investire gran parte dei soldi in immobili, progettare gli studi dei ragazzi, prendere un appuntamento con un buon chirurgo plastico.

e. g. *Troverei una brava tata per quelle pesti dei miei figli . . .*

Madre

Smettere di andare a scuola, tanto se sei ricco non ne hai bisogno, andare prima a Disney World, poi a Disneyland e poi anche a Disneyland a Parigi, comprare regolarmente tutti i video giochi e i giochi su computer che escono, farsi costruire una piscina in giardino, fare feste con gli amici ogni giorno, andare a vivere da soli in una casetta nel parco della nuova casa.

I ragazzi

e. g. *Noi smetteremmo di andare a scuola, tanto se sei ricco non ne hai bisogno...*

Fare una crociera nei mari del Sud, passare la maggior parte del tempo a giocare a bridge, andare a vivere in una casa lontanissima dalla famiglia di mia figlia, perché sono insopportabili, farsi qualche ritocco estetico, cercare di trovare un brav'uomo con cui passare delle ore divertenti, avere sempre a disposizione un bravo massaggiatore.

e. g. *Lei farebbe una crociera nei mari del Sud . . .*

Nonna

Each correct verb scores 1 point.   **Total:＿＿＿/23**

6 PRESENT CONDITIONAL AND PERFECT CONDITIONAL
Put the verbs into either the present conditional or the perfect conditional.

1. "Buongiorno. Cosa desidera?" "*(Volere)* [_____] una coca cola, grazie."
2. "*(tu/Venire)* [_____] a cena con me domani sera?" "Sì, molto volentieri."
3. Ieri sera *(volere)* [_____] andare al cinema con Mara, ma ho dovuto studiare fino a tardi.
4. "Stamattina ci siamo alzati con un mal di testa terribile." "Non *(voi/dovere)* [_____] bere così tanto ieri sera."
5. "Allora, cambi lavoro?" "Non lo so, è una scelta difficile: tu al posto mio cosa *(fare)* [_____] ?"
6. Pensavo che mio figlio *(diventare)* [_____] un giornalista o uno scrittore. Invece ha scelto di fare il medico.
7. Secondo la polizia, i rapinatori *(scappare)* [_____] in motorino.
8. *(noi/Arrivare)* [_____] prima, ma abbiamo sbagliato strada.

Each correct verb scores 5 points **Total:_____/40**

---

7 DOUBLE OBJECT PRONOUNS
Complete the conversation with the double object pronouns in the list.

| gliela | glielo | me lo | me li | te lo | te lo |

Lucia e Giorgio sono sposati da 15 anni.

■ Giorgio, cosa hai fatto giovedì sera?

▲ Ho avuto una riunione con dei clienti e ho lavorato fino a tardi. Non [_____] ricordi?

■ Certo che [_____] ricordo. Ma allora cosa è questa ricevuta del ristorante francese di giovedì scorso?

▲ Beh, i clienti avevano fame, e allora li ho portati a mangiare.

■ Così li hai portati nel ristorante più caro della città e [_____] hai anche pagato?

▲ Ho solo anticipato i soldi. Sai benissimo che poi l'azienda [_____] restituisce. Anzi, dammi la ricevuta, così domani [_____] porto.

■ Quanti clienti erano?

▲ Tre. Perché?

■ E sono venuti tutti e tre al ristorante?

▲ Certo cara, quante volte devo dir [_____] !

■ Allora perché la ricevuta è solo per due persone?

Each correct pronoun scores 3 points. **Total:_____/18**

---

8 ADJECTIVES OR ADVERBS?
Complete the text with the adjectives and the adverbs in the list. Some of the words must be used more than once. Adjectives must agree in gender and number with the noun to which they refer.

| bene | male | buono | bello | brutto | grande |

Oggi non sto [_____] , sono stanchissima, ho dormito [_____] tutta la notte per colpa del bar sotto casa mia. È un pub [_____] , sempre pieno di [_____] gente, piace anche a me andarci ogni tanto, la birra è [_____] e l'atmosfera è [_____] . Solo che rimangono aperti fino alle due. C'è sempre gente in strada, la musica è forte e parlano tutti a voce alta, ridono, girano con scooter e vespe, insomma, fanno una [_____] confusione. Ieri è stata proprio una serata [_____] , doveva essere una festa di compleanno, sono rimasti fuori dal bar fino alle 4 di mattina a cantare, bere e ridere. Una ragazza poi si è sentita [_____] perché aveva bevuto troppo. Credo, insomma, che se continua così cambio casa!

Each correct verb scores 2 points **Total:_____/18**

9 THE PARTICLES *CI* AND *NE*
Complete the conversation with the particles *ci* and *ne*.

Il signor Celi incontra la signora Fossa.

■ Buongiorno signora Fossa, come sta Suo marito?
▲ Non molto bene.
■ È andata a trovarlo?

▲ Sì, [____] sono andata proprio oggi. Lo sa che [____] vado ogni venerdì, no?

■ Certo signora. So bene quanto è grande l'amore che ha per Suo marito. [____] parlano tutti.

▲ Sa, mi piace andare da lui. Lì ho la mia sedia, mi siedo, lo guardo e [____] parlo per un'oretta. Non sono sola, sa? [____] sono anche altre vedove come me. Ormai [____] conosco tante. Siamo diventate amiche.

■ Ma non ha paura di ammalarsi lì fuori al freddo d'inverno?

▲ No. Io e le altre vedove abbiamo sempre qualcosa di caldo da bere: del tè, del caffè... L'altro giorno la vedova del Cavalier Rossi

aveva portato del cognac e ho paura che [____] abbiamo bevuto un po' troppo... Infatti quando abbiamo deciso di tornare a casa ci siamo accorte che era tardi e che il cimitero era chiuso! Siamo rimaste chiuse dentro! Per fortuna che la vedova Rossi aveva un cellulare e ha chiamato la polizia che è venuta ad aprirci.

■ Che storia incredibile! Non [____] sapevo niente. Beh, adesso devo andare. Arrivederci signora Fossa. E mi saluti Suo marito la prossima settimana!

▲ Certo! Gli parlo sempre di Lei!

Each correct answer scores 2 points.   Total:_____/16

10 DOUBLE OBJECT PRONOUNS WITH PARTICLES *CI* AND *NE*
Choose the correct pronoun.

Sono le 3 di notte, sono stanchissimo, sono appena tornato dalla discoteca e non trovo le chiavi di casa. Mi ricordo che erano nella borsa: **ce ne/ce le/gliele** avevo messe prima di entrare in discoteca per non perderle, ma ora non ci sono più. Ah, un momento... eccole qui, le ho trovate! No, **ce n'/ce l'/ce la** è solo una, è quella del portone, quella di casa non c'è. Forse nella confusione è caduta. Come faccio? Non posso neanche chiedere aiuto al portiere: **gliele/gliene/gli ci** ho date un paio qualche tempo fa, proprio per questi casi di emergenza, ma adesso è in vacanza. Potrei bussare a qualche vicino e chiedere se posso dormire da lui; **glien'/ce l'/ce n'** è uno simpatico, un inglese che abita al terzo piano, ma non lo conosco bene e poi sono le tre di notte... no, non posso svegliarlo.
Un'altra possibilità è andare a dormire dai miei genitori, il problema è che vivono dall'altra parte della città e non so come arrivar**ci/cene/ne**. Non ho i soldi per il taxi, però potrei prender**celo/cene/ne** comunque uno e, quando arrivo a casa, chiedere ai miei di pagarlo. Uhm... Forse invece vado da Fabio, che ha la macchina, lo sveglio, gli dico che devo andare dai miei e gli chiedo se **gliene/me ne/mi ci** accompagna lui. Anzi, Fabio ha una camera per gli ospiti, potrei chiedergli se **me ne/mi ci/ce ne** lascia dormire per una notte. È un amico, no?

Each correct pronoun scores 2 points.   Total:_____/16

141

Future simple

Tra cento anni l'uomo **mangerà** solo pillole.

Dicono che il fine-settimana **pioverà**.

Federica **partirà** per New York alle 6.

"Che ora è?" "Mah, non ho l'orologio, **saranno** più o meno le 2.oo."

Che **starà** facendo Paolo in questo momento?

Sarà anche un bell'uomo, ma è stupido come una capra!

parlare e scrivere: La settimana prossima parl**erò** con Marta, ma prima le scriv**erò** una lettera.

Domani al ristorante **cercherò** di pagare io, ma sicuramente finisce che **pagheranno** i miei amici.

future: Stasera non **verrò** al cinema con voi, preferisco lavorare.

conditional: **Verrei** volentieri al cinema con voi, ma devo lavorare.

- *The future simple is used:*

a) *to indicate an action which happens in a future time with respect to that in which we are speaking;*

b) *to express a supposition;*

c) *to indicate an uncertainty;*

d) *to express a doubt or a disagreement.*

- *The forms of the future of verbs ending in -are are the same at those for verbs ending in -ere.*

- *Verbs ending in -care and -gare add the letter -h-when they are used in the future tense.*

- *Usually verbs which are irregular in the future tense have the same kind of irregularity in the present conditional tense.*

Future simple - regular verbs

	am-**are**	prend-**ere**	apr-**ire**
io	am-**erò**	prend-**erò**	apr-**irò**
tu	am-**erai**	prend-**erai**	apr-**irai**
lui/lei/Lei	am-**erà**	prend-**erà**	apr-**irà**
noi	am-**eremo**	prend-**eremo**	apr-**iremo**
voi	am-**erete**	prend-**erete**	apr-**irete**
loro	am-**eranno**	prend-**eranno**	apr-**iranno**

Future simple - irregular verbs

	essere	avere
io	**sarò**	**avrò**
tu	**sarai**	**avrai**
lui/lei/Lei	**sarà**	**avrà**
noi	**saremo**	**avremo**
voi	**sarete**	**avrete**
loro	**saranno**	**avranno**

Other irregular verbs

verb	future
andare	io **andrò**
avere	io **avrò**
bere	io **berrò**
cadere	io **cadrò**
dare	io **darò**
dire	io **dirò**
dovere	io **dovrò**
fare	io **farò**
porre	io **porrò**
potere	io **potrò**
ridurre	io **ridurrò**
rimanere	io **rimarrò**
sapere	io **saprò**
stare	io **starò**
tenere	io **terrò**
vedere	io **vedrò**
venire	io **verrò**
vivere	io **vivrò**
volere	io **vorrò**

1 Complete with the conjugation of the future tense.

	essere	potere	vivere	venire	fare
io				*verrò*	
tu		*potrai*			
lui/lei/Lei					*farà*
noi	*saremo*				
voi			*vivrete*		
loro					

	avere	andare	volere	rimanere	stare
io				*rimarrò*	
tu	*avrai*				
lui/lei/Lei		*andrà*			
noi			*vorremmo*		
voi					
loro					*staranno*

2 Choose the correct future tense form.

Le previsioni della maga

Marisa è una ricca donna in carriera di Milano. Ha un buon lavoro, una casa in centro, una al mare e viaggia molto sia per lavoro che per piacere. Un giorno va da una maga per farsi leggere le carte.

Questo è quello che le dice la maga Sibilla:

"Vedo che la tua vita non è felice ma il tuo futuro **andrò/andrà** molto bene. **Incontreresti/Incontrerai** un uomo che ti **vorrà/volerà** così tanto bene da non lasciarti mai. Con lui **avrai/avranno** cinque figli, vi **compravate/comprerete** una bella casa in campagna e **vivreste/vivrete** in pace e armonia. Tu **dovrei/dovrai** smettere di lavorare per dedicarti ai bambini. Quando **saranno/sarà** grandi, i tuoi figli **lascerà/lasceranno** la famiglia per fare la loro vita. Allora tu **avrai/avrà** tempo per te stessa e ti **dedicherà/dedicherai** al giardinaggio."

Alla fine Marisa, depressa, decide di andare al bar più vicino ad ubriacarsi.

3 Put the verbs in brackets into the future tense.

Gli oggetti del futuro

collare

Molte delle cose che ci circondano, nel futuro (*essere*) [   ] abbastanza diverse da come sono adesso. Ricercatori e scienziati stanno già lavorando alla progettazione di prototipi impensabili al giorno d'oggi. Il normale collare per i cani, per esempio, (*avere*) [   ] un microchip all'interno che (*permettere*) [   ] al padrone di controllare la posizione del cane in ogni momento attraverso il proprio telefonino. Il collare infatti (*essere*) [   ] collegato ad un satellite che (*trasmettere*) [   ] la posizione del cane al cellulare del padrone. Chissà se (*noi/potere*) [   ] usare un oggetto del genere anche per le persone. Immaginate quanto sarebbe comodo poter sempre tenere d'occhio il fidanzato o i figli! Oppure gli impiegati statali!

(adapted from "Focus")

4 Match the phrases on the left with those on the right, as shown in the example.

1) **Chissà a che ora arriverà Marco.**

2) Dove saranno le scarpe? Non le trovo.

3) Lo sai che Anna è bionda naturale?

4) Cosa starà facendo Gina?

5) Che ora è?

6) Pioverà o no, che pensi?

7) Avranno fame quando arrivano?

8) Dove è il cane?

9) Perché Aldo non viene alla festa?

10) Almeno poteva telefonare e dire che arrivava in ritardo!

a) Non avrà il tuo numero!

b) Sarà fuori in giardino a sotterrare un osso, come al solito.

c) Non ho l'orologio, ma saranno le 5.30.

d) Saranno in camera con gli stivali.

e) **Arriverà tardi come al solito.**

f) Dovrà lavorare, forse.

g) Sarà, ma non ci credo.

h) Starà dormendo, era così stanca.

i) Chissà. In ogni caso prepara qualcosa.

l) Non lo so. Secondo me no, ma portati l'ombrello, non si sa mai.

Future perfect *(Futuro anteriore)*

Appena **sarò tornata** dalle vacanze **mi metterò** a studiare seriamente. *(before: **sarò tornata** → after: **mi metterò** a studiare)*

Appena **sarò arrivato** ti chiamerò.
Quando avremo finito di lavorare potremo riposarci.
Le fisserò un appuntamento **dopo che avrò parlato** con la segretaria.

Giorgio **si sarà perso**. Non è ancora arrivato.
Sarà già **nato** il bambino di Simona?

Avranno anche **fatto** uno sconto, ma il posto mi è sembrato caro comunque.

Dopo che **avrò fatto** l'esame andrò in vacanza.
Appena **sarò arrivato** ti chiamerò.

■ *Usually the **future perfect** (**futuro anteriore** in Italian) is used to express a future action which happens before another action expressed in the future simple.*

■ *In this case the future perfect is used almost always after the words, **appena, quando, dopo che**.*

■ *The future perfect is used to:*

b) indicate an uncertainty in the past;

a) express disagreement regarding an action which took place in the past.

■ *The future perfect is formed with the **future** tense of the verbs **avere** or **essere** + the **past participle** of the verb.*

Future perfect		
(future simple of *avere* or *essere* + past participle)		
io	avrò parlato	sarò andato/a
tu	avrai parlato	sarai andato/a
lui/lei/Lei	avrà parlato	sarà andato/a
noi	avremo parlato	saremo andati/e
voi	avrete parlato	sarete andati/e
loro	avranno parlato	saranno andati/e

21 The future tense

The future tense

21

I **Choose the correct verbs.**

- Ciao Sergio, come va?
- Bene Federica, sto cercando lavoro. Ho fatto un colloquio ieri e sto aspettando la risposta.
- Quando saprai qualcosa?
- Mi hanno detto che, appena **finiranno/avranno finito** di esaminare i candidati mi **telefoneranno/avranno telefonato**.
- Speriamo bene!
- Sì, anche perché ho appena comprato un appartamento. La prossima settimana devo firmare il contratto e, dopo che **firmerò/avrò firmato**, **dovrò/avrò dovuto** anche cominciare a pagare regolarmente il mutuo alla banca.
- Capisco. Hai molta carne al fuoco in questi tempi, vedo.
- Sì, ma io sono ottimista. Sono sicuro che tutto **sarà andato/andrà** al meglio e, appena **riceverò/avrò ricevuto** la bella notizia **farò/avrò fatto** una grande festa!
- Non vedo l'ora Sergio! In bocca al lupo!
- Crepi!

2 **Match the phrases, as shown in the example.**

1) I signori Rossi dovevano essere qui mezz'ora fa. Che strano!

2) Lo sapevo che non mi avrebbe telefonato! Succede con tutti i ragazzi che mi piacciono!

3) Guarda quanta acqua in mezzo alla strada!

4) Ho provato a telefonare a Dario ma non risponde.

5) Ieri mia figlia ha avuto mal di pancia tutto il giorno.

6) A che ora è cominciato il concerto?

7) Da quanto tempo vi conoscete?

a) Probabilmente sarà già uscito.

b) Non ti preoccupare! Vedrai che avrà dimenticato dove ha messo il tuo numero di telefono.

c) Non so. Saranno state le 8.30.

d) Uhm. Si saranno persi? Gli hai dato le indicazioni giuste?

e) Avrà piovuto tutto il giorno.

f) Ci saremo incontrati circa 8 anni fa.

g) Avrà mangiato troppi dolci al compleanno.

Inside and Out

The future tense endings are quite similar to those of the present conditional. Both tenses have the same irregular verbs. The first plural persons of both tenses look similar, but... rather tricky, isn'it?

e. g.: futuro > noi berre**Mo**; condizionale > noi berre**MMo**

3 Put the verbs in the future simple or in the future perfect.

1. Quando *(noi/pagare)* ⬚ tutti i debiti finalmente *(noi/potere)* ⬚ fare una bella vacanza.

2. Sonia ha deciso che non *(tagliarsi)* ⬚ i capelli fino a quando non *(passare)* ⬚ l'esame di fisica.

3. Gli *(io/parlare)* ⬚ solo quando mi *(lui/chiedere)* ⬚ scusa.

4. Quando *(io/guadagnare)* ⬚ abbastanza *(io/prendere)* ⬚ un anno di pausa per fare un viaggio in India.

5. Fabio ha promesso che, dopo che *(loro/sposarsi)* ⬚ *(lui/smettere)* ⬚ di tradire Gianna.

6. Quando *(loro/perdere)* ⬚ tutto, *(loro/capire)* ⬚ quanto è stupido scommettere sui cavalli.

7. Ti *(io/dare)* ⬚ un colpo di telefono non appena *(io/arrivare)* ⬚ a destinazione.

8. *(voi/Andare)* ⬚ a giocare solo dopo che *(voi/fare)* ⬚ tutti i compiti.

4 Find the reason for these people's moods. Use the list below and put the verbs into the future perfect, as shown in the example.

non fare niente tutto il giorno   vincere al lotto   morirle il gatto   cadere dalla bicicletta   lavorare tutto il giorno
sapere che suo padre non sta bene   svegliarsi due minuti fa   litigare con la moglie

1. Lara è triste.
morirle il gatto → *le sarà morto il gatto.*

5. Luisa è felicissima.
_____ → _____

2. Dario è arrabbiato.
_____ → _____

6. Serena è stanchissima.
_____ → _____

3. Gianni è spettinato.
_____ → _____

7. Paolo è annoiato.
_____ → _____

4. Valerio è preoccupato.
_____ → _____

8. Barbara ha male al braccio.
_____ → _____

147

Comparisons of inequality

■ Usually **più/meno... di....** are used to compare two or more:

Calvino è **più** famoso **di** Bevilacqua.
In Italia il calcio è **più** popolare **del** rugby.
Il treno è **meno** veloce **dell'**aereo.

a) nouns;

Tu sei **più** bella **di** lei.
Io sono **meno** alto **di** te.

b) personal pronouns (io, tu, etc.).

■ Usually **più/meno... che...** are used to compare two or more:

Quell'uomo è **più** largo **che** alto.

a) adjectives;

Leggere è **più** interessante **che** guardare la tv.

b) verbs;

Sarai **più** comodo là **che** qua.

c) adverbs;

Anna è **più** gentile con me **che** con te.
Tengo **più** al mio cane **che** a mia moglie.

d) pronouns or nouns preceded by a preposition;

In Italia ci sono **meno** uomini **che** donne.

e) quantities or numbers.

Comparisons of inequality

with nouns and personal pronouns	>	più/meno... di...
with adjectives, verbs, adverbs, pronouns or nouns with prepositions, quantities or numbers	>	più/meno... che...

EXERCISES

I Choose the correct comparative.

L'Italia multiculturale

1. In Italia ci sono più cittadini stranieri residenti al Nord-Ovest **che/di** in altre zone.
2. I cittadini stranieri residenti in Italia sono più **che/di** 4 milioni.
3. In Italia risiedono meno cittadini polacchi **che/di** indiani.
4. Il tasso di natalità dei cittadini stranieri è molto più alto **che/di** quello degli italiani.
5. I cittadini cinesi preferiscono vivere più in Toscana e Sardegna **che/di** in altre regioni.
6. Vediamo meno famiglie miste al Nord-Est **che/di** al centro Italia.
7. Le condizioni di vita delle famiglie miste risultano peggiori **che/di** quelle delle famiglie costituite da soli italiani.
8. Le condizioni di vita delle famiglie miste risultano migliori **che/di** quelle delle famiglie costituite solo da stranieri.

2 Complete the conversation with *di* (with or without the article) or *che*.

Un nuovo convivente

Sonia, Guglielmo e Valerio vogliono affittare una camera del loro appartamento. Hanno parlato con un ragazzo e una ragazza e ora devono scegliere tra i due.

Sonia - Ragazzi, perché non scegliamo Paolo? Mi sembra molto più simpatico ☐ altra no? E poi ha la macchina. È sempre più comodo avere in casa qualcuno con una macchina ☐ avere uno studente che gira solo con l'autobus, penso.

Valerio - Mah, non so. Anche Teresa mi sembra carina e pure simpatica. E poi ha un lavoro più stabile ☐ Paolo. Probabilmente guadagna meno ☐ lui ma almeno ha i soldi in banca tutti i mesi.

Sonia - Valerio, cosa credi, non sono mica cieca! Ho visto che facevi gli occhi dolci a Teresa! A me sembra una ragazza più carina ☐ simpatica, e poi il famoso lavoro stabile … cosa fa? La barista in un bar del centro? Mah! Poi è anche buddista, quella si alza alle 6.00 ogni mattina per pregare!

Guglielmo - Non cominciate a litigare come al solito ragazzi!

Valerio - Tu cosa pensi Guglielmo?

Guglielmo - Io sceglierei Paolo, almeno ha detto che gli piace il calcio. Preferisco passare la domenica a guardare sport in TV ☐ dover sopportare canti buddisti ogni mattina.

Sonia - E poi Paolo è anche un bel ragazzo, il che non guasta!

Valerio - E va bene ragazzi. Avete vinto voi!

Relative and absolute superlatives

La Sicilia è **la** regione **più** grande **d'**Italia. "Ginger e Fred" è **il** film **meno** bello **fra** quelli di Fellini.	■ *The relative superlative is formed as follows:* *article + più/meno + di/fra.*
In estate in Sicilia fa cald**issimo**. Le opere del Botticelli sono bell**issime**.	■ *The absolute superlative is formed by adding the suffix **-issimo** to the adjective.*
	■ *The absolute superlative can also be formed:*
Questa casa è **piccola piccola**.	*a) repeating the adjective;*
Ieri Amelia era **tutta contenta**.	*b) using **tutto/a/i/e**;*
Voglio un uomo **stra**ricco e **super**dotato!	*c) using prefixes such as **stra-**, **super-**, **arci-**, **iper-**, etc.*

Relative superlative	Absolute superlative
article + più/meno + di/fra	-issimo/a/i/e

EXERCISES

I Match the questions with the answers and underline all the forms of the superlative, as shown in the example.

a. Hai visto "La vita è bella" di Benigni?

b. Ti è piaciuto "Il piccolo Budda" di Bertolucci?

c. Che ne pensi di "Nirvana" di Salvatores?

d. Vieni a vedere "Nuovo Cinema Paradiso" di Tornatore?

e. Vuoi vedere "8 e $\frac{1}{2}$" di Fellini con noi?

f. Che ne pensi di Nanni Moretti?

g. Ti piacciono i film di Aldo, Giovanni e Giacomo?

h. Vai mai a vedere i film dei fratelli Vanzina?

i. Ti piace Pupi Avati?

l. Ti va di vedere un film di Martone?

1. No, grazie. I film di Fellini li trovo confusissimi.

2. È un regista interessantissimo e molto particolare.

3. Certo! Quei tre comici sono divertentissimi!

5. Sì. È il film più commovente degli ultimi anni.

5. No, secondo me è il film più superficiale di Bertolucci.

6. Secondo me è il più pazzo fra i film di Salvatores, ma mi piace.

7. No, i Vanzina secondo me fanno film stupidissimi!

8. No, l'ho già visto e l'ho trovato noioso e poco realistico.

9. Sicuro che mi va, anche se talvolta trovo Martone deprimentissimo.

10. Certo! Mi piace moltissimo.

2 Complete the sentences with the expressions on the list.

famosissime   famosissimo   fra i   i più bravi   il più interessante
le più disperate   più famoso   più importanti

Cinema italiano

1. Federico Fellini è stato forse il _____ regista del cinema italiano.
2. "Paparazzo" era il cognome di un giornalista in un _____ film di Fellini: "La dolce vita".
3. _____ periodo del cinema italiano è stato quello del dopoguerra, dal 1945 al 1950: il periodo del neorealismo.
4. Il neorealismo rappresentava _____ condizioni dell'Italia del dopoguerra.
5. _____ attori dei film neorealisti non erano professionisti.
6. _____ tanti film di Vittorio De Sica "Ladri di biciclette" è il più conosciuto.
7. Marcello Mastroianni ha lavorato nei _____ film del cinema italiano.
8. Anna Magnani e Sophia Loren sono due attrici _____

Special comparatives and superlatives

■ *The adjectives* **buono**, **cattivo**, **grande**, **piccolo**, **alto**, **basso**, *have two forms of comparative and superlative:*

a) regular form

Il ristorante di via Ripetta è **più buono** di quello di via Giulia.   ← *comparative*

Il ristorante di via Ripetta è **il più buono** della zona.   ← *relative superlative*

Il ristorante di via Ripetta è **buonissimo**.   ← *absolute superlative*

b) irregular form

Il ristorante di via Ripetta è **migliore** *(= più buono)* di quello di via Giulia.   ← *comparative*

Il ristorante di via Ripetta è **il migliore** *(= il più buono)* della zona.   ← *relative superlative*

Il ristorante di via Ripetta è **ottimo.** *(= buonissimo)*   ← *absolute superlative*

adjective	comparative	relative superlative	absolute superlative
buono	migliore	il migliore	ottimo
cattivo (brutto)	peggiore	il peggiore	pessimo
grande	maggiore	il maggiore	massimo
piccolo	minore	il minore	minimo
alto	superiore	il superiore	supremo
basso	inferiore	l'inferiore	infimo

I   **Rewrite the sentences using the irregular form of the comparative or superlative, as shown in the example.**

e.g. La torta di mele è <u>più buona</u> di quella di ricotta. >   *La torta di mele è migliore di quella di ricotta.*

1. Questo hotel è <u>più buono</u> di quello. >

2. Stefano è <u>il più grande</u> dei fratelli. >

3. È un ristorante <u>buonissimo</u>! >

4. Quell'uomo è una <u>cattivissima</u> persona! >

5. Fra tutti i fratelli Amelia è <u>la più piccola</u>. >

6. È <u>il più brutto</u> film di Visconti! >

7. Il mio lavoro è <u>più brutto</u> del tuo. >

8. È davvero il vino <u>più buono</u> della zona del Chianti! >

9. Noi abitiamo al piano <u>più basso</u>. >

10. Devo salire al piano <u>più alto</u>. >

151

2 Choose the correct comparative or superlative.

Il cane è più amato della moglie

Il pericolo per le mogli italiane non sono le segretarie **più ottime/bellissime**, ma i cani. Un italiano su tre infatti si sente più felice con il cane **di/che** con la moglie. Secondo questi italiani il cane è **la migliore/la buonissima** compagnia possibile perché è **fedelissimo/più fedele** e **tranquillissimo/più tranquillo** della moglie. Alcuni considerano il cane **il migliore/il più migliore** mezzo per fare conquiste d'amore. Inoltre la scelta del cane rivela la personalità del padrone. Se scegli un boxer sei un tipo **il più socievole/socievolissimo** e molto sportivo; se preferisci il bassotto hai un carattere fermo e **più deciso/il più deciso** degli altri; se invece ti piacciono i labrador sei ambizioso e egoista. Infine se scegli un pastore tedesco non hai certo **più originale/il più originale** dei caratteri e sei un tipo tranquillo. Tu che ne pensi?

(adapted from "La Repubblica")

pastore tedesco

labrador

boxer

bassotto

3 Complete the article with the expressions on the list.

| massimo | pessime | il più bravo | superiore | inferiore |

Troppo bravo, fuori dal concorso

Un giovane avvocato di Foggia è stato [   ] durante un concorso per un posto di capo del personale dell'azienda per la raccolta dei rifiuti. Ma alla fine di tutte le prove si è ritrovato in fondo alla graduatoria, con un punteggio [   ] alle sue aspettative.

L'avvocato era sicuro di avere ottenuto il [   ] del punteggio in tutte le prove, ma è stato considerato "sovradimensionato rispetto all'incarico da ricoprire", cioè: troppo bravo! Naturalmente il giovane avvocato ha protestato perché sapeva che aveva avuto un punteggio [   ] agli altri candidati sia alla prova scritta che a quella orale.

Ma l'azienda ha affermato invece che l'avvocato aveva fatto delle [   ] prove psico-attitudinali, e per questo non ha passato il concorso.

(adapted from "La Repubblica")

Inside and Out

Some adjectives do not have a comparative or superlative form because their basic form already refers to the greatest degree of a quality.

*e. g.: **enorme, eterno, meraviglioso, straordinario, terribile**.*

Relative pronouns *che* and *cui*

1. **Mia sorella Silvia** arriva domani. +
2. **Mia sorella Silvia** vive a Milano =
Mia sorella Silvia, **che** vive a Milano, arriva domani.

1. **John** è inglese. +
2. Io lavoro con **John**. =
John, con **cui** lavoro, è inglese.

■ *The relative pronouns **che** and **cui** are used to join phrases which have a common element. The relative pronoun replaces that element.*

La ragazza **che** parla con lui è amica mia.
Gli italiani **che** parlano inglese sono aumentati.
Le scarpe **che** porto sono tedesche.
Il libro **che** leggi è un capolavoro!

■ *The relative pronoun **che** is invariable and is used to replace a subject or a direct object (an object without a preposition).*

Quello è l'amico **di cui** ti avevo parlato.
La ditta **a cui** dobbiamo telefonare si trova in Olanda.
Il paese **da cui** provengo è piccolissimo.
È imbarazzante parlare della situazione **in cui** mi trovo.
Come si chiama la ragazza **con cui** parlavi prima?
È davvero uno **su cui** puoi contare.
Il giornale **per cui** lavora Pia è un settimanale.
Abbiamo diverse ragioni per non venire, **tra cui** il fatto che è troppo tardi.

■ *The relative pronoun **cui** is invariable and is used to replace an indirect object (an object preceded by a preposition).*

Relative pronouns *che* and *cui*		
subject or direct object (without preposition)	>	**che**
always after the preposition	>	**cui** (di cui, a cui, con cui, su cui, per cui, tra/fra cui)

Relative pronoun *chi*

Non sopporto **chi** parla mentre mangia!
Di solito **chi** fa una vita sana vive più a lungo.

Chi dorme non piglia pesci.
Chi va piano va sano e va lontano.

■ ***chi** is always singular and means: "all those who", "the people who", "the person who".*

■ ***chi** is often used in proverbs.*

Relative pronoun *chi*		
the person / the people who	>	**chi**

1 Read the text. Then copy into the table all the relative pronouns which are underlined and write down what they refer to, as shown in the example.

dirigibile

Italiani nel mondo: verso nord

Le due grandi passioni **che** muovono Umberto Nobile (1885-1978) sono l'esplorazione del Polo Nord e la costruzione di dirigibili. Nobile è amico dell'esploratore norvegese Amundsen <u>con cui</u> nel 1926 organizza una spedizione <u>che</u> deve arrivare fino al Circolo Polare Artico. Il dirigibile, <u>con cui</u> Nobile e un equipaggio di 14 persone partono, si chiama Norge e arriva fino in Alaska.

Nel 1928 poi Nobile costruisce il dirigibile Italia, <u>di cui</u> si serve per andare verso il Polo Nord. Il dirigibile però precipita durante una tempesta e non si hanno più notizie né di Nobile né dell'equipaggio. Amundsen, <u>che</u> non ha partecipato alla spedizione, decide di andare a cercarli con un aereo <u>che</u> purtroppo precipita. Nobile viene in seguito salvato da una nave russa.

relative pronoun	refers to.....
che	*Le due grandi passioni*

2 Choose the correct relative pronoun.

Curiosità italiane

1. Secondo un'indagine recente gli italiani **con cui/che** telefonano alla mamma almeno una volta al giorno sono il 71%.
2. L'islamismo è, per numero, la seconda religione **che/in cui** si pratica in Italia.
3. Per gli italiani la regione **da cui/da che** provengono è più importante della loro nazione.
4. Alessandro Volta, **da cui/che** ha inventato la batteria elettrica nel 1800, ha dato il nome al volt.
5. In Italia i bambini da 3 a 5 anni **che/a cui** fanno ginnastica sono più di quelli **che/in cui** fanno altri sport.
6. I ragazzi da 15 a 17 anni **che/con cui** giocano a calcio sono più di quelli **che/in cui** fanno altri sport.
7. La regione italiana **che/in cui** si guadagna di più è la Lombardia.

3 Match the words on the left with those on the right to form sentences, as shown in the example.

a) La segretaria a cui	1) ha vinto il Festival di Sanremo è molto bella.
b) Il cane che	2) non ti ho dato la macchina è chiara.
c) La donna con cui	**3) ho chiesto il tuo numero di telefono non lo sapeva.**
d) Il film che	4) ti avevo parlato è morto ieri.
e) Il tavolo su cui	5) abbaiava ieri notte è stato avvelenato.
f) La ragione per cui	6) ho passato tutta la notte è straniera.
g) Il professore che	7) ho il mio conto è molto efficiente.
h) La banca in cui	8) hai messo i libri è un rococò.
i) Quell'uomo di cui	9) hanno censurato in Italia si può vedere in Francia.
l) La canzone che	10) ha scritto quel libro è molto famoso.

4 Complete Umberto Nobile's story with the relative pronouns *che, con cui, di cui*.

Le due grandi passioni [ ] muovono Umberto Nobile (1885-1978) sono l'esplorazione del Polo Nord e la costruzione di dirigibili. Nobile è amico dell'esploratore norvegese Amundsen [ ] nel 1926 organizza una spedizione [ ] deve arrivare fino al Circolo Polare Artico. Il dirigibile, [ ] Nobile e un equipaggio di 14 persone partono, si chiama Norge e arriva fino in Alaska. Nel 1928 poi Nobile costruisce il dirigibile Italia, [ ] si serve per andare verso il Polo Nord. Il dirigibile però precipita durante una tempesta e non si hanno più notizie né di Nobile né dell'equipaggio. Amundsen, [ ] non ha partecipato alla spedizione, decide di andare a cercarli con un aereo [ ] purtroppo precipita. Nobile viene in seguito salvato da una nave russa.

5 Complete the sentences with relative pronouns *chi* and *che*.

1. Ci sono persone [ ] leggono sempre l'oroscopo prima di uscire di casa.
2. [ ] non esce di casa senza leggere l'oroscopo non ha una vita facile.
3. Secondo me [ ] tiene cani molto aggressivi ha dei problemi di relazione con gli altri.
4. La mia vicina di casa, quella [ ] ha comprato il Rotweiler, non è certo una persona simpatica.
5. Non mi fido di [ ] non mi guarda negli occhi mentre mi parla.
6. Giorgio è uno [ ] non ti guarda mai negli occhi quando ti parla.
7. Quelle [ ] hai conosciuto sono le figlie di mio fratello.
8. Non sopporto [ ] parla mentre mangia.

"Possessive" relative pronoun

1. **Quella ragazza** è una mia amica. +
2. Ieri hai incontrato la madre **di quella ragazza**. =
Quella ragazza, **la cui** madre hai incontrato ieri, è una mia amica.

1. **Umberto Eco** insegna a Bologna. +
2. **I suoi** romanzi sono tradotti in moltissime lingue. =
Umberto Eco, **i cui** romanzi sono tradotti in moltissime lingue, insegna a Bologna.

1. **Quell'artista** è molto famoso. +
2. Le opere **di quell'artista** si trovano al MOMA di New York. =
Quell'artista, **le cui** opere si trovano al MOMA di New York, è molto famoso.

1. **Il pittore** è morto.+
2. Siamo andati al**la sua** mostra qualche mese fa. =
Il pittore, al**la cui** mostra siamo andati qualche mese fa, è morto.

■ *To join two phrases which have a common element expressing* <u>possession</u> *we use:*

definite article + cui

■ *The article before the relative pronoun* **cui** *must always agree with the object "possessed".*

"Possessive" relative pronoun
definite article + cui
(il cui/la cui/i cui/le cui)

EXERCISES

1 **Choose the correct relative pronoun.**

Le montagne italiane

L'Italia è montuosa per più di due terzi: il 38% è formato da montagne e il 39% da colline. Le Alpi, **le cui/la cui/cui** vetta più alta è il Monte Bianco, raggiungono 4810 metri. Questa catena montuosa, **in cui/il cui/la cui** origine risale a circa 25 milioni di anni fa, è una delle più giovani del pianeta. L'altra catena montuosa in Italia sono gli Appennini, **la cui/il cui/che** monte più alto si trova in Abruzzo e raggiunge 2912 metri. Gli Appennini sono la spina dorsale della penisola.

2 **Match the phrases with the form *definite article + cui*.**

e.g. Claudia è mia amica. La madre di Claudia fa la hostess. =

*Claudia, **la cui** madre fa la hostess, è mia amica.*

Ugo non mi ha ancora pagato. Ho fatto un lavoro per la ditta di Ugo.=

*Ugo, per **la cui** ditta ho fatto un lavoro, non mi ha ancora pagato.*

1. Mio cugino è partito oggi. Abbiamo parlato della ragazza di mio cugino prima.

2. Quel ragazzo mi piace molto. Il padre di quel ragazzo è spagnolo.

3. Anna è una mia amica di infanzia. Abbiamo incontrato i genitori di Anna poco fa.

4. Mio fratello è in vacanza. Hai dormito nel letto di mio fratello stanotte.

5. Una ditta americana ha comprato la mia azienda. Gli affari della ditta americana vanno benissimo.

6. Una ragazza mi ha proposto di sposarla. Ho fatto la corte alla madre della ragazza più di 20 anni fa.

7. Quel guru è il mio maestro. Seguo ormai da anni gli insegnamenti di quel guru.

8. Aldo è molto bravo. Hai visto il padre di Aldo alla conferenza.

9. Lo studente ha problemi in matematica. Il professore ha appena parlato con la madre dello studente.

Inside and Out

Combinations of prepositions and relative pronouns *cui / il quale* that refer to place (*in cui, da cui, nel quale, dal quale*, etc.) can be replaced by the adverb *dove*.

e. g.: *La zona dove abito si trova nel centro.*
(*dove*=in cui, nella quale)

Relative pronoun *il quale*

Ho visto Marco, **che** mi ha raccontato tutto.

Ho visto Marco, **il quale** mi ha raccontato tutto.

L'auto **con cui** sono venuto è a noleggio.

L'auto con **la quale** sono venuto è a noleggio.

■ *che and cui can be replaced by the relative pronoun il quale/la quale/i quali/le quali.*

I vicini, **con cui** avevo davvero un bel rapporto, hanno traslocato.

I vicini, con **i quali** avevo davvero un bel rapporto, hanno traslocato.

Le mie figlie, **a cui** avevo comprato una macchina, hanno avuto un incidente.

Le mie figlie, **alle quali** avevo comprato una macchina, hanno avuto un incidente.

■ *il quale is not invariable and agrees with the noun to which it refers.*

Giovanni, **che** è il capo di mio marito, ha divorziato ieri. *(used more frequently)*

Giovanni, **il quale** è il capo di mio marito, ha divorziato ieri. *(not very common)*

Ho visto Anna, **che** tu conosci molto bene. *(used more frequently)*

Ho visto Anna, **la quale** tu conosci molto bene. *(not very common)*

■ *The use of il quale instead of che is not very common in everyday speech.*

Relative pronoun *il quale*
definitive article + quale
(il quale/la quale/i quali/le quali)

1 Replace the highlighted relative pronouns with *il quale/la quale/i quali/le quali*.

La pasta

Anche se alcuni dicono che la pasta è stata introdotta in Italia da Marco Polo, **che** l'aveva portata dalla Cina, ci sono documenti che indicano che in Sicilia intorno al 1000 si mangiava già un tipo di pasta, simile agli spaghetti. Inoltre Roma, **in cui** ai tempi di Augusto vivevano circa un milione e mezzo di abitanti, doveva avere un modo efficace **con cui** conservare il grano e la farina nei granai. Probabilmente li distribuivano frequentemente alla popolazione **che** li conservava in modi diversi. Alcuni tostavano il grano, altri invece mescolavano farina e acqua, la facevano seccare al sole e poi la tagliavano come le nostre tagliatelle. Nel I secolo d.C. Marco Avio Apicio ha scritto uno dei primi libri di cucina **di cui** abbiamo notizia: "De re coquinaria" e ha descritto una ricetta **a cui** possiamo paragonare le lasagne di oggi. Non ci sono però altri riferimenti alla pasta in tempi romani, forse perché era un cibo plebeo e non pregiato.

(adapted from the website www.icon.it)

2 Complete the text with the relative pronouns *che, chi, quale/quali*.

La Nutella

C'è chi vede nel nome il segreto del suo successo e [   ] invece lo trova nella facilità con la [   ] si mangia. C'è [   ] ci legge un simbolo sessuale e [   ] un richiamo per adolescenti. La Nutella comunque ha moltissimi fan. È nata nel 1946 ed è subito diventata un mito.

Nel suo bicchiere, [   ] ormai è famosissimo, e nel [   ] è contenuto un pezzo di storia italiana, c'è un prodotto [   ] è studiato con passione in saggi e tesi di laurea. Il primo nome era Supercrema e solo nel 1964 ha preso il nome [   ] le è rimasto fino ad ora. La Nutella è stata anche celebrata nel 1983 in un famoso film di Nanni Moretti: "Bianca", nel [   ] si vede il protagonista [   ] mangia Nutella da un barattolo gigante. Nel 1994 gli studenti [   ] hanno contestato il ministro dell'istruzione sono stati chiamati "i Nutella Boys" e la Nutella è ormai protagonista delle merende dei bambini, i [   ] in ogni parte del mondo, amano il suo gusto unico e inconfondibile.

23 *Relative pronouns* **che** *and* **cui**

Past perfect (*Trapassato prossimo*)

I miei nonni mi raccontavano sempre di quando **erano andati** in viaggio di nozze a Roma.
(*before:* erano andati → *after:* mi raccontavano)

Ugo ha detto a Paolo che **aveva visto** sua moglie con un altro uomo. *(before:* aveva visto → *after:* ha detto)

Mario ha detto che **aveva mangiato** troppo e ha ordinato un digestivo.
Quando sono arrivato alla stazione, il treno **era** già **partito**.

■ *The past perfect (trapassato prossimo in Italian) is used to express a past action that took place before another past action.*

■ *The past perfect is formed with the imperfect of* **avere** *or* **essere** + *and the* **past participle** *of the verb.*

Past perfect		
imperfect of *avere* or *essere* · past participle		
io	avevo parlato	ero andato/a
tu	avevi parlato	eri andato/a
lui/lei/Lei	aveva parlato	era andato/a
noi	avevamo parlato	eravamo andati/e
voi	avevate parlato	eravate andati/e
loro	avevano parlato	erano andati/e

EXERCISES

I **Match the questions to the answers and put the verbs into the past perfect, as shown in the example.**

a. Perché Gianni non è venuto al lavoro ieri?

b. Siete andati al cinema venerdì?

c. Perché i tuoi non rispondevano al telefono, l'altra sera?

d. Perché non hai accettato un'altra fetta di dolce? Era ottimo!

e. Come mai non hai la macchina?

f. Sei ancora qui? Ma non dovevi andare in India?

g. Dove hai dormito a Roma?

h. Non ho visto tuo fratello alla festa. Dov'era?

1. Quando sei arrivato tu *(lui/andare)* ☐ già via.

2. Lo so, ma *(io/mangiare)* ☐ davvero troppo!

3. L' ho venduta. *(lei/fare)* ☐ troppi chilometri e ormai non andava più bene.

4. **Ha detto che la sera prima a una festa *(bere)* *aveva bevuto* troppo e non stava bene.**

5. Nello stesso albergo dove *(io/stare)* ☐ l'anno scorso.

6. Mi hanno detto che non l'hanno sentito perché *(loro/andare)* ☐ a dormire.

7. No, *(noi/lavorare)* ☐ troppo e così siamo andati a casa.

8. Sì, *(io/comprato)* ☐ anche il biglietto, ma poi mio padre è stato male e non sono più partito.

2 Put the verbs into the past perfect.

I signori Fiore sono andati in vacanza e hanno lasciato la casa in mano ai figli, Rita e Dario, con molte raccomandazioni. Quando sono tornati hanno trovato che:

Rita *(dimenticarsi)* [_____] di dare l'acqua alle piante, Dario non *(tornare)* [_____] mai a casa a dormire, nessuno *(lavare)* [_____] i piatti o *(portare)* [_____] fuori il cane. La casa era un disastro perché sabato sera i ragazzi *(organizzare)* [_____] una cena per gli amici e *(ballare)* [_____], *(giocare)* [_____] e *(guardare)* [_____] video tutta la notte e la donna delle pulizie *(rifiutarsi)* [_____] di andare a pulirla. Naturalmente, quando hanno chiesto spiegazioni, ognuno ha dato la colpa all'altro dicendo: "*(dire)* [_____] che ci pensava lui!".

3 Marianna's Problem Page. Choose the correct form of the verb and... do you have any advice for these poor souls?

a

Cara Marianna,

non so cosa fare. Ieri mi ha telefonato una mia amica e mi ha detto che **vedeva/aveva visto** il mio ragazzo con un'altra in discoteca. Questa mattina, quando gli ho chiesto cosa **aveva fatto/ha fatto** la sera prima lui mi ha detto che **rimaneva/era rimasto** a casa perché non si sentiva molto bene. Io non **ho avuto/avevo avuto** il coraggio di dirgli che sapevo dove **andava/era andato** perché non voglio perderlo. Che devo fare?

Amore in pena, 78

b

Cara Marianna,

mi sono sposato un mese fa. Prima di sposarmi la mia fidanzata mi **diceva/aveva detto** che io ero il primo uomo della sua vita e che non **stava/era stata** mai con un altro. Durante la luna di miele però mi sono accorto che quello che mi **ha raccontato/aveva raccontato** non poteva essere vero e, quando le **ho chiesto/avevo chiesto** spiegazioni, mi ha confermato che **aveva avuto/aveva** altri due fidanzati prima di me ma che non **avrà avuto/aveva avuto** il coraggio di dirmelo prima. Che devo fare?

Marito deluso

c

Cara Marianna,

qualche mese fa ho incontrato un ragazzo bello e dolcissimo e **mi ero innamorata/mi sono innamorata**. Quando gli ho chiesto che **aveva fatto/faceva** mi ha detto che lavorava in una discoteca. Pochi giorni fa però una mia amica mi ha detto che lo **vedeva/aveva visto** in una discoteca durante una festa per sole donne e che lui aveva fatto uno spogliarello! La mia amica mi **ha detto/aveva detto** che era stato davvero bravissimo e che molte ragazze gli **erano messe/avevano messo** soldi nello slip e **avranno cercato/avevano cercato** di baciarlo. Sono gelosissima! Che devo fare?

Otella innamorata

4 Put the verbs into the correct tense (present perfect, imperfect, past perfect).

Lunedì scorso era l'8 marzo, la festa della donna, e Paolo aveva deciso di fare una sorpresa a sua moglie Teresa. *(Volere)*

[   ] fare qualcosa di particolare, qualcosa di diverso dal solito. Prima *(pensare)* [   ] di preno-

tare un tavolo in un ristorantino romantico, ma poi ci aveva ripensato perché *(ricordarsi)* [   ] che ci *(loro/andare)*

[   ] anche l'anno prima. Allora l'aveva portata a ballare nella discoteca dove si *(conoscersi)*

[   ] anni fa, quando ancora *(loro/fare)* [   ] l'università. Ma la discoteca, che una volta

(chiamarsi) [   ] "Il Gatto Nero", ora si chiama "La Baracca" ed è cambiata molto. Per Paolo e Teresa però quella

(essere) [   ] ancora la "loro" discoteca e così sono entrati lo stesso. Si sono trovati in una sala buia, con musica

altissima e sconosciuta e moltissimi ragazzi che, da come *(muoversi)* [   ] probabilmente *(prendere)*

[   ] delle strane droghe. Paolo e Teresa si sono sentiti improvvisamente molto vecchi e *(uscire)*

[   ] per andare in una pizzeria che *(vedere)* [   ] dietro l'angolo, prima di entrare in discote-

ca. Come passa il tempo!

5 Match the words on the left with those on the right to form sentences and put the verbs into the past perfect, as shown in the example.

e. g.: **Ho deciso di non andare a teatro,**

1. Abbiamo dovuto ripetere l'esame...

2. Barbara è tornata a casa...

3. Non trovavo più le chiavi,

4. Alla fine Paolo e Franco non sono partiti...

5. La cena da nonna è stata eccezionale,

6. Il progetto con Anna è durato molto di più del previsto,

7. Non sono riuscita a vedere Elena,

a) *(finire)* [   ] in fondo alla borsa e non le vedevo.

b) visto che *(dimenticare)* [   ] di fare il visto.

c) *(preparare)* [   ] il suo ottimo arrosto.

d) *(io/dimenticare)* [   ] quanto è pignola!

e) perché non lo *(passare)* [   ] la prima volta.

f) quando sono arrivata a casa sua lei *(uscire)* [   ] già.

g) perché *(dimenticare)* [   ] il cellulare.

■ **quella commedia l' (*vedere*)** [*avevo vista*] **già qualche anno fa.**

6 Rewrite this story using the past tense, as shown in the example.

Questa è la storia di Renzo e Lucia, due giovani che vivono vicino al Lago di Como nel XVII secolo e vogliono sposarsi perché sono molto inna-morati. È il gran giorno e tutto è pronto, Renzo e Lucia hanno già organizzato tutto per il matrimonio, e hanno anche già trovato la chiesa e il prete, don Abbondio. Ma non sanno che il cattivo Rodrigo, un nobile della zona, tempo prima ha visto Lucia e ha deciso che deve essere sua. Così, alcuni giorni prima del matrimonio, Rodrigo ha mandato due suoi uomini a minacciare il prete. I due uomini hanno aspettato don Abbondio in una piccola strada perché sanno che è andato a fare la sua solita passeggiata e lo hanno spaventato moltissimo. Dopo qualche giorno Renzo e Lucia scoprono tutto il piano del perfido Rodrigo e per questo fuggono. Renzo va a Milano e Lucia in un convento di suore. I due giovani rimangono separati per molto tempo. In questo periodo Renzo ha molte avventure, c'è una guerra e anche una terribile epidemia di peste che fa moltissimi morti, fra cui anche il nobile Rodrigo. Dopo la morte di Rodrigo i due possono finalmente tornare al paese dove don Abbondio, che ha saputo della morte del nobile, finalmente li sposa.

*Questa è la storia di Renzo e Lucia, due giovani che **vivevano** vicino al lago di Como ...*

7 Put the verbs into the past perfect, and choose the true sentences. The relevant letters will give you the title of the book in Exercise 6.

		true	false
a)	Escher, il famoso artista delle costruzioni impossibili, per alcuni disegni, *(avere)* [＿＿] ispirazione da alcuni paesini dell'Abruzzo (P)	☐	☐
b)	Mel Gibson ha deciso di girare il suo film "La passione di Cristo" in Basilicata perché *(trovare)* [＿＿] nei Sassi di Matera un paesaggio particolarissimo. (R)	☐	☐
c)	Prima di diventare una città romana Crotone, in Calabria, *(essere)* [＿＿] una città araba, in mano ai Saraceni. (A)	☐	☐
d)	Nel 1861 in Campania si parlava un dialetto tedesco perché in passato la regione *(rimanere)* [＿＿] per molti anni sotto la dominazione austriaca. (L)	☐	☐
e)	Già Virgilio, nell'antica Roma, *(scrivere)* [＿＿] dell'aceto balsamico emiliano. (O)	☐	☐
f)	Nel XVII secolo la città di Venezia è riuscita a proteggersi dai Turchi anche perché nel 1593 *(costruire)* [＿＿] la città fortezza di Palmanova nel Friuli Venezia Giulia. (M)	☐	☐
g)	La città di Latina, nel Lazio, dopo la Seconda Guerra Mondiale ha cambiato il nome che le *(dare)* [＿＿] il governo fascista: prima si chiamava Littoria. (E)	☐	☐
h)	Cristoforo Colombo, *(lavorare)* [＿＿] per molti anni in una scuola, prima di prendere il mare. (I)	☐	☐
i)	Maria Montessori, prima di occuparsi dei bambini *(laurearsi)* [＿＿] in Medicina a Roma. (S)	☐	☐
l)	Il lago Maggiore, in Piemonte, è il più grande d'Italia. (T)	☐	☐
m)	Nel Medioevo a Bari è stata costruita la Basilica di San Nicola per custodire le reliquie del Santo che *(arrivare)* [＿＿] pochi anni prima dalla Turchia. San Nicola è diventato poi Santa Claus. (S)	☐	☐
n)	Prima di diventare italiana la Sardegna *(avere)* [＿＿] un breve periodo di indipendenza. (I)	☐	☐
o)	La Sicilia è la regione più grande d'Italia. (S)	☐	☐
p)	Il famosissimo cocktail Negroni è nato a Firenze, in Toscana, negli anni '20 perché il conte Negroni *(stancarsi)* [＿＿] del solito cocktail e ne ha inventato uno nuovo. (P)	☐	☐
q)	Prima di diventare italiano il Trentino Alto Adige *(fare)* [＿＿] parte della Germania, per questo molti ancora parlano il tedesco. (A)	☐	☐
r)	Nel IV secolo a Terni, in Umbria, è stata costruita la Basilica di San Valentino per il corpo del martire cristiano Valentino, che *(essere)* [＿＿] il vescovo della città. Ora Terni si chiama "la città degli innamorati". (O)	☐	☐
s)	Il regime fascista *(cambiare)* [＿＿] i nomi francesi dei comuni della Val d'Aosta. Dopo la guerra sono stati ripresi i nomi originali. (S)	☐	☐
t)	La Repubblica di Venezia (dal IX al XVIII secolo) era detta La Serenissima, perche *(avere)* [＿＿] sempre [＿＿] un governo e una giustizia equilibrati e democratici. (I)	☐	☐

The title of the book is I ＿ ＿ ＿ ＿ ＿ ＿ ＿ ＿ ＿ ＿ ＿ ＿ ＿ ＿ ＿

Inside and Out

Translating can be helpful! Translate a very short text from Italian into English (or your mothertongue). After a few hours or a whole day translate it back into Italian. Then check what is right or wrong. This is a useful tip to easily recollect grammar and vocabulary!

Informal imperative (*tu-noi-voi*)

Aprite la finestra, fa caldo!
Per andare a Firenze, **prendi** il treno, non la macchina.

- The informal imperative is used to give orders or advice.

Telefoniamo a Fabio!
Comprate quel libro. È bellissimo!
Metti a posto quel libro!
Vediamo quel film che è più interessante.
Chiudete la porta, per favore. Fa freddo.
Finisci di studiare!
Partiamo domani.
Pulite la cucina dopo che l'avete usata.

- The imperative for the persons **tu, noi** and **voi** is usually the same as the present indicative tense verb.

Parla più lentamente che non capisco.
Mangia la frutta che ti fa bene!
Scusa ma non posso venire con te oggi.

- The imperative of the 2nd person singular (**tu**) of verbs ending in **-are**, however, ends in **-a**.

Informal imperative			
	am-are	**ved-ere**	**apr-ire**
tu	am-a	ved-i	apr-i
noi	am-iamo	ved-iamo	apr-iamo
voi	am-ate	ved-ete	apr-ite

Verbs with an irregular imperative

	tu	voi
essere	**sii**	**siate**
avere	**abbi**	**abbiate**
sapere	**sappi**	**sappiate**

- The verbs **avere, essere** and **sapere** have an irregular informal imperative in the 2nd person singular (*tu*) and in the 2nd person plural (*voi*).

	tu	
andare	**va'/vai**	
dare	**da'/dai**	
fare	**fa'/fai**	
stare	**sta'/stai**	
dire	**di'**	

- The verbs **andare, dare, fare** and **stare** have a double form for the imperative in the 2nd person singular (*tu*). The verb **dire** however has only one form.

Informal imperative in the negative form

Non telefoniamo a Fabio, è antipatico.

Non comprate quel libro. È davvero brutto!

Non vediamo quel film, è noiosissimo!

Non chiudete la porta per favore. Fa caldo.

Non partiamo domani. C'è troppo traffico.

Non pulite la cucina. Lo faccio io.

Non parlare così veloce che non capisco.

Non mettere a posto quel libro!

Non finire di studiare!

■ *The informal imperative in the negative form is usually the same as the negative form of the present indicative tense.*

■ *The 2nd person singular (**tu**), on the other hand, is formed with the infinitive of the verb.*

Informal imperative in the negative form

	am-are	ved-ere	apr-ire
tu	non am-are	non ved-ere	non apr-ire
noi	non am-iamo	non ved-iamo	non apr-iamo
voi	non am-ate	non ved-ete	non apr-ite

EXERCISES

1 This is Luca and Giulia's list. Change the whole list to the imperative form for the 1st person plural (noi) and guess what they are organising.

Cose da fare:

1. spedire gli inviti → *spediamo gli inviti*

2. prenotare il ristorante → _____

3. fare spese → _____

4. decidere chi sono i testimoni → _____

5. scegliere il vestito → _____

6. organizzare la lista di nozze → _____

7. andare all'agenzia di viaggi → _____

2 Choose the appropriate advice for each problem, as shown in the example.

a. Voglio un uomo!

b. Ho bisogno di soldi.

c. Ho un terribile mal di testa.

d. Sono ingrassato.

e. Spendo troppo per il lotto.

f. La donna delle pulizie si è licenziata, perché la pago poco.

g. Voglio cambiare lavoro.

h. Odio il Natale!

i. Ho paura di prendere l'aereo.

l. Fumo troppo.

1. Prendi il treno.

2. Metti un annuncio sul giornale.

3. **Contatta un'agenzia per single.**

4. Passa dicembre in un paese musulmano.

5. Chiedi un prestito a una banca.

6. Prova con i cerotti anti-fumo.

7. Prendi un'aspirina.

8. Smetti di giocare.

9. Prova a offrirle di più.

10. Comincia a fare un po' di sport.

3 Put the verbs into the informal imperative for the 2nd person plural *(voi)* and decide whether they are actions to be done or not (in which case use the negative imperative), as shown in the example.

Come ci si comporta?

Se volete fare bella figura in Italia:

1. *(Portare)* | Portate | dei fiori in regalo alla padrona di casa.
2. *(Guardare)* | Non guardate | nel fazzoletto dopo che vi siete puliti il naso.
3. *(Portare)* | | in regalo i crisantemi! Si portano solo al cimitero!
4. *(Offrire)* | | un rametto di mimosa a una donna l'otto marzo.
5. *(Togliere)* | | le scarpe quando entrate in casa di qualcuno. Nessuno lo fa.
6. *(Ruttare)* | | per dimostrare che avete apprezzato il pranzo.
7. *(Evitare)* | | di bere troppo.

---

4 Now transform the sentences from the previous exercise into the imperative for the 2nd person singular *(tu)*.

Se vuoi fare bella figura in Italia:

1. *(Portare)* | Porta | dei fiori in regalo alla padrona di casa.
2. *(Guardare)* | Non guardare | nel fazzoletto dopo che ti sei pulito il naso.
3. *(Portare)* | | in regalo i crisantemi! Si portano solo al cimitero!
4. *(Offrire)* | | un rametto di mimosa a una donna l'otto marzo.
5. *(Togliere)* | | le scarpe quando entri in casa di qualcuno. Nessuno lo fa.
6. *(Ruttare)* | | per dimostrare che hai apprezzato il pranzo.
7. *(Evitare)* | | di bere troppo.

---

5 Put the verbs into the imperative for the 2nd person singular *(tu)*, as shown in the example.

Benessere. Cosa si deve e cosa non si deve fare

1. *(Camminare)* | Cammina | almeno mezz'ora al giorno.
2. Non *(mangiare)* | mangiare | troppe cose fritte.
3. *(Dormire)* | | almeno otto ore ogni notte.
4. Non *(fare)* | | un check-up ogni anno se non hai disturbi.
5. Non *(usare)* | | le erbe curative a caso. *(Chiedere)* | | l'aiuto di un esperto.
6. Non *(lavare)* | | i denti più di due volte al giorno. Si rovina lo smalto.
7. *(Usare)* | | luci diffuse quando lavori al computer.
8. *(Controllare)* | | bene chi ti fa un tatuaggio. È facile prendersi infezioni.
9. *(Rilassarsi)* | | appena puoi.
10. *(Mangiare)*, | | *(bere)* | | e *(cercare)* | | di essere felice.

(adapted from "Marie Claire")

6 Put the verbs into the imperative for the 2nd person singular *(tu)*.

Giovanni ha lasciato il suo appartamento a Carla per un mese. Quando Carla arriva trova un messaggio di Giovanni con le varie cose da fare:

Ciao Carla e benvenuta a casa mia! Come ti ho già detto per telefono sono davvero contento di lasciarti il mio appartamento mentre sono via. Ci sono un paio di cose a cui devi fare attenzione. Prima di tutto *(ricordare)* _____ sempre di chiudere bene la porta quando esci; questa zona non è molto sicura… poi, se vuoi fare un bagno, *(accendere)* _____ la caldaia che si trova sul terrazzino. Non è difficile: *(tenere)* _____ premuto il pulsante rosso per qualche minuto e poi *(spingere)* _____ quello nero. Si accenderà subito. Conosci già il mio gatto Micio, no? Mangerebbe dalla mattina alla sera! Così per favore, non gli *(dare)* _____ troppo da mangiare, altrimenti ingrassa come un maiale. Penso che sia tutto… Ah, no! dimenticavo la pianta. Non le *(dare)* _____ troppa acqua, non ne vuole molta. C'è roba da mangiare in cucina… *(usare)* _____ pure tutto quello che vuoi e… mi raccomando: non *(fare)* _____ niente che io non farei!!
Baci. Giovanni

7 Put the verbs into the informal imperative. Take care with the irregular verbs.

Cari mamma e papà,
so che sarete molto sorpresi da questa lettera ma non *(voi/avete)* _____ paura per me: vado via perché sono convinta di quello che faccio. *(voi/Sapete)* _____ che vi voglio molto bene, ma ho trovato una famiglia che per me è più importante e con cui voglio passare il resto della mia vita. Non *(voi/cercate)* _____ di trovarmi, e non *(voi/preoccuparsi)* _____ , la mia nuova famiglia si prenderà cura di me. Andrò a vivere in una comune fuori dall'Italia dove condividerò tutto con i miei nuovi fratelli; questo non significa che non voglio più avere niente a che fare con voi, ma ho bisogno di una dimensione spirituale che mi è mancata fino ad ora. Mamma, non *(piangere)* _____ troppo e non *(dare)* _____ la colpa a papà come fai di solito, anzi, *(voi/approfittare)* _____ di questa situazione per riavvicinarvi un po' di più. *(voi/Uscire)* _____ , *(voi/vedere)* _____ gli amici e, se non volete raccontare quello che ho fatto, *(voi/dire)* _____ pure quello che volete. Non *(voi/essere)* _____ troppo arrabbiati con me.
Un bacio, Cecilia

8 Put the verbs into the informal imperative. Take care with the irregular verbs.

1. *(tu/Andare)* [*Va'/Vai*] a casa!
2. *(voi/Andare)* [*Andate*] a casa!
3. *(tu/Fare)* _____ la spesa.
4. *(voi/Fare)* _____ la spesa.
5. *(tu/Stare)* _____ zitto!

6. *(voi/Stare)* _____ zitti!
7. *(tu/Dare)* _____ questo libro a Paolo.
8. *(voi/Dare)* _____ questo libro a Paolo.
9. *(tu/Dire)* _____ anche la tua opinione.
10. *(voi/Dire)* _____ anche la vostra opinione.

Inside and Out

The infinitive is often used as an impersonal imperative for giving recommendations and general instructions (as seen on product labels, for instance).

e. g.: **Conservare** al fresco *(su una confezione di cibo)*.
Prendere dopo i pasti *(su un medicinale)*.

Informal imperative plus pronouns

Andiamo**ci**!

Guarda**li**!

Compra**lo** subito!

Parlate**ne**!

Di**temi**!

■ *The direct object pronouns, indirect object pronouns and double object pronouns and the particles **ci** and **ne** are always joined together, as a suffix, to the informal imperative.*

Non sei andato alla biblioteca? Va**cci** domani.

Da**mmi** una mano a cucinare per favore.

Se non lo usi, fa**nne** quello che vuoi.

Maria è molto malata, sta**lle** vicino.

Che c'è cara? Di**mmi** tutto!

■ *With the irregular verbs **andare**, **dare**, **fare**, **stare**, **dire**, the pronouns and particles double the initial consonant.*

Va' da tuo padre e di**gli** tutto.

■ *With the pronoun **gli** there is no double -g-.*

■ *When the informal imperative is negative we have two possibilities:*

Non ti piace il vino? Allora non **lo** bere!

Il cinema è pieno. Non **ci** andiamo!

Quel formaggio non è fresco. Non **lo** comprate!

a) *the particle or the pronoun precede the imperative.*

Non ti piace il vino? Allora non ber**lo**!

Il cinema è pieno. Non andiamo**ci**!

Quel formaggio non è fresco. Non comprate**lo**!

b) *the particle or the pronoun is joined into the imperative as a suffix.*

Informal imperative

25

EXERCISES

I **Complete the sentences with the imperative + either the pronouns or the particles *ci* and *ne*.**

e.g. Non ho tempo di accompagnarti in piscina. *(tu/andare/in piscina)* | *Vacci* | da solo.

1. Non conosci quel ristorante? *(tu/andare/in quel ristorante)* [   ], è buonissimo.

2. *(tu/dire/a me)* [   ] tutta la verità o questa volta sei davvero nei guai!

3. Ho una gran paura di quello che dirà il dottore, *(tu/stare/a me)* [   ] vicino!

4. Non vedete che il cane ha fame? *(voi/dare/a lui)* [   ] qualcosa da mangiare!

5. Non sai che cosa regalare a tuo padre? *(tu/fare/a lui)* [   ] una sorpresa e *(tu/invitare/lui)* [   ] a cena.

6. Non hai ancora visto il nuovo film di Salvatores? *(tu/andare/a vederlo)* [   ]. È bellissimo.

7. Lo so che dobbiamo vedere Laura, ma stasera non posso, *(noi/andiamo/da Laura)* [   ] domani.

8. Ho finito i soldi. *(tu/prestare/a me)* [   ] un po'.

9. Anna non sa ancora che non ha passato l'esame. *(tu/dire/a lei/che non ha passato l'esame)* [   ].

2 Put the verbs into the informal imperative *(tu)*.

Giuliano, 38 anni, deve partire per Francoforte per un convegno di lavoro. Questa è la sua conversazione con la madre.

Mamma - *(Ascoltarmi)* [_____] Giuliano. *(Fare)* [_____] come ti dico. Non *(dimenticarsi)* [_____] di portare un'aspirina.

Giuliano - No mamma.

Mamma - *(Guardare)* [_____] che lassù farà più freddo che qui, *(mettersi)* [_____] la maglia di lana se esci dall'albergo.

Giuliano - Ok mamma.

Mamma - Anzi, ora che ci penso, che esci a fare? *(Rimanere)* [_____] in albergo no? Tanto il convegno è lì no?

Giuliano - Ma mamma ... ci sono anche altri colleghi, penso che sicuramente usciremo qualche volta.

Mamma - Quanti siete?

Giuliano - Un'ottantina, da tutta l'Italia.

Mamma - Vabbè. *(Telefonarmi)* [_____] appena arrivi però! Capito? Non *(farmi)* [_____] stare in pensiero.

Giuliano - Certo mamma.

Mamma - Hai preso il passaporto? Il pettine? Le scarpe di lana? La macchinetta del caffè?

Giuliano - Ho tutto mamma! E che ci faccio con le scarpe di lana?

Mamma - *(Metterle)* [_____] no? Fa freddo lassù!

Giuliano - E la macchinetta del caffè?

Mamma - *(Starmi)* [_____] a sentire, Giuliano: *(portarla)* [_____]. Un buon caffè la mattina è l'unica cosa che ti sveglia, lo sai.

Giuliano - Ma mamma! Farò colazione in albergo.

Mamma - Chissà che schifezze che mangiano quelli lì. Boh, *(fare)* [_____] come vuoi! Non mi ascolti mai tu!

Giuliano - Ora non *(cominciare)* [_____] mamma. Sono in ritardo, *(farmi)* [_____] andare!

Mamma - Un'ultima cosa, non *(fare)* [_____] amicizia con quelle donne di là, capito? Meglio non fidarsi di queste nordiche. Non voglio mica una straniera in famiglia!

Giuliano - No mamma no. Ciao mamma vado.

Mamma - Ciao Ninuccio! *(Darmi)* [_____] un bacio. Ciao!

3 Complete the table with the imperative *(tu)* of the verbs *dare, fare, dire* and the indirect object pronouns.

	a me	a lui	a lei	a noi	a loro
dare una mano	*dammi una mano*				
fare un favore			*falle un favore*		
dire la verità					*digli la verità*

Progress test
(Units 21-25)

Have you made progress? Use this test to check.
Each exercise repeats one or more grammatical topic.
If you get more than half of the total correct: WELL DONE!
Otherwise, repeat the topics that give you most problems.

I **FUTURE SIMPLE AND FUTURE PERFECT**
Put the verbs into the correct form of the future.

La casa del futuro

La tecnologia *(portare)* [_____] grandi cambiamenti nella nostra vita quotidiana, spesso cose che ora non potremmo

neanche immaginare, ma di cui in futuro non *(noi/potere)* [_____] fare a meno. Uno degli aspetti più interessanti è

quello legato a come *(noi/vivere)* [_____] : quando *(voi/finire)* [_____] di leggere questo articolo

(sapere) [_____] perché. Succederà che molti elettrodomestici della casa *(essere)* [_____] connessi

tra di loro, *(potere)* [_____] comunicare e saranno controllati con particolari interfacce (tastiere, telecomandi, *touch*

screen, ecc.). Molto probabilmente i robot la *(fare)* [_____] da protagonisti e ci *(aiutare)* [_____] in

molti dei lavori di casa, talvolta anche con funzioni superiori all'essere umano. Le cose *(essere)* [_____] più facili, o

forse solo più complicate da riparare.

Each correct verb scores I points. **Total:_____/10**

---

2 **FUTURE, FUTURE PERFECT AND PERFECT CONDITIONAL**
Choose the correct form of the verb.

■ Fabio hai visto Piero?
▲ No, perché? Non è in casa?
■ No. Ma dove **andrà/sarà andato**! Mi ha detto che **sarebbe venuto/verrà** verso le 5.00 e sono quasi le 6.00!
▲ Ma perché? Che cosa dovete fare di tanto urgente?
■ Abbiamo prenotato il campo da tennis per le 6.30. Dobbiamo allenarci. Sabato prossimo **parteciperemo/avremo partecipato** a un torneo importante.
▲ **Sarebbe/Sarà** già al campo, allora. Perché non gli telefoni sul cellulare?
■ Hai ragione. Lo **farò/avrò fatto** subito.

Each correct verb scores 2 points. **Total:_____/10**

3 COMPARATIVES AND SUPERLATIVES
Choose the correct form of the comparatives and superlatives.

Aprile dolce dormire

Una volta si diceva che la primavera era la stagione **migliore/maggiore** per l'amore, ma ora, quando comincia a fare un po' più caldo, gli italiani, più **che/di** innamorarsi, vanno in crisi. Il mensile Riza Psicosomatica infatti ha fatto un'inchiesta su quasi 1000 italiani adulti e ha scoperto che gli italiani d'inverno si sentono meno esauriti **che/di** in primavera, e questo tipo di esaurimento sembra colpire 1 italiano su 10. Le donne si sentono più stanche e stressate **che gli/degli** uomini e danno la colpa più ai problemi familiari e agli aumenti dei prezzi **che alla/della** salute. Gli uomini, invece, si stressano un po' meno **che le/delle** donne e, quando lo fanno, danno quasi sempre la colpa alla partner, o agli insuccessi della squadra di calcio. Insomma, la stagione primaverile non è più **la più dolce/una più dolce** stagione dell'anno, ma solo **la più stressante/una più stressante**. Le persone più **esaurite/esauritissime** di tutte sono poi quelle fra i 25 e i 35 anni, mentre le più **calmissime/calme** sono quelle che hanno un'età **superiore/più superiore** ai 60 anni. Quali sono le soluzioni? Sicuramente i **migliori/più migliori** rimedi sono quelli del buon senso: passare più tempo all'aria aperta e prendere più vitamine.

(adapted from "La Repubblica")

Each correct answer scores 2 points.   Total:_____/24

4 THE RELATIVE PRONOUNS *CHE* AND *CUI*
Complete the text with the relative pronouns from the list.

che   che   che   che   chi   a cui   di cui   in cui   in cui   in cui

La scuola italiana

Il numero dei bambini stranieri nelle scuole italiane è in continuo aumento, questo può creare dei problemi in classi [_____] i bambini parlano lingue diverse e non si capiscono fra loro. In alcune province italiane, [_____] ci sono comunità molto estese di immigrati, si ha una situazione paradossale: [_____] ha problemi di inserimento non è il bambino immigrato, ma quello italiano, perché nelle classi la maggioranza dei bambini è straniera. Naturalmente le situazioni di inserimento di bambini stranieri nelle classi italiane sono molto diverse: i bambini più piccoli, per esempio, [_____] sono più aperti alle nuove realtà e hanno meno difficoltà con una nuova lingua, si inseriscono molto più facilmente. Mentre i ragazzi un po' più grandi, [_____] spesso hanno vissuto esperienze molto difficili nei loro paesi, difficilmente legano con i compagni italiani. Una delle idee proposte dal Ministero degli Esteri, [_____] dovrebbe servire a facilitare i contatti con i bambini stranieri, introduce dei minicorsi di lingue straniere, [_____] i bambini italiani possono imparare alcune parole delle lingue dei bambini immigrati [_____] sono nella loro classe e arrivare a capire un po' meglio la loro realtà. Un altro progetto, [_____] si è molto parlato ultimamente, prevede l'introduzione nelle scuole di una nuova figura professionale, il mediatore culturale, [_____] l'insegnante potrebbe rivolgersi per la soluzione di tutti i problemi legati all'integrazione.

Each correct pronoun scores 2 points.   Total: _____/20

5 PRESENT PERFECT, IMPERFECT, PAST PERFECT
Put the verbs in the correct tense: present perfect, imperfect or past perfect.

1. Ieri sono andato da Anna ma non l' *(trovare)* [＿＿＿＿] in casa perché *(uscire)* [＿＿＿＿].
2. Siamo andati al ristorante con Anna e Marco, ma loro *(mangiare)* [＿＿＿＿] solo un dolce perché *(cenare)* [＿＿＿＿] già a casa.
3. Ieri sera Paolo e Ignazio sono andati al cinema, Laura *(rimanere)* [＿＿＿＿] a casa perché *(vedere)* [＿＿＿＿] già quel film.
4. Leo non ha risposto al telefono perché *(dormire)* [＿＿＿＿].
5. Teresa mi ha visto ma non mi *(salutare)* [＿＿＿＿].
6. Prima di ieri non *(vedere)* [＿＿＿＿] mai così tanta neve!
7. Ieri non sono andato al lavoro perché non *(stare)* [＿＿＿＿] bene la notte prima.

Each correct verb scores 3 points. Total:＿＿＿＿/30

6 INFORMAL IMPERATIVE
Put the verbs into the informal imperative *(tu)* with or without pronouns.

Le 10 regole contro lo stress

Ecco 10 regole d'oro che ti aiutano a combattere lo stress.

1. *(Affrontare)* [＿＿＿＿] la realtà. Se sei stressato perché non trovi lavoro, non *(nascondersi)* [＿＿＿＿] dietro una scusa e *(cercare)* [＿＿＿＿] di capire perché non assumono te.
2. Se la causa dello stress è il lavoro troppo difficile, allora *(chiedersi)* [＿＿＿＿] se sei davvero preparato per quel posto.
3. *(Imparare)* [＿＿＿＿] a delegare e *(semplificarsi)* [＿＿＿＿] la vita.
4. Certe volte è importante saper dire "no". *(Dirlo)* [＿＿＿＿] più spesso.
5. Se il tuo corpo ti chiede attenzione, *(dedicargli)* [＿＿＿＿] più tempo e *(fare)* [＿＿＿＿] un po' di attività fisica ogni giorno.
6. *(Parlare)* [＿＿＿＿] dei tuoi problemi con un amico o un'amica.
7. Se hai delle cose noiose da fare, *(farle)* [＿＿＿＿] subito.
8. Non *(avere)* [＿＿＿＿] sensi di colpa.
9. *(Scegliere)* [＿＿＿＿] solo quello che vuoi veramente.
10. *(Imparare)* [＿＿＿＿] a pensare positivo.

(adapted from the website www.margherita.net)

Each correct verb scores 3 points. Total: ＿＿＿＿/42

7 PRESENT PERFECT, IMPERFECT, PAST PERFECT
Put the verbs in the correct tense: present perfect, imperfect or past perfect.

Le 10 regole contro lo stress

La Repubblica pisana *(nascere)* [_____] prima dell'anno Mille ed *(durare)* [_____] fino al 1406, anno in cui Firenze l'ha conquistata. La sua storia però, anche se *(essere)* [_____] più breve di quella di Genova o Venezia, è stata particolare, perché in quegli anni Pisa *(collezionare)* [_____] un primato di guerre, risse e spedizioni punitive. La Repubblica pisana, infatti, *(considerare)* [_____] gli arabi come i peggiori nemici, perché *(terrorizzare)* [_____] le città della costa e *(rendere)* [_____] poco sicuro il mare. Per questo i pisani prima *(attaccare)* [_____] Reggio Calabria e Messina e poi *(conquistare)* [_____] la Sardegna, le Eolie e la Corsica e *(partire)* [_____] per conquistare Algeria e Tunisia. Alla fine di questo periodo Pisa *(essere)* [_____] padrona della maggior parte delle rotte nel Mar Tirreno e *(cacciare)* [_____] gli arabi da tutte le isole del Mediterraneo. Purtroppo però, anche se i pirati saraceni ormai *(essere)* [_____] neutralizzati, lo strapotere della repubblica toscana *(provocare)* [_____] invidie e inimicizie, Genova, per esempio, *(volere)* [_____] la Corsica, Amalfi e altre isole dell'Egeo che Pisa *(saccheggiare)* [_____]. Pisa, inoltre, non *(avere)* [_____] rapporti facili neanche con il papato, anche se *(tenere)* [_____] in grande considerazione i suoi vescovi che *(essere)* [_____] anche primati di Sardegna e di Corsica, un titolo che rimane anche oggi. Basti sapere che, il patrono di Pisa, san Ranieri era stato proclamato santo dal popolo pisano, senza l'accordo del Papa. Per non parlare del Capodanno, che ancora oggi si celebra il 25 marzo, perché l'era cristiana, secondo i pisani *(cominciare)* [_____] dal concepimento di Maria, quindi 9 mesi prima del Natale. Quindi, quando Pisa è stata conquistata dalla Repubblica fiorentina, nessuno *(correre)* [_____] in suo aiuto.

Each correct pronoun scores 3 points.   Total: _____/63

8 INFORMAL IMPERATIVE
Transform the sentences into the imperative for the 2ⁿᵈ person plural (voi).

Come ottenere la cittadinanza italiana

Se vuoi diventare cittadino italiano:

a) Sposati un altro cittadino italiano e risiedi in Italia per almeno due anni con la persona che hai sposato.
b) Fa' o adotta dei figli e potrai ridurre alla metà il termine di tempo di residenza.
c) Lavora, anche all'estero, per almeno cinque anni alle dipendenze dello stato italiano.
d) Vivi in Italia per almeno quattro anni se sei un cittadino dell'Unione Europea.
e) Abitaci per almeno 10 anni se sei un cittadino straniero ma non di un paese dell'Unione Europea.

Each correct pronoun scores 3 points.   Total: _____/42

Forms of the present subjunctive

Sembra che loro **partano** domani.
Dicono che lui **perda** facilmente la pazienza.
È possibile che domani **ci vediamo**.

Si dice che io par**li** bene il tedesco.
Credo che lei par**li** bene il tedesco.
Mi pare che tu par**li** bene il tedesco.

Sebbene non **capisca** molto di arte, mi piace andare nei musei.
Mi pare che oggi **faccia** più freddo.
Mio padre vuole che **vada** a casa presto.

Voglio che tu **paghi** il conto!
Pretendono che **cerchiamo** un altra casa.

■ *The present subjunctive is formed from the present indicative.*

■ *The 1ˢᵗ, 2ⁿᵈ and 3ʳᵈ persons singular of the present subjunctive have the same ending.*

■ *The verbs which are irregular in the present indicative nearly always have the same type of irregularity in the present subjunctive. For example:*

$$capisco > \textbf{capisca}$$
$$faccio > \textbf{faccia}$$
$$vado > \textbf{vada}$$

■ *The verbs ending in -care and -gare add an -h- before the subjunctive ending.*

Present subjunctive - regular verbs

	am-are	ved-ere	apr-ire
io	am-i	ved-a	apr-a
tu	am-i	ved-a	apr-a
lui/lei/Lei	am-i	ved-a	apr-a
noi	am-iamo	ved-iamo	apr-iamo
voi	am-iate	ved-iate	apr-iate
loro	am-ino	ved-ano	apr-ano

Present subjective - irregular verbs

	essere	avere	dare	stare	andare
io	sia	abbia	dia	stia	vada
tu	sia	abbia	dia	stia	vada
lui/lei/Lei	sia	abbia	dia	stia	vada
noi	siamo	abbiamo	diamo	stiamo	andiamo
voi	siate	abbiate	diate	stiate	andiate
loro	siano	abbiano	diano	stiano	vadano
	venire	volere	potere	dovere	sapere
io	venga	voglia	possa	debba/deva	sappia
tu	venga	voglia	possa	debba/deva	sappia
lui/lei/Lei	venga	voglia	possa	debba/deva	sappia
noi	veniamo	vogliamo	possiamo	dobbiamo	sappiamo
voi	veniate	vogliate	possiate	dobbiate	sappiate
loro	vengano	vogliano	possano	debbano/devano	sappiano

Forms of the past subjunctive

Pare che Susi **sia** già **partita**.

Spero che tu **ti sia divertito**.

■ *The past subjunctive is formed with the **present subjunctive** of **avere** and **essere** and the **past participle** of the verb.*

Past subjunctive (present subjunctive of *avere* or *essere* + past participle)		
io	abbia parlato	sia andato/a
tu	abbia parlato	sia andato/a
lui/lei/Lei	abbia parlato	sia andato/a
noi	abbiamo parlato	siamo andati/e
voi	abbiate parlato	siate andati/e
loro	abbiano parlato	siano andati/e

EXERCISES

I Complete the conjugation of the present subjunctive.

a. regular verbs

	parlare	scrivere	partire	capire
io			*parta*	
tu	*parli*			*capisca*
lui/lei/Lei		*scriva*		
noi	*parliamo*			
voi			*partiate*	
loro		*scrivano*		*capiscano*

b. irregular verbs

	essere	stare	pagare	fare	rimanere	andare
io						*vada*
tu	*sia*					
lui/lei/Lei				*faccia*		
noi			*paghiamo*			
voi					*rimaniate*	
loro		*stiano*				

2 Chose the correct form of the present subjunctive.

Giulia, una studentessa di biologia, racconta a Roberta quello che le è successo ieri.

■ Ieri, mentre aspettavo l'autobus, mi si è avvicinato un uomo molto ben vestito e mi ha detto: "Scusi, Lei è una modella?"

● Ma dai! E tu cosa hai risposto?

■ Gli ho detto di no, naturalmente e lui ha aggiunto: "Non è possibile che Lei **siate/sia** una studentessa! È troppo bella! Penso proprio che Lei **devi/deva** iniziare la carriera di modella!"

● Che bello! Spero che un giorno **succeda/succede** anche a me!

■ Io invece non mi sono fidata e ho risposto: "Mi dispiace, ma non credo proprio che questo tipo di carriera **vada/vado** bene per me. In questo momento mi sembra che **sii/sia** più importante che io **finisce/finisca** l'università". Poi mi sono preparata per prendere l'autobus, che stava arrivando.

● E lui cosa ha detto?

■ Mi ha guardata un po' sorpreso e ha detto: "Ho capito. Lei non sa davvero cosa si è persa. Crede forse che io **fermi/ferma** tutte le ragazze che vedo? Io sono un professionista! Lavoro anche per *Playboy*!" Poi se ne è andato, offeso.

● *Playboy*? Allora ho capito bene a che tipo di modella pensava!

---

3 Put the verbs into the present subjunctive.

Paola e Serena parlano del nuovo lavoro di Serena.

■ Sai Serena, non credo che tu *(fare)* [_____] bene ad accettare quel lavoro.

● Perché? Mi pare che *(essere)* [_____] un ottimo lavoro. Sono sicura che mi troverò bene.

■ Dicono che il direttore non *(essere)* [_____] una persona molto corretta e che *(cercare)* [_____] di sfruttare i dipendenti il più possibile senza dargli respiro.

● Mah, vedremo. Forse hai ragione, ma prima di giudicare voglio provare. Se il capo pensa che io *(essere)* [_____] una persona senza carattere, dovrà cambiare idea.

■ Sai che ho degli amici al sindacato. Se hai dei problemi, prima che tu *(decidere)* [_____] di fare qualcosa, voglio che tu *(parlare)* [_____] con me e con un rappresentante del sindacato. D'accordo?

● Ok Paola. Grazie del consiglio.

---

4 Complete the sentences with the verbs in the past subjunctive, as shown in the example.

1. "Che ne pensi del film?" "Credo che sia il film più bello che io *(vedere)* [*abbia*] mai [*visto*]!"

2. "Dove è andato lo zio?" "Penso che *(partire)* [_____] [_____]."

3. "Perché non inviti anche Anna stasera?" "Perché, sebbene *(tornare)* [_____] [_____] in Italia, non penso che sia in città."

4. "Hai portato da bere?" "No, credo che ci *(pensare)* [_____] [_____] Claudio e Andrea."

5. "Hai visto quanta neve c'è?" "Sì, sembra che *(nevicare)* [_____] [_____] tutta la notte."

6. "Povero Tiziano! Hai sentito che gli è successo?" "Sì, mi dispiace che Lucia lo *(lasciare)* [_____] [_____]."

7. "Chi ha spento il gas?" "Pare che l' *(spegnere)* [_____] [_____] Sergio."

8. "Gianna e Pino sono una bella coppia." "Sì, sono contento che *(sposarsi)* [_____] [_____]."

Agreement of present and past subjunctive

main clause	dependent clause	
	lui parta/partirà domani.	After a main clause with a verb in the present indicative tense, in the future or in the imperative we use:
Immagino che... Immaginerò che... Immagina che...	**lui parta/stia partendo in questo momento.**	a) the present subjunctive or the future indicative if we wish to express a later action; b) the present subjunctive or the present continuous subjunctive if we wish to express a simultaneous action;
	lui sia partito ieri.	c) the past subjunctive to express a prior action.

EXERCISES

1 Complete this letter to an Italian newspaper with the verbs in the list.

| abbia | abbia deciso | abbia ereditato | faccia | possa | si allontani | si sia innamorata | si trasferisca | vada |

Genitori e figli

Sembra che mia figlia [_____] di un ragazzo che non vale niente. A me e mio marito pare che lui

[_____] poca voglia di lavorare e non [_____] nessun progetto serio di vita.

Inoltre, sembra che qualche tempo fa questo ragazzo [_____] alcuni milioni dalla nonna e che [_____]

di mettere su casa. Nostra figlia naturalmente lo ha aiutato ad arredare e a preparare l'appartamento e io mi aspetto che quanto prima ci

[_____] anche lei.

Ecco il punto: mio marito non vuole che nostra figlia [_____] a vivere con lui e per questo adesso in casa ci sono conti-

nue discussioni. Mio marito è un tipo molto autoritario, crede che nostra figlia [_____] cambiare idea con le minacce, ma

io invece temo che in questo modo lei [_____] sempre di più da noi. Che posso fare?

---

2 Put the verbs into the subjunctive (present or past) and complete Sergio's story.

Pare che...

1. Pare che Sergio *(volere)* [_____] lasciare la città al più presto.

2. Sembra che ieri *(tornare)* [_____] prima da un viaggio di lavoro.

3. Si dice che, quando è entrato in casa, *(trovare)* [_____] la moglie con un altro uomo.

4. Così sembra che Sergio *(prendere)* [_____] a pugni quell'uomo e lo *(buttare)* [_____] fuori di casa a
   calci.

5. Dicono che l'uomo che era con la moglie di Sergio *(essere)* [_____] il figlio di uno dei boss mafiosi della zona: Don Vito.

6. Pare che a Don Vito non *(piacere)* [_____] la reazione di Sergio.

7. Ora si teme che Don Vito *(potere)* [_____] pagare un killer per uccidere Sergio.

3 Put the verbs into the present or past subjunctive.

Dallo psicanalista, Tommaso parla dei suoi problemi con le donne.

"Caro dottore, mi domando continuamente come e perché *(succedere)* [_____] quello che è successo. Non capisco proprio. Io l'ho amata, ho fatto tutto per lei. Quella con mia moglie Laura è stata la relazione più importante che io *(avere)* [_____] mai [_____]!

Anche più importante di Angela, che è la donna più bella che io *(conoscere)* [_____] mai [_____]. E più di Teresa, che è una donna importante, in carriera e molto intelligente.

Non capisco perché mia moglie mi *(lasciare)* [_____]. Forse non le piace la mia abitudine di raccontare agli amici le avventure che ho durante il matrimonio. Ma fra noi uomini queste cose si fanno, no? Per un uomo è importante che gli amici lo *(considerare)* [_____] un uomo di successo, nel lavoro e con le donne!

O forse non mi ha mai perdonato il fatto che io la *(tradire)* [_____] con la sua migliore amica. Ma è successo solo una volta! O due? Non ricordo esattamente, ma non è importante e comunque non capisco proprio chi glielo *(dire)* [_____]!

Che dice dottore, che devo fare? Pensa che *(essere)* [_____] una buona idea se le telefono e le dico che la amo? Forse potrei comprarle un bel mazzo di fiori, o potrei portarla in vacanza a Parigi. Sì, sì. Farò proprio così, dottore.

È meglio però che *(sbrigarsi)* [_____], anche perché ho invitato dei partner di affari a cena per la fine del mese e mi fa piacere che loro *(vedere)* [_____] com'è bella mia moglie, voglio che *(ammirare)* [_____] un uomo che ha una donna che si dedica solo alla casa e a lui e che è anche un'ottima cuoca.

La chiamo subito al cellulare, allora. Spero solo che mi *(rispondere)* [_____] e mi *(ascoltare)* [_____]."

4 Put the verbs into the present or past subjunctive.

Filarsela all'inglese

a) Pare che ieri sera, dopo la cena dai Gentili, Davide *(andare)* [_____] via senza salutare. Quando la padrona di casa ha commentato che se ne era andato all'inglese, alcuni si sono domandati cosa *(significare)* [_____] questo modo di dire. È stata una chiacchierata interessante. Sembra infatti che in italiano questa frase *(essere)* [_____] di origine francese *(filer a l'anglais)* e che *(nascere)* [_____] ai tempi delle grandi battaglie navali. Altri pensano invece che questa frase *(essere)* [_____] usata per la prima volta nel Diciottesimo secolo in maniera diversa, dagli inglesi e dai tedeschi, che dicono ancora "filarsela alla francese" e che poi i francesi l'*(usare)* [_____] parlando degli inglesi, per vendicarsi. A quei tempi infatti era in uso, in Francia, lasciare una festa senza congedarsi dal proprio ospite.

Fare il portoghese

b) Avete mai sentito l'espressione "fare il portoghese"? Significa "entrare gratis ad uno spettacolo o ad una partita evitando di pagare il biglietto". Però questo non significa che gli italiani *(pensare)* [_____] che i portoghesi *(essere)* [_____] tutti degli scrocconi e non *(volere)* [_____] pagare per niente. Pare infatti che la frase *(risalire)* [_____] al 1513, quando il Re del Portogallo in visita a Papa Leone X, gli ha portato regali molto ricchi. Il Papa allora, per ricambiare, ha lasciato entrare tutti i portoghesi al seguito del Re in tutti i locali pubblici senza pagare. Non tutti sono d'accordo con questa spiegazione però. Altri ritengono che la frase *(nascere)* [_____] nel XVIII secolo, quando si dice che l'ambasciata del Portogallo a Roma, per festeggiare un avvenimento, *(organizzare)* [_____] una recita al Teatro Argentina. La festa era gratis per i portoghesi e bastava presentarsi come "portoghesi" per entrare senza pagare. Da quel giorno "fare il portoghese" significa non pagare.

Forms of the imperfect subjunctive

Credevo che lei **parlasse** bene il tedesco.

Pensavo che tu non **bevessi** il vino.

Nostro padre non voleva che noi **dormissimo** troppo.

■ *Normally the imperfect subjunctive is formed from the imperfect indicative.*

Carlo pensava che io part**issi** alle 4.

Carlo pensava che tu part**issi** alle 4.

■ *The 1ˢᵗ and the 2ⁿᵈ persons singular of the imperfect subjunctive have the same ending.*

Imperfect subjunctive - regular verbs			
	am-**are**	ved-**ere**	apr-**ire**
io	am-**assi**	ved-**essi**	apr-**issi**
tu	am-**assi**	ved-**essi**	apr-**issi**
lui/lei/Lei	am-**asse**	ved-**esse**	apr-**isse**
noi	am-**assimo**	ved-**essimo**	apr-**issimo**
voi	am-**aste**	ved-**este**	apr-**iste**
loro	am-**assero**	ved-**essero**	apr-**issero**

Imperfect subjunctive - irregular verbs			
	essere	dare	stare
io	fossi	dessi	stessi
tu	fossi	dessi	stessi
lui/lei/Lei	fosse	desse	stesse
noi	fossimo	dessimo	stessimo
voi	foste	deste	steste
loro	fossero	dessero	stessero

Forms of the past perfect subjunctive

Nonostante **avesse piovuto** molto, il terreno era asciutto.

Speravo che tu **ti fossi divertito**.

Pareva che Susi **fosse** già **partita**.

■ *The past perfect subjunctive is formed with the **imperfect subjunctive** of **avere** or **essere** plus the **past participle** of the verb.*

Past perfect subjunctive		
(past perfect subjunctive of *avere* or *essere* · past participle)		
io	avessi parlato	fossi andato/a
tu	avessi parlato	fossi andato/a
lui/lei/Lei	avesse parlato	fosse andato/a
noi	avessimo parlato	fossimo andati/e
voi	aveste parlato	foste andati/e
loro	avessero parlato	fossero andati/e

26 Subjunctive

1 Complete the conjugation of the imperfect subjunctive.

	parlare	scrivere	partire	capire	essere	stare	dare
io							
tu			*partissi*			*stessi*	
lui/lei/Lei		*scrivesse*		*capisse*			
noi					*fossimo*		
voi	*parlaste*						*deste*
loro							

2 Choose the correct form of the imperfect subjunctive.

Roberta racconta cosa le ha detto Giulia.

"Giulia mi ha detto che ieri, mentre aspettava l'autobus, le si è avvicinato un uomo molto ben vestito che le ha chiesto se lei **fossi/fosse** una modella. Lei naturalmente ha risposto di no, ma l'uomo ha insistito e le ha detto che non poteva credere che una ragazza bella come lei **si accontentaste/si accontentasse** di fare la studentessa e che lui pensava proprio che **dovesse/dovessi** iniziare la carriera di modella. Giulia gli ha risposto che non credeva che quel tipo di carriera **andasse/andrebbe** bene per lei e che le sembrava più importante finire l'università. L'uomo allora l'ha guardata sorpreso e le ha detto che non si aspettava proprio che lei non lo **prendessi/prendesse** sul serio e **decideste/decidesse** di perdere un'occasione del genere. Poi le ha detto che lui lavorava per *Playboy* e se ne è andato offeso. Giulia allora ha capito che tipo di foto si aspettava che lei **facessi/facesse** ed è stata contenta di non averlo ascoltato."

3 Put the verbs into the imperfect subjunctive.

I sogni di Lietta

Vorrei tanto che lui *(essere)* [　　　] gentile e generoso, che mi *(trattare)* [　　　] bene e mi *(comprare)* [　　　] il mio piatto preferito: ossi misti con salsa! Mi piacerebbe che mi *(portare)* [　　　] al parco in centro, perché lì ho molti amici e mi diverto di più che a quello nella piazza dietro casa. Vorrei che mi *(lavare)* [　　　] solo quando ne sento il bisogno e che mi *(fare)* [　　　] le coccole ogni volta che glielo chiedo. Magari mi *(comprare)* [　　　] anche un gatto con cui litigare e da rincorrere per la casa! Purtroppo non lo farà mai, però non posso lamentarmi perché almeno mi fa stare in casa con lui e qualche volta mi fa anche salire sul letto.

26 Subjunctive

4 Complete the sentences with the verbs in the list.

> aveste avuto avessimo bevuto avessi chiamato avessi fatto avesse nevicato avessero vinto
> fosse stato fosse partito fossi andato

1. Non sapevo che tu mi _____ in ufficio, la mia segretaria non me l'ha detto.
2. Pensavo che Claudio _____ già _____ , per questo non l'ho invitato alla festa.
3. Nonostante _____ un po' troppo, ci sentivamo benissimo.
4. Malgrado _____ tutta la notte, non faceva molto freddo.
5. Non ho pagato l'affitto perché credevo che lo _____ tu!
6. Non li avevo mai visti così contenti, sembrava che _____ la lotteria.
7. Si diceva che da giovane _____ un uomo molto ricco e importante, ma lui non amava parlare del suo passato.
8. Credevamo che tu _____ già _____ a letto, per questo parlavamo così piano.
9. Siccome non arrivavate, temevamo che _____ un incidente.

Agreement of imperfect subjunctive and past perfect subjunctive

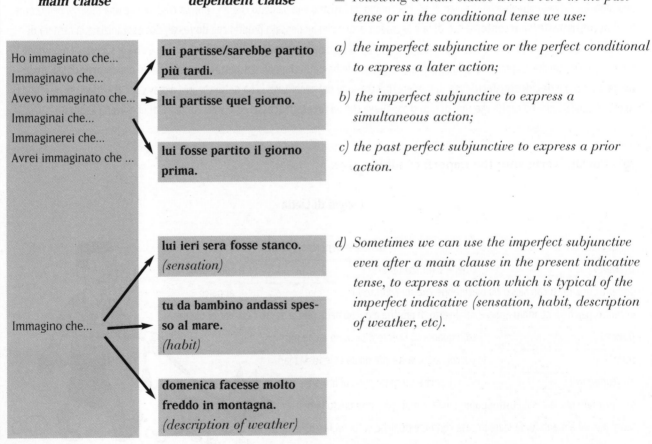

26 Subjunctive

main clause	dependent clause
Ho immaginato che... Immaginavo che... Avevo immaginato che... Immaginai che... Immaginerei che... Avrei immaginato che ...	**lui partisse/sarebbe partito più tardi.** **lui partisse quel giorno.** **lui fosse partito il giorno prima.**
Immagino che...	**lui ieri sera fosse stanco.** *(sensation)* **tu da bambino andassi spesso al mare.** *(habit)* **domenica facesse molto freddo in montagna.** *(description of weather)*

■ *Following a main clause with a verb in the past tense or in the conditional tense we use:*

a) *the imperfect subjunctive or the perfect conditional to express a later action;*

b) *the imperfect subjunctive to express a simultaneous action;*

c) *the past perfect subjunctive to express a prior action.*

d) *Sometimes we can use the imperfect subjunctive even after a main clause in the present indicative tense, to express a action which is typical of the imperfect indicative (sensation, habit, description of weather, etc).*

1 Choose the correct form of the verbs.

1. Non credevo che nel nord Italia di solito **facesse/avesse fatto** così freddo.
2. Mia madre voleva che **facessi/avessi fatto** l'infermiera, invece sono diventata un'ingegnere nucleare.
3. Sarebbe stato meglio che **venissi/fossi venuto** anche tu ieri sera; c'era bisogno di qualcuno che parlasse l'inglese.
4. Mi piacerebbe che mio figlio **studiasse/avesse studiato** il latino quando andrà a scuola.
5. Quando finalmente sembrava che Piero e Angela **potessero/avessero potuto** andare in vacanza, lui si è ammalato.
6. Quando l'abbiamo vista piangere, abbiamo pensato che il marito la **lasciasse/avesse lasciata**.
7. Immaginavamo che Aldo **fosse arrivato/sarebbe arrivato** col treno, per questo siamo andati alla stazione ad aspettarlo.
8. Voglio che tu **dica/dicessi** tutta la verità.
9. Vorrei che tu **dicessi/abbia detto** tutta la verità.
10. Si diceva che dieci anni prima quell'uomo **uccidesse/avesse ucciso** la moglie per gelosia.

2 Put the verbs in brackets into the imperfect subjunctive or the past perfect subjunctive.

Anna racconta ad un'amica i problemi che ha avuto l'altro giorno.

"Senti un po' che mi è successo! Sono davvero sfortunata! L'altro giorno sono uscita per andare al lavoro, avevo una riunione importante e ho preso il mio computer portatile per usarlo per la mia presentazione. Mio figlio lo aveva usato la sera prima e io credevo che lo *(rimettere)* [_____] a posto come lo aveva trovato, quindi non ho controllato prima di uscire. Quando sono arrivata in ufficio mi sono accorta che mancavano proprio i cavi di cui avevo bisogno per la presentazione! Naturalmente il capoufficio, che si aspettava che io *(avere)* [_____] tutto sotto controllo, non ha reagito molto bene ma mi ha dato due ore per tornare a casa a prendere i cavi e mi ha detto che voleva che *(essere)* [_____] di ritorno per mezzogiorno, perché avrebbe cercato di spostare la riunione. Sono corsa a casa, ma una volta entrata in giardino mi sono accorta che avevo dimenticato le chiavi in casa! Ho suonato il campanello, infatti pensavo che la colf *(essere)* [_____] ancora in casa e che *(venire)* [_____] ad aprirmi la porta. Invece se ne era già andata. Allora ho sperato che la colf *(lasciare)* [_____] aperta la finestra dello stanzino sul retro. Qualche volta la lascia aperta per cambiare aria. Ho avuto fortuna! Con molta difficoltà, visto che avevo un tailleur da lavoro e le scarpe alte, sono riuscita ad entrare dalla finestra, sono scesa sulla lavatrice e mi sono trovata finalmente nello stanzino! Che fortuna! Ma quando sono andata ad aprire la porta sono rimasta bloccata! Non mi aspettavo che *(essere)* [_____] chiusa! Sicuramente la colf l'aveva chiusa perché non *(entrare)* [_____] estranei in casa! E io ero bloccata dentro! E non ce la facevo a uscire di nuovo dalla finestra! Mi sono dovuta sedere davanti alla lavatrice ad aspettare che *(rientrare)* [_____] qualcuno. Quando mio marito finalmente è tornato dal lavoro e mi ha sentito battere alla porta dello stanzino, si è preoccupato perché pensava che qualcuno *(entrare)* [_____] in casa! Poi mi ha aperto e ha riso per una settimana, pensando a quello che era successo. Il mio capo, invece, il giorno dopo, ha riso molto meno...."

Use of the subjunctive

Normally the subjunctive is used in **dependent** clauses. In particular it is used following verbs or expressions which indicate:

Penso che Anna **sia** malata.
Credo che tu **parli** troppo.
Non sono sicura che Carlo **sia partito**.
Si dice che Paola **sia** incinta.
Dicono che si **mangi** bene là.
È possibile che Aldo **sia** a casa.

a) opinions or situations of which one is not completely certain. For example, with verbs or expressions such as **pensare**, **credere**, **non essere sicuro**, **si dice**, **è possibile**, **è probabile**, etc.

Spero che il treno **arrivi** in tempo.
Sono contento che non **piova**.

b) wishes or moods. For example, with verbs or expressions such as **sperare**, **essere contento**, **essere felice**, etc.

Voglio che tu **venga** con me.
Preferisco che loro non **mangino** qui.
Bisogna che loro **telefonino** in tempo.
È meglio che tu non **entri**.

c) preferences. For example, with verbs and expressions such as **volere**, **preferire**, **bisogna**, **è meglio**, **è preferibile**, etc.

The subjunctive is also used after some particular words:

Sebbene piovesse sono andata lo stesso al concerto.
Nonostante lui non **mi piaccia** molto, penso che andrò alla sua festa.
Ho capito la situazione **senza che** tu mi **dicessi** niente.
Voglio telefonargli **prima che esca** di casa.
Ti presto la gonna **a patto che** tu me la **renda** il prima possibile.
Domani dovrei partire, **a meno che** non **succeda** qualcosa di grave.
Qualunque cosa **faccia**, io do ragione a lui.

a) **sebbene**, **nonostante**, **senza che**, **prima che**, **a patto che**, **a condizione che**, **a meno che**, **qualunque**;

Le ho comprato un biglietto aereo **affinché se ne vada**.
Gli ho dato quel libro **perché lo leggesse**.

b) **affinché** and **perché** with the meaning of "for the purposes of", "in order to";

Piero crede che <u>**lui**</u> (Piero) parli molto bene l'inglese. *(incorrect)*
Piero crede **di parlare** molto bene l'inglese. *(correct)*
(<u>**io**</u>) **Vorrei** che (<u>**io**</u>) rimanessi ancora un po'. *(incorrect)*
Vorrei **rimanere** ancora un po'. *(correct)*

When the subject of the dependent clause is the same as the subject of the main clause, the **infinitive** is used, not the subjunctive.

Sometimes the subjunctive is found also in **main clauses**. In these cases it can have two meanings:

Strano che Lucia non sia venuta! Che **stia** male?
Guarda com'è ingrassata Anna! Che **sia** incinta?

a) **to express a doubt** and it takes an interrogative form;

Ah! Se **avessi** ancora 20 anni!
Magari **potessi** fare un mese di ferie!

b) **to express a wish.**

1 Choose the correct verb.

Italiani al volante

Molti stranieri hanno un'impressione piuttosto negativa dei guidatori italiani. La maggior parte pensa che gli italiani **sono/siano/fossero** troppo spericolati e che non **rispettano/rispettino/rispettassero** le norme del traffico. Queste persone di solito hanno paura a guidare in Italia e **preferiscono/avevano preferito/preferiscano** prendere i mezzi pubblici o i taxi.

Gli italiani ridono di queste paure e assicurano che, nonostante il traffico italiano **sembra/sembri/sembrasse** caotico e pericoloso, ci sono pochissimi incidenti perché tutti **hanno/abbiano/abbiano avuto** dei riflessi prontissimi e **sono/siano/siano stati** ottimi guidatori. Uno studio del Gruppo Zurigo insieme all'Università Statale di Milano rivela invece che i giovani **guidano/guidino/guidassero** male, anche se credono **che siano/che fossero/di essere** dei supereroi. Infatti sembra che i ragazzi italiani **conoscono/conoscano/conoscessero** il codice della strada ma non lo **rispettano/rispettino/abbiano rispettato**. Non è raro che gli automobilisti **hanno/abbiano/avessero** una buona conoscenza delle leggi ma **decidono/decidano/decidere** di non osservarle, seguendo un regolamento "fai da te".

Dall'analisi delle risposte al questionario dato dal Gruppo Zurigo si vede che il 96% degli intervistati pensa che la sicurezza stradale **dipende/dipenda/fosse dipesa** dalle proprie condizioni psicofisiche. Quasi tutti dichiarano che è indispensabile, prima di salire in auto, **stanno/stiano/stare** bene e **sono/siano/essere** lucidi. Ma non lo fanno sempre. Solo il 2% pensa **che sia/che sia stato/di essere** un guidatore "rigoroso e attento" mentre il 48% si giudica "flessibile e alterno". In particolare gli uomini si ritengono molto competenti e i giovani tra i 18 e i 25 anni **hanno/hanno avuto/abbiano** troppa fiducia in sé. Dal questionario inoltre risulta che i guidatori migliori **sono/siano/siano state** le persone dai 41 ai 60 anni e che le donne **sono/siano/siano state** più attente degli uomini.

(adapted from "Famiglia Cristiana")

2 Complete the sentences with the words in the list, as shown in the example.

| ho creduto | **voglio** | è meglio che | prima che | vorrei | sono contenta che |
| sebbene | mi dispiace | è giusto | si dice | a condizione che |

1. Signorina, | *voglio* | che mi dia la lista degli appuntamenti del giorno.
2. | | piovesse già da due ore, abbiamo deciso di fare una passeggiata nel parco.
3. Ho deciso che accetterò quel lavoro, | | mi diano la possibilità di avere un orario flessibile.
4. Se vuoi prendere quel treno | | tu vada subito a fare il biglietto, è già tardi.
5. Oddio che figuraccia! Ho incontrato Luca con la sua donna e | | che fosse sua madre!
6. Scusa il ritardo, il traffico era davvero tremendo oggi! | | che tu mi abbia dovuto aspettare qui al freddo!
7. Gli hanno dato l'ergastolo e se lo è davvero meritato. | | che paghi per quello che ha fatto!
8. | | che Babbo Natale mi portasse una bicicletta rosso fiammante!
9. Hai sentito dell'ingegner Pilluzzi? | | che sia scappato con la segretaria!
10. | | Piero abbia avuto quel lavoro. Era certamente il candidato più qualificato.
11. Forse dovresti telefonare a tua madre | | si preoccupi troppo!

3 Choose the sentences which are grammatically correct. The letters relevant to the sentences will give you the name of the South American country which has the most Italian immigrants.

1. Ultimamente gli italiani che vivono all'estero abbiano chiesto il diritto di essere rappresentati politicamente in Italia.   **B**

2. Tra la fine dell'800 e i primi del '900 gli italiani andavano specialmente in America.   **A**

3. Gli italiani in Uruguay dicono che siano anche loro campanilisti.   **A**

4. Pare che molte comunità italiane all'estero richiedano scuole e dipartimenti universitari per studiare la lingua e la storia italiana.   **R**

5. Sebbene vivano all'estero da molti anni i veneti in Uruguay pubblicano un giornale nel loro dialetto.   **G**

6. La comunità italiana in Nuova Zelanda è la più piccola che ci sia: 1.600 persone.   **E**

7. Alcuni argentini di origine italiana desiderano che loro vadano a vivere in Italia.   **S**

8. Prima di lasciare l'Italia molti vivevano nelle campagne del meridione o nell'Italia nord-orientale.   **N**

9. In Irlanda ci sono moltissimi italiani che vengono dal Lazio e vendono pesce e patate fritte.   **T**

10. Sembra che molti italiani di terza generazione in America parlano il dialetto di origine dei loro bisnonni.   **V**

11. La comunità italiana in Slovenia è ancora molto unita e parla correntemente italiano.   **I**

12. Gli italiani che vivono in Slovenia vogliono che i loro diritti di minoranza linguistica siano riconosciuti.   **N**

13. Sebbene siano negli Stati Uniti da molti anni, gli americani di origine italiana hanno mantenuto molte tradizioni italiane, culinarie, culturali e religiose.   **A**

4 Now correct the sentences in Exercise 3 which are wrong.

1. Ultimamente gli italiani che vivono all'estero abbiano chiesto il diritto di essere rappresentati politicamente in Italia.

_____

3. Gli italiani in Uruguay dicono che siano anche loro campanilisti.

_____

7. Alcuni argentini di origine italiana desiderano che loro vadano a vivere in Italia.

_____

10. Sembra che molti italiani di terza generazione in America parlano il dialetto di origine dei loro bisnonni.

_____

5 Put the verbs into the indicative or the subjunctive mode.

Questa è la cronaca dal Festival di Venezia della giornalista tv Fabia Filmini.

"Buongiorno cari lettori, sono a Venezia, per il Festival del Cinema, una manifestazione conosciuta in tutto il mondo e frequentata dagli attori e dai registi più famosi. Nonostante nei giorni scorsi il tempo non *(essere)* [_____] molto buono, Venezia è bella come sempre, e noi giornalisti *(essere)* [_____] tutti qui ad aspettare l'arrivo di Gigì, la più amata attrice del momento! In un primo tempo si pensava che la diva *(arrivare)* [_____] ieri mattina, invece così non è stato. Si dice che all'ultimo momento *(perdere)* [_____] l'aereo. Qualcuno invece pensa che questo *(essere)* [_____] solo un modo per far crescere l'attesa nel pubblico.

Ieri intanto *(arrivare)* [_____] il regista Fellonis, che domani *(presentare)* [_____] al festival un film molto magico e molto artistico, come sempre. Pare che gli attori non *(capire)* [_____] niente del film nemmeno quando lo *(vedere)* [_____]. Ma tutti pensano che Fellonis *(essere)* [_____] uno dei più grandi registi degli ultimi anni e che i suoi film *(essere)* [_____] delle opere d'arte. Intanto si dice che l'attore australiano Robin Cree *(stare)* [_____] per sposare l'attrice Meg Ford che *(lavorare)* [_____] con lui nell'ultimo film che *(fare)* [_____] insieme. Ieri però Cree *(arrivare)* [_____] a Venezia con una donna meravigliosa, che tutti pensano *(essere)* [_____] troppo bella per essere solo la sua assistente personale. Povera Meg!

Da Venezia è tutto. Un saluto da Fabia Filmini."

6 Put the verbs into the indicative or the subjunctive mode.

Il divorzio nel tempo

Sebbene in Italia la legge sul divorzio *(passare)* [_____] nel 1970, già ai tempi dei romani *(esistere)* [_____] situazioni in cui il marito *(potere)* [_____] divorziare dalla moglie. Non era permesso che la donna *(decidere)* [_____] di divorziare, e la decisione era in mano al marito che lo *(fare)* [_____] se *(verificarsi)* [_____] uno di questi quattro motivi: il marito poteva chiedere il divorzio se credeva che la moglie *(avvelenare)* [_____] i figli. Sembra una situazione assurda, ma pare che con questa espressione si *(alludere)* [_____] all'aborto volontario. Un'altra ragione che *(dare)* [_____] diritto a chiedere il divorzio era l'adulterio. Se quindi il marito aveva prove che la moglie lo *(tradire)* [_____] aveva ogni diritto di disfarsene. Si poteva anche divorziare da una moglie sterile e da una che ti *(sottrarre)* [_____] le chiavi. L'espressione *(riferirsi)* [_____] alle chiavi della cantina, perché alle donne *(essere)* [_____] proibito bere vino. Secondo i romani infatti lo stato di ubriachezza *(mettere)* [_____] la donna in condizione di tradire il marito e quindi di venire meno al dovere di dargli figli legittimi. Per ufficializzare il divorzio bastava che il marito *(dire)* [_____]:"Ei foras, mulier" o "Uxor, vade foras" che *(significare)* [_____] "Vattene via, moglie". Se il divorzio non era legittimato da questi motivi si *(esigere)* [_____] che il marito *(risarcire)* [_____] la moglie con parte del suo patrimonio e *(offrire)* [_____] anche del denaro alla dea Cerere, divinità protettrice delle nozze.

Inside and Out

Many Italians do not use the second singular person of the conjunctive anymore. Also, this tense has become quite rare in some regions. The use and function of the conjunctive are undergoing a major shift whose outcome is hardly predictable.

*e. g.: Penso che **ha detto** che non viene.*   *Immagino che voi **siete** già **partiti**.*

Polite imperative (addressing people formally)

Vuole la farmacia più vicina? **Guardi, vada** sempre dritto, **attraversi** la piazza e vedrà la farmacia a sinistra.
Scusi, **non fumi** qui per favore. È vietato.

Signori, **parlino** più piano, per favore. *(Loro)*
Signori, **parlate** più piano, per favore. *(Voi)*

Signora, quell'acqua non è buona, non **la beva**!
Prego signore, **si accomodi**.

- *The forms of the polite imperative are the same as the present subjunctive.*

- *In order to express the formal imperative plural we can use the 3rd person plural of the subjunctive (**Loro**). This form is not, however, very common. More popular is the 2nd person plural of the informal imperative (**Voi**).*

- *In the polite imperative the pronouns always precede the verbs.*

Polite imperative

	am-are	ved-ere	apr-ire
Lei	am-i	ved-a	apr-a
Loro	am-ino	ved-ano	apr-ano

EXERCISES

I **Match the phrases, as shown in the example.**

a. **Ho una gran fame!**
b. Ho bisogno di soldi.
c. Ho un terribile mal di testa.
d. Sono ingrassato.
e. Perdo sempre quando gioco a carte.
f. Ho perso il cane.
g. Lavoro troppo.
h. Odio il Natale!
i. Ho paura di prendere l'aereo.
l. Fumo troppo.

1. Prenda il treno.
2. Metta un annuncio sul giornale.
3. **Mangi un panino.**
4. Passi dicembre in un paese musulmano.
5. Chieda un prestito a una banca.
6. Provi con i cerotti anti-fumo.
7. Prenda un'aspirina.
8. Smetta di giocare.
9. Si prenda una vacanza.
10. Cominci a fare un po' di sport.

Inside and Out

Whenever possible, try to associate Italian words with similar words in your mothertongue. Careful, though: some words are false friends, i. e. similar in form but different in meaning and use.

e. g.: **colore** *(italiano): colour (inglese), couleur (francese), color (spagnolo)=* **parole simili**
incidente *(italiano) non ha un significato uguale a* **incident** *(inglese)=* **falso amico**
rumore *(italiano) non ha un significato uguale a* **rumeur** *(francese)=* **falso amico**

2 Put the verbs into the polite imperative form *(Lei)*.

Dal parrucchiere

■ Buongiorno signora, mi *(dire)* [＿＿＿＿＿].

● Vorrei cambiare stile, questo colore e questo taglio non mi piacciono più.

■ Mi *(seguire)* [＿＿＿＿＿], ci penso io. *(Venire)* [＿＿＿＿＿],
(sedersi) [＿＿＿＿＿] qui. Ecco. Allora vediamo un po'.

● Mi piacerebbero più corti e magari anche più chiari, che ne pensa?

■ *(Guardare)* [＿＿＿＿＿] questo taglio qui, corto e giovanile, che ne
dice?

● Uhm... forse è troppo corto, non credo che mi starebbe bene.

■ Allora magari una media lunghezza... Per il colore *(guardare)*
[＿＿＿＿＿] questo biondo qui.

● No. Troppo biondo.

■ *(Farsi)* [＿＿＿＿＿] consigliare da me signora. Questa tonalità di
colore le starebbe benissimo.

● Mah non lo so... e perché non rossi?

■ Va bene. Le piace questo rosso? Lo *(provare)* [＿＿＿＿＿], non è niente male.

● No, no. Ci ho ripensato. Questo rosso proprio no. Forse è meglio tenere il colore che ho.

■ Come vuole signora. E la lunghezza?

● Li voglio sicuramente tagliare. Così sono troppo lunghi.

■ Li tagliamo fino alle orecchie?

● No, troppo corti.

■ Alle spalle?

● No, sempre troppo corti... forse è meglio lasciarli come sono... mi stanno bene no? Mi *(dire)* [＿＿＿＿＿] che ne pensa.

■ Signora, *(fare)* [＿＿＿＿＿] come vuole. Forse è meglio se a Lei ci pensa Alessandro.
Alessandro!! Vieni qui a lavare i capelli alla signora!!

---

3 Rewrite the sentences, using the formal address (polite imperative), as shown in the example.

e.g. Smettila di mangiare dolci, ti fanno male! > *La smetta di mangiare dolci, le fanno male!*

1. Non andare troppo veloce! Avrai un incidente. > [＿＿＿＿＿]

2. Ascoltate con attenzione quello che dirà il relatore. > [＿＿＿＿＿]

3. Dove hai messo le chiavi? Dimmelo subito che ho fretta. > [＿＿＿＿＿]

4. Mettiti quel vestito rosso, ti sta benissimo. > [＿＿＿＿＿]

5. Non fate rumore, gli ospiti dell'albergo stanno dormendo. > [＿＿＿＿＿]

6. Metti un po' più di sale nella pasta. È insipida. > [＿＿＿＿＿]

7. Chiudi la porta, per favore. > [＿＿＿＿＿]

8. Sedetevi qui. > [＿＿＿＿＿]

9. Aspettate, torno subito. > [＿＿＿＿＿]

10. Non telefonare all'estero a quest'ora. Costa troppo. > [＿＿＿＿＿]

4 **Put the verbs into the polite imperative form.**

Aprile. Stefano Fini va a parlare con il proprietario di un ristorante per un posto di cameriere nei mesi estivi.

Proprietario - Buongiorno Signor Fini, (entrare) [ ] pure, (accomodarsi) [ ]. Finisco questa telefonata e sono subito da Lei.

Stefano - Grazie. (Fare) [ ] con comodo.

Proprietario - Dunque. Lei vorrebbe lavorare nel mio ristorante per quest'estate... ha già esperienza come cameriere?

Stefano - (Guardare) [ ]. Io faccio il cameriere ogni estate, per guadagnare qualcosa per le vacanze. Ho lavorato in molti ristoranti della zona.

Proprietario - Vedo, vedo. Bene... (Sentire) [ ], noi abbiamo bisogno di una persona pulita, puntuale, naturalmente precisa e gentile, che lavori almeno 5 giorni alla settimana e sia pronta a fare straordinari.

Stefano - Questo non è un problema. Se vuole posso anche venire sei giorni alla settimana.

Proprietario - No, non importa. Non voglio che il personale sia troppo stanco. Anzi non (preoccuparsi) [ ], se ha bisogno di qualche ora libera, o di una mezza giornata, me lo (dire) [ ] pure, non ci saranno problemi! Per quanto riguarda la paga, noi paghiamo a fine mese e naturalmente (tenersi) [ ] pure tutte le mance che riesce a ottenere.

Stefano - Grazie. Mi pare che così vada benissimo. (Preparare) [ ] pure il contratto.

Proprietario - Benissimo. Sono sicuro che lavoreremo bene insieme.

5 **Read the next episode of Stefano's story and decide whether to put the verbs into the informal imperative or the polite imperative.**

Tre mesi dopo, luglio, in piena stagione.

Proprietario - Stefano! Dove sei? (Venire) [ ] subito qui! Perché non sei venuto ad aiutare il cuoco domenica sera?

Stefano - Mah, signor Giovanni, Lei aveva detto che dovevo lavorare solo 5 giorni alla settimana, e mi ha fatto lavorare anche sabato!

Proprietario - E allora? Se c'è bisogno, c'è bisogno. (Smettere) [ ] di lamentarti e (darsi) [ ] da fare, invece! Sai benissimo che qui c'è sempre bisogno e il povero cuoco non può fare tutto da solo!

Stefano - Ma io sono assunto come cameriere, non come aiuto cuoco. Non posso lavorare in cucina. Anzi, mi (portare) [ ] il contratto, che non l'ho ancora firmato!

Proprietario - (Sentire) [ ] caro mio, ti ho già detto che il contratto non ce l'ho. L'ho dato al commercialista*, che è in vacanza e non torna prima della fine di agosto. Che devo fare? (Aspettare) [ ]!

Stefano - E lo stipendio del mese di giugno? Anche quello ce l'ha il commercialista?

Proprietario - Non (fare) [ ] lo spiritoso adesso! Fino a quando il commercialista non mi porta la copia del contratto, non posso darti niente.

Stefano - Mi (dire) [ ] signor Giovanni. Di cosa devo vivere, di aria?

Proprietario - Questo tuo atteggiamento non mi piace per niente. Se la situazione non ti va bene, (andare) [ ] via e non (farsi) [ ] più vedere!

* **commercialista**: accountant.

If clauses

Se **fossi** ricca **farei** il giro del mondo.

Se tu **studiassi** di più non **avresti** tutti questi problemi con gli insegnanti.

Se non **piovesse andrei** a fare una passeggiata.

Se **tu volessi potresti** diventare una cantante famosa.

Se non **avessi lavorato** tutta la notte avrei sicuramente **sentito** la sveglia.

Se **fosse partita** prima **sarebbe arrivata** in tempo alla riunione.

Se **avessi preso** un'aspirina per il mal di testa, questa notte **avresti dormito** meglio.

Se non **avessi bevuto** tutto quel vino ieri ora non **avrei** questo tremendo mal di testa.

Se **avessi messo** la crema protettiva non **saresti** rossa come un peperone ora!

■ *Sentences which begin with **se** (hypothetical sentences) can describe situations which are more or less possible.*

■ *Hypothetical sentences with the subjunctive are mainly formed in three ways:*

a) ***se + imperfect subjunctive + present conditional.** In this case they normally indicate a situation which is not very probable, but yet possible;*

b) ***se + past perfect subjunctive + perfect conditional.** In this case they normally indicate situations which could not be fulfilled in the past.*

c) ***se + past perfect subjunctive + present conditional.** In this case they indicate past situations whose consequences still exist in the present.*

If clauses	
hypotheses which are not very probable, but possible	se + imperfect subjunctive + present conditional
impossible hypotheses	se + past perfect subjunctive + perfect conditional
impossible hypotheses with consequences in the present	se + past perfect subjunctive + present conditional

28 *If* clauses

I   Match the two phrases, as shown in the example.

a) Se non fossi sicuro che sei una persona fidata ora...

b) Se Lucia mangiasse più sano...

c) Se avessi saputo che odi l'aglio...

d) Se non ti volessimo con noi...

e) Se non sopportassi il sangue...

f) Se Paolo avesse amministrato meglio i suoi soldi, adesso...

g) Se mi avessero detto che avrei sposato Gianni...

h) Se Carlo non si fidasse di me...

i) Signorina, se volesse cambiare lavoro...

l) Se avessi giocato quei numeri al lotto, ora...

1) ...dovrebbe parlarne a me, sicuramente abbiamo qualcosa per Lei.

2) ...non farei l'infermiere.

3) ...li avrei presi tutti per dei pazzi.

4) ...non mi lascerebbe le chiavi di casa sua.

5) ...non lo avrei usato per cucinare.

6) ...non avrebbe tutti quei problemi di salute.

7) ...non avrebbe problemi economici.

8) ...saresti ricco

9) ...non ti avremmo invitato a casa nostra per il fine settimana.

10) ...non ti racconterei tutti i fatti miei.

2   Put the verbs in the correct form of the *if* clause.

Un lavoro duro per Babbo Natale

Se Babbo Natale *(esistere)* [   ] veramente e se *(dovere)* [   ] portare in una notte i regali a tutti i bambini del mondo, come *(organizzarsi)* [   ]? Un fisico ha fatto questi calcoli.

1. Se Babbo Natale *(portare)* [   ] veramente i regali ai bambini nella notte del 24 dicembre *(dovere)* [   ] visitare 378 milioni di bambini.

2. Se Babbo Natale *(fare)* [   ] il giro delle case di tutti i bimbi del pianeta *(percorrere)* [   ] 140 milioni di chilometri.

3. Se Babbo Natale *(dovere)* [   ] organizzare il trasporto di 50.000 tonnellate di regali, *(dovere)* [   ] usare 330.000 renne.

4. Se *(noi/volere)* [   ] misurare il tempo che Babbo Natale ha per visitare ogni casa *(noi/scoprire)* [   ] che ha solo un millesimo di secondo a disposizione.

(adapted from "Newton")

Inside and Out

In spoken Italian - and the hypothetical sentences are no exception - the concjunctive has progressively given way to the indicative. In the third conditional sentences, for instance, the imperfetto often replaces the *congiuntivo trapassato*.

e. g.: Se mi **avvertivi**, ti **avrei aspettato**;

Se mi **avvertivi**, ti **aspettavo**;

Se mi **avessi avvertito**, ti **avrei aspettato**.

3 Conjugate the verbs in the imperfect subjunctive or in the present conditional and choose your answer. Then add up your score and read your results.

Test - Sei coraggioso o no?

1. Se *(tu/vedere)* [＿＿＿] qualcuno che è in pericolo, tu...

        a. *(andare)* [＿＿＿] in cerca di aiuto.

        b. lo *(aiutare)* [＿＿＿] subito.

        c. *(fare finta)* [＿＿＿] di niente.

2. Se qualcuno *(cercare)* [＿＿＿] di derubarti, tu...

        a. *(gridare)* [＿＿＿] "aiuto".

        b. non *(reagire)* [＿＿＿].

        c. *(parlare)* [＿＿＿] con il ladro per convincerlo a lasciarti andare.

3. Se ti *(loro/offrire)* [＿＿＿] dei soldi per rischiare la vita, tu...

        a. *(lasciare)* [＿＿＿] perdere.

        b. *(accettare)* [＿＿＿] senza pensarci due volte.

        c. *(chiedere)* [＿＿＿] consiglio a qualcuno che lo ha già fatto.

4. Se qualcuno ti *(fare)* [＿＿＿] telefonate durante la notte, tu...

        a. *(avvertire)* [＿＿＿] la polizia.

        b. *(offendere)* [＿＿＿] la persona al telefono.

        c. *(cercare)* [＿＿＿] di parlare con lui.

5. Se un alieno ti *(offrire)* [＿＿＿] un viaggio con lui, tu...

        a. *(avere)* [＿＿＿] molta paura.

        b. *(rimanere)* [＿＿＿] senza parole.

        c. *(partire)* [＿＿＿] subito.

28 *If* clauses

Results

From 5 to 8 points - Hai paura di tutto. Hai paura a provare cose nuove e non ti piacciono le nuove avventure. Vivi ancora con la mamma?

From 9 to 12 points - Sei razionale. Prima di agire pensi e non rischi facilmente. Probabilmente avrai meno problemi di altri nella vita, ma... che noia!

From 13 to 15 points - Attenzione!! Troppo coraggioso! Può essere pericoloso. Un po' di coraggio va bene, ma troppo...

Score	a	b	c
1	2 points	3 points	1 point
2	2 points	1 point	3 points
3	3 points	1 point	1 point
4	1 point	3 points	2 points
5	1 point	2 points	3 points

4 Rewrite the following hypothetical sentences, as shown in the example.

e.g. Se Dario studiasse di più non avrebbe difficoltà con l'esame.
  Se Dario avesse studiato di più non avrebbe avuto difficoltà con l'esame.

1. Se avessimo più soldi andremmo in vacanza alle Maldive.
   _____

2. Se qualcuno mi insegnasse a sciare verrei anche io in montagna con voi.
   _____

3. Se Luca bevesse di meno non starebbe così male.
   _____

4. Se fossi bionda e stupida sicuramente avrei meno problemi con gli uomini.
   _____

5. Se Lauro andasse a trovare suo nonno più spesso probabilmente avrebbe una parte dell'eredità.
   _____

6. Se giocassi al Lotto con più costanza forse vincerei qualcosa.
   _____

7. Se non andaste sempre in vacanza nello stesso posto forse conoscereste più gente nuova.
   _____

8. Se prendessi il treno delle 8 arriveresti in tempo.
   _____

5 Complete this *if* clauses with the verbs from the list, as shown in the example.

avesse studiato · avesse tradita · avessi visto · cantasse · fosse · fossi andato · si iscrivesse · parlassi
fossimo · riuscissi · avrebbe lasciato · avrei salutato · farebbe · sarebbero · sarebbe · starei
perderebbe · potremmo · avrebbe passato · troveresti

e.g. Veronica è ingrassata troppo e non si sente bene. Se *si iscrivesse* a una buona palestra sicuramente *perderebbe* diversi chili.

1. Non ce la faccio più! Francesco canta dalla mattina alla sera! Se non _____ così male _____ anche piacevole ascoltarlo, invece è un incubo!

2. Se _____ a prenderti una giornata libera al lavoro, domani (*noi*) _____ andare a fare un po' di spese per la casa.

3. Se Dario non l' _____ , sua moglie non l' _____ .

4. Se (tu) _____ l'inglese _____ più facilmente un lavoro.

5. Manuela è molto bella. D'altra parte se non _____ così bella non _____ la modella!

6. Se Antonio _____ con più costanza _____ l'esame.

7. Se (noi) _____ tutti più buoni nel mondo non ci _____ guerre.

8. Se non _____ a sciare, ora non _____ all'ospedale con la gamba rotta!

9. Credimi, se ieri sera ti _____ certamente _____ , lo sai che ho dei problemi con la vista!

6 Read about what happened to me and then change the underlined sentences into *if* clauses, as shown in the example.

Che giornata!

Che giornata davvero strana! Non sono superstiziosa altrimenti andrei a controllare l'oroscopo di oggi.

Questa mattina è cominciata subito male, la sveglia si era rotta quindi mi sono svegliata tardi. Poiché avevo paura di arrivare tardi in uffi-cio, ho saltato la colazione e ho deciso invece di fermarmi a prendere un cornetto in un bar e di mangiarlo in macchina. Quando sono arrivata al bar non c'era parcheggio perciò ho messo la macchina in seconda fila, tanto dovevo stare solo 2 minuti… Però proprio men-tre io ero dentro al bar un vigile è passato di lì e ha visto la mia macchina. Che sfortuna! Per di più la cassa del bar non funzionava quindi la fila era molto più lenta del solito. Per fortuna però ho visto che il vigile stava facendo la multa! Sono corsa fuori per fermarlo ma sono scivolata e mi sono slogata una caviglia. Un dolore tremendo! Stavo quasi per mettermi a piangere dalla rabbia e dal dolore quando ho alzato gli occhi e ho visto… l'uomo più bello della mia vita! Il vigile! È stato un gentiluomo, mi ha aiutata ad alzarmi, mi ha portata fino alla mia macchina, non ha detto niente del parcheggio e si è messo al posto di guida per portarmi al Pronto Soccorso. Io ero così confusa che non sapevo cosa dire. L'ho ringraziato e ho cercato di vedere se portava la fede*… mi è sembrato di no. Le cose sembravano metter-si al meglio. Teodoro (il nome del mio vigile) mi ha lasciata al Pronto Soccorso, mi ha aspettato per un'ora mentre i medici mi visitavano e quando sono uscita mi ha accompagnato a casa. E indovinate un po'? Domani mi ha invitata a cena fuori! Lo vedo qui scritto sulla mia agenda altrimenti non ci crederei!

***fede**: wedding ring.

e.g. la sveglia si era rotta, quindi mi sono svegliata tardi
se/la sveglia/non/rompersi/non/svegliarsi/tardi
se la sveglia non si fosse rotta, non mi sarei svegliata tardi

1. avevo paura di arrivare tardi in ufficio, ho saltato la colazione
se/non/avere paura/di arrivare tardi in ufficio/non/saltare/la colazione

_____

2. non c'era parcheggio perciò ho messo la macchina in seconda fila
se/ci/essere/parcheggio/non/mettere/la macchina in seconda fila

_____

3. un vigile è passato di lì e ha visto la mia macchina
se/il vigile/non/passare/di lì/non/vedere/la mia macchina

_____

4. Sono corsa fuori per fermarlo ma sono scivolata e mi sono slogata una caviglia
se/non/correre/fuori per fermarlo/non/scivolare/e/non/slogarsi/la caviglia

_____

5. Io ero così confusa che non sapevo cosa dire
se/io/non/essere/così confusa/sapere/cosa dire

_____

6. Lo vedo qui scritto sulla mia agenda altrimenti non ci crederei!
se/non/lo/vedere/scritto sulla mia agenda/non/ci/credere

_____

If clauses **28**

Passive voice

Il bilancio dell'azienda **è presentato** ai finanziatori ogni anno.

Il bilancio dell'azienda **viene presentato** ai finanziatori ogni anno.

Ogni anno **si presenta** ai finanziatori il bilancio dell'azienda.

Ogni anno **va presentato** ai finanziatori il bilancio dell'azienda.

■ *The passive voice can be expressed in four different ways:*

*a) verb **essere** + past participle;*

*b) verb **venire** + past participle;*

*c) **si** + verb in the 3rd person singular/plural;*

*d) **andare** + past participle.*

Passive voice with the verb *essere*

active voice: Ogni anno molti turisti **visitano** Venezia.
passive voice: Ogni anno Venezia **è visitata** da molti turisti.

present tense
active voice: Molti **considerano** la carne poco salutare.
passive voice: La carne **è considerata** da molti poco salutare.

present perfect
active voice: Botticelli **ha dipinto** la Primavera.
passive voice: La Primavera **è stata dipinta** da Botticelli.

imperfect
active voice: A quei tempi molti **seguivano** quel programma in tv.
passive voice: A quei tempi quel programma in tv **era seguito da** molti.

active voice: Ogni anno **molti turisti** visitano Venezia.
passive voice: Ogni anno Venezia è visitata **da molti turisti**.

■ *To form the passive voice you can use the **verb essere** + **past participle**.*

■ *The form **essere** + **past participle** can be used <u>with all verb tenses</u>. The verb **essere** is conjugated in the same tense as the verb in the active phrase.*

■ *In passive voice sentences with **essere** it is possible also to insert the person or the thing which does the action (the agent). The **agent** is preceded by the preposition **da**.*

Passive voice with the verb *essere*
verb **essere** (all tenses) + **past participle** (+ *da*)

I Help Mario and Vincenza to organise their wedding. Read the list of things to do and write on the note book what has already been done, using the passive voice, as shown in the example. The things already done have been crossed off.

~~prenotare la chiesa~~

~~prenotare il ristorante~~

organizzare la musica per la festa

~~ordinare i fiori~~

~~spedire gli inviti~~

~~non dimenticare gli zii d'America~~

~~preparare le bomboniere*~~

comprare i confetti**

~~scegliere le fedi~~

~~decidere la musica per la chiesa~~

scegliere il viaggio

comprare delle valigie nuove

fare spese per il viaggio di nozze

~~comprare il vestito~~

trovare qualcosa di vecchio***

la chiesa è stata prenotata

*__bomboniere__: small presents given from the newly-wed couple to the wedding guests.
**__confetti__: almond filled sweets given by the newly-wed couple with the "bomboniere".
***__trovare qualcosa di vecchio__: an old tradition whereby the spouse should wear something old on her wedding day.

2 Transform the sentences from the passive voice to the active voice, as shown in the example.

e.g. Quel libro è stato letto da milioni di persone. → *Milioni di persone hanno letto quel libro.*

1. Il Presidente è stato ascoltato in TV da tutta la nazione.

   _____

2. Molte case sono state distrutte dal terremoto.

   _____

3. Il nuovo anno accademico è stato inaugurato dal Rettore.

   _____

4. Il bilancio del 1996 fu approvato dal consiglio di amministrazione.

   _____

5. Probabilmente in futuro le TV non saranno usate più da nessuno.

   _____

6. In quel periodo Anna era turbata da molti pensieri.

   _____

7. Torino è attraversata dal Po.

   _____

8. La città fu circondata dall'esercito nemico.

   _____

9. La notizia è stata confermata da fonti autorevoli.

   _____

29 Passive voice

3 Change the sentences underlined in the text from the active voice to the passive voice.

La Sardegna

La Sardegna ha sempre avuto una storia e uno sviluppo particolari. L'isola è lontana 180 chilometri dall'Italia e questa è una delle ragioni per cui i sardi hanno vissuto per molti secoli in condizioni di isolamento. <u>Dopo che i Romani hanno invaso la Sardegna</u>, infatti, sono arrivate diverse altre popolazioni sull'isola, ma <u>le nuove invasioni non hanno mai influenzato profondamente la vita e la cultura sarda</u>. Un esempio è il fatto che oggi <u>molti sardi parlano ancora la lingua sarda</u>, molto più vicina al latino di quella italiana.

Nel passato, pur vivendo su un'isola, i sardi hanno vissuto di allevamento, agricoltura o del lavoro delle miniere, ora invece <u>le entrate del turismo mantengono gran parte della popolazione</u>, specialmente lungo la costa. Inoltre <u>lo Stato italiano ha favorito la costruzione di industrie petrolchimiche, chimiche e metallurgiche</u>, diversificando l'occupazione.

active voice	passive voice
1. Dopo che i Romani hanno invaso la Sardegna	
2. le nuove invasioni non hanno mai influenzato profondamente la vita e cultura sarda	
3. molti sardi parlano ancora la lingua sarda	
4. le entrate del turismo mantengono gran parte della popolazione	
5. lo Stato italiano ha favorito la costruzione di industrie petrolchimiche, chimiche e metallurgiche	

Passive voice with the verb *venire*

active voice: Ogni anno molti turisti **visitano** Venezia.
passive voice: Ogni anno Venezia **viene visitata** da molti turisti.

active voice: Nel 1869 l'Italia **invase** l'Eritrea.
passive voice: L'Eritrea **venne invasa** dall'Italia nel 1869.

present tense
active voice: Molti **considerano** la carne poco salutare.
passive voice: La carne **viene considerata** da molti poco salutare.

present perfect
active voice: Marta ha lasciato Franco.
passive voice (venire): Franco è venuto lasciato da Marta. *(incorrect!)*
passive voice (essere): Franco è stato lasciato da Marta. *(correct)*

active voice: Ogni anno **molti turisti** visitano Venezia.
passive voice: Ogni anno Venezia viene visitata **da molti turisti**.

- *To make the passive voice one can use the verb* **venire + the past participle.**

- *The verb* **venire** *is conjugated in the same tense as the verb in the active voice.*

- *The passive voice form* **venire + past participle** *can <u>only be used with simple tenses</u> (e. g. the present, imperfect , historical past, future tense, etc.), <u>and not with compound tenses</u> (e .g. present perfect, past perfect, future perfect, etc).*

- *In passive voice sentences with* **venire** *it is possible also to insert the person or the thing which performs the action (the agent). The* **agent** *is preceded by the preposition* **da.**

Passive voice with the verb *venire*
verb **venire** (only simple tenses) + **past participle** (+ *da*)

1 Put the verbs in the present passive voice with the verb *venire* and guess which regions of Italy we are talking about.

a) Questa regione *(considerare)* [   ] da tutti il cuore verde d'Italia ed è l'unica regione dell'Italia centrale che non *(bagnare)* [   ] dal mare. Durante l'estate dalle città della zona *(organizzare)* [   ] molti festival importanti, tra cui quello del Jazz e il Festival dei due mondi di Spoleto.

Sai che regione è?

b) Questa regione *(chiamare)* [   ] la punta dello stivale d'Italia. È ricca di montagne selvagge e *(visitare)* [   ] ogni estate da molti turisti in cerca di un mare pulito e di una natura incontaminata. Qui *(coltivare)* [   ] ottimi agrumi, olive e frutta tropicale.

Sai che regione è?

c) Questa regione è conosciuta per una famosa fabbrica di auto ma non si possono dimenticare i suoi vini, che *(bere)* [   ] in tutto il mondo. Lo spumante, per esempio, *(produrre)* [   ] proprio qui, nella provincia di Asti. E cosa dire del riso? In questa regione *(coltivare)* [   ] la quantità maggiore del riso italiano, importante per i nostri famosi risotti.

Sai che regione è?

2 Where possible, replace the passive voice form *essere + past participle* with the passive voice form *venire + past participle*.

e.g. Questo vino è prodotto in Veneto. → *Questo vino **viene prodotto** in Veneto.*
    Questo vino è stato prodotto in Veneto. → XXXXXXXXXXXXXXX
                    (**è stato** = compound tense)

1. Prima di partire Schumacher ha controllato se le gomme **erano state cambiate**.
2. La festa di domani **è organizzata** dal comitato di quartiere.
3. Per il suo compleanno Anna ha voluto che il dolce **fosse preparato** da sua madre.
4. Da bambini, quando giocavamo, i grandi **erano mandati** via.
5. Solo dopo che il riscaldamento **sarà stato riparato** potrò finalmente dormire in casa mia.
6. Il pranzo **è stato preparato** da Francesca, Piero ha portato il vino.
7. Intorno all'anno 1000 l'Italia **fu invasa** dai barbari.
8. In futuro il computer **sarà usato** da tutti.
9. L'AIDS **è considerata** da molti la più grave malattia del secolo.
10. In Val d'Aosta il francese **è parlato** da tutti.

29 Passive voice

Passive *si*

In Italia il venerdì **si mangia** il pesce. *(= la gente mangia il pesce)*

In Italia **si mangiano** gli spaghetti. *(= la gente mangia gli spaghetti)*

Il biglietto dell'autobus **si compra** dal tabaccaio. *(il biglietto: singular)*

A Roma il giovedì **si mangiano gli gnocchi**. *(gli gnocchi: plural)*

Cinquanta anni fa **si usavano** poco le macchine.

Ancora non **si è fatto** tutto il possibile per eliminare le differenze tra Paesi ricchi e Paesi poveri.

Quando **si sarà capito** che le guerre non risolvono i problemi, il mondo sarà migliore.

---

active voice: Marta bacia Franco.

passive voice (si): Marta ~~si bacia da Franco~~. *(incorrect!)*

passive voice (essere): Franco è baciato da Marta. *(correct)*

- *To form the passive you can use **si + the verb in the 3rd person singular** or **plural**. In this case the phrase has a general meaning (people, everybody, all...).*

- *When the passive subject is singular, the verb is conjugated in the 3rd person singular. When the passive subject is plural, the verb is conjugated in the 3rd person plural.*

- *The passive form **si + verb** can be used <u>with all verb tenses</u>.*

- *In compound tenses the auxiliary **essere** is always used.*

- *With this form of passive voice <u>the agent</u> (the person or the thing which performs the action) <u>is not expressed</u>.*

Passive voice with the *passive si*
si + 3rd **person singular or plural** of the verb (all tenses)
(no direct agent)

1 Choose the correct passive voice form.

La musica popolare

Spesso quando **si nomina/si nominano** la musica italiana molti pensano all'opera o a canzoni come "O sole mio" o "Funiculì Funiculà". Queste canzoni però, anche se **si considera/si considerano** italiane, rispecchiano una realtà tipicamente napoletana e sono spesso cantate nel dialetto di Napoli. In Italia **si trova/si trovano** invece moltissimi altri tipi di musica popolare: ogni regione ha creato una sua musica e in ogni zona **si canta/si cantano** e **si balla/si ballano** melodie tipiche di quei luoghi e di quelle tradizioni. Al Nord **si trova/si trovano** delle tonalità che ricordano la musica celtica e al Sud **si può/si possono** ascoltare ritmi molto simili a quelli arabi e turchi, o, qualche volta, a quelli degli zingari slavi. Insomma, la musica popolare in Italia non **si può/si possono** definire del tutto "italiana", è più una musica locale, regionale e folcloristica, segnata da varie influenze nel corso dei secoli.

2 Where possible, replace the passive voice form *essere + past participle* or *venire + past participle* with the passive form *si + verb*.

e.g. Questo vino **viene prodotto** in Veneto. → *Questo vino si produce in Veneto.*

Questo vino **viene prodotto** dai frati del convento. → XXXXXXXXXXXXX

(the agent is expressed = **da**)

1. Internet viene usata da un numero sempre maggiore di persone.
2. Internet sarà usata sempre di più in futuro.
3. Per fare questo film sono state utilizzate tecniche digitali.
4. Il viaggio viene offerto dalla ditta sponsor.
5. Per produrre questi cosmetici non sono stati fatti esperimenti su animali.
6. Per fare un buon tiramisù viene usato il mascarpone.
7. L'Italia fu occupata dai tedeschi.
8. Di solito ai compleanni viene cantato "Tanti auguri a te".
9. Prima di Natale vengono spesi sempre troppi soldi.
10. Le olive sono conservate sott'olio.

Inside and Out

The *"si passivante"* phrase has an impersonal function. It is frequently used in classified ads. In such phrases the particle *si* is placed after the verb, with which it forms a single, punchier word.

e. g.: **Vendesi** Vespa usata. (si vende)
Affittasi camera singola. (si affitta)
Vendonsi appartamenti in centro. (si vendono)

29 Passive voice

Passive voice with the verb *andare*

Questo libro **va letto**.

■ *To form the passive voice you can use the verb* ***andare + past participle.***

Questo libro **va letto**. *(= questo libro deve essere letto)*
A che ora **vanno svegliati** i ragazzi? *(= a che ora devono essere svegliati i ragazzi?)*

■ *This passive voice form has a particular meaning of* **duty** *or* **necessity.**

present tense
Questo libro **va letto**.

present conditional
Questo libro **andrebbe letto** in tutte le scuole.

present perfect
Questo libro **è andato letto**. *(incorrect!)*

■ *This type of passive can be used only with simple tenses (e. g. present, imperfect, future simple, present conditional, etc).*

active voice: **Tutti** dovrebbero leggere questo libro.
passive voice: Questo libro andrebbe letto **da tutti**.

■ *In a passive voice sentence with* **andare** *it is possible to insert the person or the thing which performs the action (the agent). The* **agent** *is preceded by the preposition* **da**.

Passive voice with the verb *andare*
(having the meaning of duty or necessity)
verb **andare** (only simple tenses) + **past participle** (+ *da*)

I   Put the verbs in the passive voice form *andare + past participle.*

Cose da ricordare quando si prende il treno

1. *(Comprare)* [   ] il biglietto in anticipo, visto che la fila può essere molto lunga e lenta.
2. *(Prenotare)* [   ] il posto perché si rischia di fare il viaggio in piedi.
3. *(Comprare)* [   ] panini e bibite, perché qualche volta può essere difficile raggiungere la carrozza ristorante, se il treno è pieno.
4. *(Portare)* [   ] qualcosa da leggere o da fare durante il viaggio, a meno che non si voglia rischiare di parlare dei problemi di salute della signora seduta di fronte.
5. *(Timbrare)* [   ] sempre il biglietto prima di salire sul treno, altrimenti si prende una multa.
6. *(Tenere)* [   ] sotto controllo i bagagli.
7. *(Prendere)* [   ] tutto con filosofia, perché potrebbe succedere di tutto

2   These are the indications that a consultant has left for Mr Borsi, the engineer, after having inspected the conditions in his company. Rewrite the sentences using the passive voice form *andare + past participle,* as shown in the example.

1. Si deve assumere un'altra segretaria. [*Va assunta un'altra segretaria*]
2. Si devono mettere in ordine le cartelle dei clienti. [   ]
3. Tutti i clienti devono essere contattati per spiegare i cambiamenti nell'azienda. [   ]
4. Si dovrebbero comprare dei nuovi computer. [   ]
5. Devono essere aggiornati i file degli ordini. [   ]
6. Si dovrebbe fare un corso di inglese agli impiegati dell'azienda. [   ]

3   *Andare or venire?* Complete the sentences with the correct verb.

1. Il gelato [   ] mangiato in fretta altrimenti si scioglie.
2. Di solito in Italia i biglietti dell'autobus [   ] comprati prima di salire, altrimenti il controllore può farvi una multa.
3. In molti ristoranti adesso [   ] proposti dei menu vegetariani.
4. Per andare a Capri [   ] preso il traghetto.
5. Piero a scuola [   ] chiamato "secchione" perché sa sempre tutto.
6. Quel film [   ] visto! È bellissimo!
7. Per andare in motorino [   ] portato obbligatoriamente il casco.
8. I miei figli [   ] portati a scuola ogni mattina dalla baby sitter.
9. Molti dicono che il caffè [   ] preso senza zucchero, altrimenti non si gusta il profumo.
10. C'è chi dice che ormai tutto il mondo [   ] controllato dai computer.

29 Passive voice

■ Progress test
(Units 26-29)

Have you made progress? Use this test to check.
Each exercise repeats one or more grammatical topic.
If you get more than half of the total correct: WELL DONE!
Otherwise, repeat the topics that give you most problems.

I SUBJUNCTIVE FORMS
Put the highlighted words into the plural or the singular, as shown in the examples.

singular	↔	plural
a. Penso che **tu sia** troppo **impaziente**.	tu → voi	a. *Penso che **voi siate** troppo **impazienti**.*
b. *Credevano che **io fossi straniera**.*	io ← noi	b. Credevano che **noi fossimo straniere**.
c. Le donne si aspettano che il conto al ristorante lo **paghi l'uomo**.	uomo → uomini	c.
d.	lui ← loro	d. Benché **fossero** in ritardo **hanno preso** il treno lo stesso.
e. Devi telefonargli prima che **lui esca** di casa.	lui → loro	e.
f.	io ← noi	f. La lettera non è ancora arrivata, nonostante l'**abbiamo spedita** una settimana fa.
g. Spero che **tu stia** bene.	tu → voi	g.
h.	tu ← voi	h. Si diceva che **voi aveste** problemi economici.
i. Siamo contenti che **venga l'amico** di Franca.	amico → amici	i.
l.	bambino ← bambini	l. È preferibile che **i bambini** non **bevano** troppe bevande gasate.
m.	studente ← studenti	m. Pretendo che **gli studenti studino** almeno quattro ore al giorno!
n. Vengo al mare a patto che **tu** mi **porti** a casa in macchina.	tu → voi	n.
o. Se ne è andato senza che **io sapessi** niente.	io → noi	o.
p.	tu ← voi	p. Pensavo che **foste partiti** già due giorni fa.

Each correct sentence scores 2 points.   Total:_____/24

202

2 SEQUENCE OF THE SUBJUNCTIVE
Choose the correct tense of the subjunctive.

1. Sta per piovere. Quando esci, è meglio che tu **abbia portato/porti/portassi** l'ombrello.
2. Mi dispiace davvero che tu non **sia venuto/venga/fossi venuto** al ristorante con noi, ieri sera.
3. Mi sarebbe piaciuto molto che tu **sia venuto/venga/fossi venuto** al ristorante con noi, ieri sera.
4. Mia madre voleva che io mi **sposi/sposassi/sia sposata** con Claudio, invece l'ho lasciato due mesi fa.
5. Non penso che Lei **possa/abbia potuto/fosse potuto** entrare signore. È riservato ai soci del club.
6. Desidero che la carne **fosse/sia/fosse stata** ben cotta.
7. Il mio capo vuole che io **avessi scritto/scrivessi/scriva** tutte le lettere in 3 copie.
8. Mi piacerebbe che i miei figli **studino/abbiano studiato/studiassero** di più.
9. Dicono che Ignazio **si sia tagliato/si tagli/si tagliasse** la barba qualche giorno fa.
10. Credevo che **siate partiti/partiate/foste partiti** in macchina, non in treno.
11. Speravo che **Anna venga/sia venuta/venisse** al cinema con noi, invece mi ha telefonato e ha detto che aveva un impegno.
12. Ho così paura che l'Italia **perdesse/perda/avesse perso** la partita che preferisco non guardarla.
13. Avevo così paura che l'Italia **perdesse/perda/abbia perso** la partita che ho preferito non guardarla.

Each correct verb scores 2 points.   Total:_____/26

3 USE OF THE SUBJUNCTIVE
Conjugate the verbs in either subjunctive or indicative tenses, as appropriate.

1. Marco mi ha detto che sabato scorso *(conoscere)* [   ] una bellissima ragazza in discoteca.
2. Si dice che sabato scorso Marco *(conoscere)* [   ] una bellissima ragazza in discoteca.
3. Devo telefonare a Cinzia, prima che *(lei/partire)* [   ].
4. Per cena voglio fare del pesce, a meno che tu non *(preferisce)* [   ] la carne.
5. "Cos'ha Antonio?" "Credo che non *(stare)* [   ] bene, probabilmente ha un po' di febbre."
6. "Cos'ha Piero?" "Non *(stare)* [   ] bene, ha mal di testa."
7. Speravamo tutti che la notizia della sua morte non *(essere)* [   ] vera.
8. Sebbene *(noi/essere)* [   ] molto stanchi, non siamo andati a dormire presto ieri sera.
9. Ieri sera *(noi/essere)* [   ] molto stanchi, ma non siamo andati a dormire presto.
10. Solo quando ho visto il cartello, ho capito che *(sbagliare)* [   ] strada.

Each correct verb scores 2 points.   Total:_____/40

4 POLITE IMPERATIVE
Put the verbs into the polite imperative.

1. *(dentista a paziente)*: *(Aprire)* [_____] la bocca, signora.
2. *(a teatro)*: Pssss! *(Stare)* [_____] zitto per favore e *(chiudere)* [_____] quel telefonino!
3. *(segretaria al telefono)*: Mi dispiace, signor Magli. L'ingegner Rossi non c'è. *(Telefonare)* [_____] nel pomeriggio.
4. *(bambino al gelataio)*: *(Darmi)* [_____] un gelato con crema e cioccolato, per favore.
5. *(manager a segretaria)*: Signorina, *(dirmi)* [_____] gli appuntamenti della giornata.
6. *(vigile ad automobilista)*: *(Farmi)* [_____] vedere la patente.
7. *(automobilista a vigile)*: Per favore, non *(farmi)* [_____] la multa!
8. *(ragazza a uomo per strada)*: *(Smetterla)* [_____] di seguirmi o chiamo un carabiniere!
9. *(uomo al cameriere)*: *(Portarmi)* [_____] un'insalata mista ma non *(metterci)* [_____] i pomodori, per favore.
10. *(cameriere a marito e moglie)*: Prego, signori: *(accomodarsi)* [_____] qui.

Each correct verb scores 2 points.   **Total: _____/24**

5 IF CLAUSES
Put the verbs into the conditional or the subjunctive and complete the hypothetical sentences.

1. Se domani Giovanni *(venire)* [_____] in macchina, *(noi/potere)* [_____] andare con lui.
2. Se dieci anni fa non *(io/sposarsi)* [_____] non avrei mai saputo quanto costa divorziare!
3. Se uscissimo subito, forse *(noi/riuscire)* [_____] a prendere il treno.
4. Se nel 1945 gli Stati Uniti non *(avere)* [_____] la bomba atomica, forse la guerra non *(finire)* [_____] subito.
5. Mi *(dispiace)* [_____] molto se domani non *(tu/venire)* [_____] alla mia festa, quindi cerca di non prendere altri impegni.
6. Se l'anno scorso il Milan *(giocare)* [_____] meglio, non *(perdere)* [_____] il campionato.
7. Se questa mattina Paola non *(arrabbiarsi)* [_____] così tanto, ora non *(avere)* [_____] mal di stomaco.
8. Se voi *(fermarsi)* [_____] allo stop, non avreste fatto l'incidente.
9. Ah, come *(essere)* [_____] bello se *(io/avere)* [_____] vent'anni di meno!

Each correct verb scores 2 points.   **Total: _____/30**

6 **PASSIVE VOICE**
Change the active voice sentences into the passive voice, using the verbal form indicated for each sentence.

active voice: Il capoufficio rimprovera l'impiegato.

passive voice: (*essere* + past participle + *da*) →1._____

passive voice: (*venire* + past participle + *da*) → 2._____

active voice: Secondo i giornali, un testimone avrebbe visto l'assassino.

passive voice: (*essere* + past participle + *da*) →3._____

active voice: Nel 218 a.C. Annibale passò le Alpi.

passive voice: (*essere* + past participle + *da*) → 4._____

passive voice: (*venire* + past participle + *da*) → 5._____

active voice: Il tenore Ugoletti ha cantato l'aria.

passive voice: (*essere* + past participle + *da*) → 6._____

active voice: Trenta anni fa la gente passava meno tempo davanti alla tv.

passivo: (*si* + verb) →   7._____

active voice: D'estate molta gente mangia i gelati.

passive voice: (*si* + verb) →   8._____

Prima di prendere il sole è necessario mettere la crema protettiva.

passive voice: (*andare* + past participle) →   9._____

Bisogna pagare le tasse.

passive voice: (*andare* + past participle) →   10._____

Each correct sentence scores 3 points   Total: _____/30

7 INFORMAL AND POLITE IMPERATIVE

Read the dialogues and put the verbs into the imperative mode (informal or polite).

a) Dov'è la stazione?

▲ Ciao, scusa, potresti dirmi come si arriva alla Stazione centrale?

▦ Certo! *(Guardare)* _____ ti conviene prendere un autobus, non è molto vicina.

▲ Non mi *(dire)* _____ ! Davvero? Quei due là mi hanno detto che era a pochi passi!

▦ No, non li *(ascoltare)* _____ , vedi la fermata dall'altra parte della strada? *(Andare)* _____ lì e *(prendere)* _____ il 10, quando sali poi *(chiedere)* _____ al conducente di farti scendere dietro la stazione. Vedrai che ci vorrà almeno un quarto d'ora.

▲ Grazie mille.

b) All'alimentari

▲ Buongiorno Fabio.

▦ Buongiorno signora Stefanini.

▲ *(Sentire)* _____ , stasera ho ospiti e vorrei fare bella figura. Volevo fare gli ossibuchi, ma non li ho mai fatti. Mi *(dire)* _____ Lei, sono difficili?

▦ No, no. *(Guardare)* _____ , *(prendere)* _____ questi che sono freschissimi e, mi raccomando, non *(dimenticare)* _____ di passarli nella farina prima di farli rosolare.

▲ Ci vuole anche un po' di vino, vero?

▦ Certo. *(Comprare)* _____ questo, non costa molto ma è un buon vino comunque. Non ce ne *(mettere)* _____ troppo e lo *(fare)* _____ evaporare, poi *(unire)* _____ i pelati e *(lasciare)* _____ cuocere a fuoco lento. Vedrà che in un'oretta se la sbriga.

▲ Grazie mille Fabio, posso sempre contare su di Lei.

c) In università

▲ Professore, posso entrare?

▦ Buongiorno Dalmati, *(entrare)* _____ , *(sedersi)* _____ pure e *(aspettare)* _____ un attimo, finisco questa mail e poi parliamo… fatto. *(Dire/a me)* _____ pure.

▲ Vorrei concordare con Lei il programma di geografia. Come sa faccio svedese come prima lingua e il programma normale del corso è basato principalmente sulla geografia degli Stati Uniti. *(Scusare)* _____ sarebbe possibile farne uno più utile ai miei studi?

▦ Certo però dovresti anche fare una parte del programma generale, più alcuni testi più consoni al tuo corso di laurea, vuoi qualcosa sulla penisola scandinava o su alcuni paesi in particolare?

▲ Non saprei, mi *(consigliare)* _____ Lei.

▦ *(Guardare)* _____ , allora *(prendere)* _____ questi due libri qui, sulla geografia sociale e politica della Scandinavia e *(cercare)* _____ in biblioteca il Clausen-Horowitz sull'Islanda. Per il resto *(togliere)* _____ dalla lista il corso monografico sulla geografia degli Stati Uniti e *(fare)* _____ solo la parte sulla geografia economica europea.

▲ Grazie professore La ringrazio.

▦ Buon lavoro Dalmati.

Each correct verb scores 1 point.   Total: _____/27

Historical past *(Passato remoto)*

Nel 1946 gli italiani **votarono** per la Repubblica.
Appena laureato Roberto **andò** a vivere a Milano.

- The **historical past** *(passato remoto* in Italian) is used to express an action which happened in the distant past, which has no relationship to the present.

Cristoforo Colombo **scoprì** l'America nel 1492.

- The historical past is therefore very often used to talk about historical facts.

Quell'uomo ci **pregò** di aiutarlo, ma noi non **potemmo** fare niente per lui.
Quell'uomo ci **ha pregato** di aiutarlo, ma noi non **abbiamo potuto** fare niente per lui.

- In colloquial Italian in many regions of Italy the historical past is not much used. The present perfect is much more common.

Io <u>dissi</u> tutta la verità.
Tu **dicesti** tutta la verità
Lui <u>disse</u> tutta la verità.
Noi **dicemmo** tutta la verità
Voi **diceste** tutta la verità.
Loro <u>dissero</u> tutta la verità.

- Many verbs are irregular in the historical past as they have a different stem for the *1st* and *3rd persons singular* and for the *3rd person plural.*

Io scris<u>i</u> una lettera d'amore a Luca.
Italo Calvino scriss<u>e</u> molti racconti.
I miei genitori scriss<u>ero</u> una lettera al professore.

- Normally in the irregular historical past the *1st* person singular ends in **-i**, the *3rd* person singular ends in **-e** and the *3rd* person plural in **-ero**.

Otello cred**é**/cred**ette** alle parole di Iago e uccise Desdemona.
I genitori di Piero non cred**erono**/cred**ettero** alle sue parole.

- The verbs endings in **-ere** have two forms in the historical past.

	am-**are**	cred-**ere**	apr-**ire**
	Historical past - regular verbs		
io	am-**ai**	cred-**ei**/-**etti**	apr-**ii**
tu	am-**asti**	cred-**esti**	apr-**isti**
lui/lei/Lei	am-**ò**	cred-**é**/-**ette**	apr-**ì**
noi	am-**ammo**	cred-**emmo**	apr-**immo**
voi	am-**aste**	cred-**este**	apr-**iste**
loro	am-**arono**	cred-**erono**/-**ettero**	apr-**irono**

Historical past - irregular verbs

	essere	avere
io	fui	ebbi
tu	fosti	avesti
lui/lei/Lei	fu	ebbe
noi	fummo	avemmo
voi	foste	aveste
loro	furono	ebbero

Other verbs irregular in the historical past

verb	historical past
accorgersi	**mi accorsi**, ti accorgesti, **si accorse**, ci accorgemmo, vi accorgeste, **si accorsero**
attendere	**attesi**, attendesti, **attese**, attendemmo, attendeste, **attesero**
bere	**bevvi**, bevesti, **bevve**, bevemmo, beveste, **bevvero**
cadere	**caddi**, cadesti, **cadde**, cademmo, cadeste, **caddero**
chiedere	**chiesi**, chiedesti, **chiese**, chiedemmo, chiedeste, **chiesero**
chiudere	**chiusi**, chiudesti, **chiuse**, chiudemmo, chiudeste, **chiusero**
conoscere	**conobbi**, conoscesti, **conobbe**, conoscemmo, conosceste, **conobbero**
correre	**corsi**, corresti, **corse**, corremmo, correste, **corsero**
dare	**diedi/detti**, desti, **diede/dette**, demmo, deste, **diedero/dettero**
decidere	**decisi**, decidesti, **decise**, decidemmo, decideste, **decisero**
dire	**dissi**, dicesti, **disse**, dicemmo, diceste, **dissero**
fare	**feci**, facesti, **fece**, facemmo, faceste, **fecero**
leggere	**lessi**, leggesti, **lesse**, leggemmo, leggeste, **lessero**
mettere	**misi**, mettesti, **mise**, mettemmo, metteste, **misero**
muovere	**mossi**, muovesti, **mosse**, muovemmo, muoveste, **mossero**
nascere	**nacqui**, nascesti, **nacque**, nascemmo, nasceste, **nacquero**
parere	**parvi**, paresti, **parve**, paremmo, pareste, **parvero**
perdere	**persi**, perdesti, **perse**, perdemmo, perdesti, **persero**
piacere	**piacqui**, piacesti, **piacque**, piacemmo, piaceste, **piacquero**
prendere	**presi**, prendesti, **prese**, prendemmo, prendeste, **presero**
rimanere	**rimasi**, rimanesti, **rimase**, rimanemmo, rimaneste, **rimasero**
rispondere	**risposi**, rispondesti, **rispose**, rispondemmo, rispondeste, **risposero**
rompere	**ruppi**, rompesti, **ruppe**, rompemmo, rompeste, **ruppero**
sapere	**seppi**, sapesti, **seppe**, sapemmo, sapeste, **seppero**
scendere	**scesi**, scendesti, **scese**, scendemmo, scendeste, **scesero**
scegliere	**scelsi**, scegliesti, **scelse**, scegliemmo, sceglieste, **scelsero**
scrivere	**scrissi**, scrivesti, **scrisse**, scrivemmo, scriveste, **scrissero**
spegnere	**spensi**, spegnesti, **spense**, spegnemmo, spegneste, **spensero**
stare	**stetti**, stesti, **stette**, stemmo, steste, **stettero**
tradurre	**tradussi**, traducesti, **tradusse**, traducemmo, traduceste, **tradussero**
tenere	**tenni**, tenesti, **tenne**, tenemmo, teneste, **tennero**
vedere	**vidi**, vedesti, **vide**, vedemmo, vedeste, **videro**
venire	**venni**, venisti, **venne**, venimmo, veniste, **vennero**

1 Complete the conjugations of the historical past.

a. regular verbs

	parlare	potere	partire	andare
io		*potei*		
tu	*parlasti*			
lui/lei/Lei				*andò*
noi			*partimmo*	
voi				
loro				

b. irregular verbs

	essere	scrivere	prendere	chiedere
io				*chiesi*
tu	*fosti*			
lui/lei/Lei			*prese*	
noi				
voi				
loro		*scrissero*		

2 Find in the text all the verbs in the historical past and write them in the table with the infinitive, as shown in the example.

La fanciulla del susino

In una grande città, in una casa circondata da un grande giardino, viveva una bella fanciulla. Il giardino in primavera era sempre coperto di mille fiori colorati e la fanciulla li amava tutti, ma amava in modo particolare i fiori bianchi e rossi di un albero di susine che cresceva proprio vicino alla finestra della sua stanza.

Ogni anno, quando i fiori dell'albero cadevano, lei li raccoglieva per sentirne il profumo. Improvvisamente, però, la fanciulla **si ammalò** gravemente e poco dopo morì.

Il padre e la madre fecero per lei una tomba ai piedi del susino e ogni primavera ne raccoglievano i fiori e li mettevano sulla sua tomba, come aveva fatto lei una volta. Dopo un anno, un giorno di primavera, videro un piccolo serpente sotto il susino. Quando i fiori cominciarono a cadere il serpente li prese uno ad uno con la bocca e li raccolse tutti insieme sopra la tomba.

"Deve essere nostra figlia", pensarono i genitori della ragazza e chiamarono subito un vecchio molto saggio, che sapeva tutto della vita e della morte. Il vecchio pregò a lungo sotto il susino fino a quando il serpente cambiò la sua pelle. Allora il vecchio disse: "Questo è un segno di vita, significa che la fanciulla ha cambiato la sua natura umana in quella di albero. Fra cento e cento anni questa fanciulla rinascerà".

Con questa speranza, i genitori continuarono a raccogliere i fiori del susino per tutta la loro vita, dopo molti anni però anche loro morirono. Se la fanciulla sia rinata o no, nessuno lo sa.

(a folk tale from the north of Italy - adapted from "Fiabe di fiori italiani")

historical past	infinitive
si ammalò	*ammalarsi*

3 Complete the text with the verbs on the list and guess which civilisation we are talking about.

| cominciarono | diedero | diventarono | ebbero | entrarono | estesero | fondarono | fu | si spostarono |

I Greci, con la loro civiltà avanzata, nei secoli VIII e VII a.C. [_____] ad avere problemi di sovrappopolazione nelle città più grandi e per questo [_____] verso le coste dell'Italia meridionale e della Sicilia, dove [_____] molte colonie. Ai nuovi abitanti di queste zone i greci [_____] il nome di *italioti*. Dopo qualche anno queste colonie [_____] grandi e ricche ed [_____] un ruolo politico e culturale di primo piano. Ancora oggi possiamo vedere i bellissimi templi e le rovine di queste città in Calabria e, specialmente, in Sicilia. Più tardi i Romani [_____] in contatto con gli *italioti* e, dopo guerre e accordi, [_____] il loro potere anche nell'Italia meridionale. [_____] la fine di questa civiltà, che viene chiamata:

a. Rinascimento ☐   b. Magna Grecia ☐   c. Civiltà etrusca ☐

4 Put the verbs into the historical past.

L'Italia e la monarchia

Dopo l'unificazione del 1861, l'Italia *(venire)* [_____] proclamata "Regno d'Italia" da Vittorio Emanuele II, che era già Re di Sardegna dal 1849 e che *(diventare)* [_____] il primo Re della penisola. Dopo la sua morte, *(prendere)* [_____] la guida del Regno il figlio Umberto I e dopo di lui il nipote Vittorio Emanuele III.

(Essere) [_____] proprio durante il regno di Vittorio Emanuele III che il movimento fascista *(prendere)* [_____] forza, senza una seria opposizione da parte del re. Quando il fascismo *(arrivare)* [_____] al potere e *(trasformarsi)* [_____] in una dittatura, il re *(continuare)* [_____] a rappresentare l'Italia, fino a quando, dopo la fine della II guerra mondiale, *(fuggire)* [_____] con il suo governo nell'Italia meridionale. In seguito i partiti democratici lo *(costringere)* [_____] a ritirarsi a vita privata. Il re allora *(lasciare)* [_____] il Regno al figlio e *(ritirarsi)* [_____] in esilio in Egitto. Il principe Umberto II quindi *(rimanere)* [_____] Luogotenente del Regno fino al 1946, quando in un referendum gli italiani *(votare)* [_____] per la repubblica. Il principe *(dovere)* [_____] abbandonare il paese e andare in esilio.

5 Do you know the name of the Italian royal family?
The initial letters of the correct verbs in the historical past will give you its name.

1.	spegnere	→ spensi	**S**
2.	muovere	→ movetti	**M**
3.	piacere	→ piacetti	**P**
4.	andare	→ andai	**A**
5.	vivere	→ vissi	**V**
6.	bere	→ bevei	**B**
7.	ordinare	→ ordinai	**O**
8.	amare	→ ametti	**A**
9.	vedere	→ vedei	**V**
10.	iniziare	→ iniziai	**I**
11.	attendere	→ attesi	**A**

The name is _ _ _ _ _ _ _

6 Now write the correct forms of the verbs which were wrong in Exercise 5.

2. muovere → _____
3. piacere → _____
6. bere → _____
8. amare → _____
9. vedere → _____

7 Imperfect, present perfect of historical past? Choose the correct tense.

1. Quando **ero/sono stato/fui** piccolo, andavo spesso al mare.
2. La II guerra mondiale **scoppiava/è scoppiata/scoppiò** nel 1939, quando la Germania invase la Polonia.
3. Gesù Cristo morì quando **aveva/ha avuto/ebbe** 33 anni.
4. I miei genitori si sono conosciuti nel 1963 e un anno dopo **si sposavano/si sono sposati/si sposarono**.
5. C'era volta un re che aveva una figlia bellissima. Un giorno, all'improvviso, la figlia del re **moriva/è morta/morì**.
6. Negli anni '50 Domenico Modugno **vinceva/ha vinto/vinse** il Festival di Sanremo con la canzone "Volare".
7. Ieri sera il Presidente della Repubblica **faceva/ha fatto/fece** un discorso importante in tv.
8. Giulio non è venuto perché **era/è stato/fu** stanco.
9. All'inizio del '900, furono molti gli italiani che **sono emigrati/emigravano/emigrarono** in America in cerca di lavoro.
10. In Italia il fenomeno del terrorismo **si sviluppava/si è sviluppato/si sviluppò** soprattutto negli anni '70, all'epoca in cui le Brigate Rosse uccisero il politico Aldo Moro.

8 Rewrite the text replacing the present perfect with the historical past, as shown in the example.

Qualche mese fa mia sorella **si è sposata** con un ricco americano. Si sono conosciuti in un locale di Roma dove lei faceva la cameriera. Appena Fred (l'americano) l'ha vista, l'ha voluta conoscere e l'ha invitata al suo tavolo. I due hanno fatto amicizia, hanno continuato a frequentarsi per tutto il tempo in cui Fred è rimasto a Roma e, dopo la sua partenza, sono cominciate le telefonate, le lettere e i viaggi intercontinentali. Fred ha pagato tutti i suoi viaggi, le ha fatto regali meravigliosi, insomma... come poteva lei dirgli di no quando lui le ha chiesto di sposarlo? I due sono poi andati a vivere in un enorme ranch in Texas, dove lei ha imparato ad andare a cavallo e ha cominciato a vestirsi come una vera e propria cow-girl. Questo si chiama: trovare l'America!

*Nel 1900 la mia bisnonna **si sposò** con un ricco americano ...*

Past anterior *(Trapassato remoto)*

Quando Carla **se ne fu andata**, Paolo **telefonò** alla madre.

*(before: **se ne fu andata** → after: **telefonò**)*

Andai via solo dopo che lui mi **ebbe salutato**.

*(before: **ebbe salutato** → after: **andai via**)*

Appena **fu arrivata** a casa **telefonò** al fidanzato.

Dopo che ebbe mangiato, andò a dormire.

Appena ebbe mangiato, andò a dormire.

Quando ebbe mangiato, andò a dormire.

Dopo che lo **ebbero visto** decisero di invitarlo alla festa.

Appena **fu partita** suo marito andò al bar a festeggiare.

■ *The **past anterior** (**trapassato remoto** in Italian) describes an action which happened before another action which is expressed in the historical past.*

■ *The past anterior is used only when:*

a) the main clause is in the historical past;

*b) the past anterior is introduced by an adverb of time such as **dopo che**, **appena**, **quando**.*

■ *The past anterior is formed with the **historical past** of the verbs **avere** or **essere** + the **past participle** of the verb.*

Past anterior		
(historical past of *avere* or *essere* + past participle)		
io	**ebbi parlato**	**fui andato/a**
tu	**avesti parlato**	**fosti andato/a**
lui/lei/Lei	**ebbe parlato**	**fu andato/a**
noi	**avemmo parlato**	**fummo andati/e**
voi	**aveste parlato**	**foste andati/e**
loro	**ebbero parlato**	**furono andati/e**

I **Historical past or past anterior? Put the verbs into the correct form.**

Pelle d'asino

C'era una volta un re vedovo che aveva una bellissima figlia che si chiamava Isabella. Purtroppo il re *(innamorarsi)* ┌ *si innamorò* ┐ della figlia e *(decidere)* ┌ *decise* ┐ di sposarla. Ne *(parlare)* [   ] con i suoi consiglieri ma, anche dopo che tutti gli *(rispondere)* [   ] che era una pazzia, lui *(continuare)* [   ] con i suoi progetti. Intanto Isabella, disperata, piangeva tutto il giorno, in una stanza isolata del castello. Un giorno, subito dopo che *(finire)* [   ] di mangiare, *(vedere)* [   ] una fata, che era arrivata per aiutarla. La fata le *(consigliare)* [   ] di accettare il matrimonio ma di chiedere al padre una condizione: che le facesse fare un vestito con tutti i fiori e gli alberi del parco. La ragazza *(essere)* [   ] così contenta di aver trovato una soluzione che, appena la fata *(andarsene)* [   ], chiese il vestito al padre. Ma, dopo pochi mesi, il vestito fu pronto. Allora la fata *(avere)* [   ] un'altra idea e *(dire)* [   ] a Isabella di chiedere un vestito fatto col cielo, la luna e le stelle. Ma, dopo alcuni mesi, anche quel vestito fu pronto. Isabella era disperata. Non sapeva più che cosa fare, *(chiedere)* [   ] di nuovo aiuto alla fata, che questa volta le consigliò di chiedere al padre di uccidere l'asino magico che aveva nella stalla. L'asino faceva monete d'oro e sicuramente il padre non lo avrebbe voluto perdere. Ma nemmeno questo *(fermare)* [   ] il re, che, appena *(uccidere)* [   ] l'asino, ne prese la pelle e la *(portare)* [   ] alla figlia. L'unica soluzione rimasta era quella di fuggire. Così la ragazza *(lasciare)* [   ] il castello coperta dalla pelle dell'asino…

La storia naturalmente non finisce qui… Isabella riuscì a fuggire dal padre? Tu che pensi? Prova a finire tu la storia.

(a folk tale from Garfagnana, a county in Tuscany)

Inside and Out

Whether you should use the **passato remoto** or the **passato prossimo** is up to you. The **passato remoto** refers to far-off actions or to events that the speaker perceives as remote and disconnected from the present. The **passato prossimo**, instead, is used to express relatively recent actions or events that the speaker perceives as still effectful now.

e. g.: *Un anno fa* **andai** *a trovare mio fratello.*
       Un anno fa **mi sono sposato**.

Sequence of tenses in the indicative (I)

■ *In Italian the tense of the dependent clause is subordinate to the tense which we use in the main clause.*

■ *After a main clause with a verb in the present, or in a past tense near the present, in the present conditional, in the imperative or in the future we use:*

main clause	dependent clause

Dico che...
Ho detto ora che...
Direi che...
Di' (tu) che...
Dica (Lei) che...
Dirò che...

Aldo parte domani.
Aldo partirà domani.
Aldo vorrebbe partire domani.

a) present, future or conditional to express a later action;

Aldo parte oggi.
Aldo sta partendo.

b) present or present continuous to express a simultaneous action;

Aldo è partito ieri.
Aldo voleva partire.
Aldo partì per la guerra nel 1915.

c) present perfect, imperfect or historical past to express a previous action.

EXERCISES

I **Choose the correct verb.**

1. So che Marco **sta venendo/venne/era venuto** qui adesso.
2. Ho saputo ora che ieri sera Marco **verrà/veniva/è venuto** qui.
3. Ho saputo ora che tra poco **sta venendo/è venuto/verrà** Marco.
4. Mi ricordo che l'anno scorso **volevi/vorresti/vorrai** cambiare lavoro. Ci sei riuscito?
5. Allora, raccontateci che cosa **fate/avete fatto/fareste** sabato scorso con quelle due ragazze.
6. Signore, mi dica a che ora **vuole/ha voluto/vorrà** partire: c'è un aereo oggi pomeriggio alle 16.00 e uno domani mattina alle 8.00.
7. Siamo sicuri che Claudia **arriva/arrivava/era arrivata** domani mattina.
8. Ho letto adesso sul giornale che ieri **ci fu/c'è stato/ci sarà stato** uno sciopero dei treni.
9. Ho letto adesso sul giornale che oggi **ci sarà stato/c'era stato/c'è** uno sciopero dei treni.
10. Quando vedrò Antonio, gli dirò che martedì scorso **era/sarà/fu** il mio compleanno.
11. Quando vedrò Antonio, gli dirò che domenica prossima **volevo/vorrei/avrò voluto** andare al mare.
12. Fabio dice che in questo periodo Sara **scriveva/sta scrivendo/aveva scritto** un nuovo libro.
13. Fabio dice che molti anni fa Sara **scriverebbe/ha scritto/scrive** un libro per bambini.
14. Fabio dice che tra qualche mese Sara **cominciava/comincerà/ha cominciato** a scrivere un nuovo libro.
15. Mia nonna dice che mio nonno **s'innamorava/s'innamorerebbe/s'innamorò** di lei al primo incontro.
16. Mia nonna dice che ancora oggi mio nonno **fece/ha fatto/farebbe** follie per lei.
17. Luca dice che poco fa **vede/vedrebbe/ha visto** Cristina con il suo nuovo fidanzato.
18. Mia madre mi scrive che mio padre non **è stato/sta/starà** bene ma adesso va un po' meglio.
19. Mia madre mi scrive che a Natale lei e mio padre **andavano/andranno/andarono** in vacanza in Egitto, io invece ancora non ho deciso cosa fare.
20. Ti ripeto che in questo momento non **ho/ho avuto/avrò** tempo di ascoltare i tuoi discorsi.

2 **Put the verbs into the indicative.**

Ho deciso, quest'estate farò il cammino di Santiago, una camminata di più di 700 chilometri che arriva fino a Santiago in Spagna. La storia dice che il Cammino *(nascere)* [＿＿＿] nel Medioevo come pellegrinaggio in visita alle reliquie di San Giacomo, che *(trovarsi)* [＿＿＿] appunto nella Cattedrale della città di Santiago, in Galizia. La mia intenzione non *(essere)* [＿＿＿] religiosa, ma *(io/essere)* [＿＿＿] curiosa di provare questa esperienza, *(volere)* [＿＿＿] camminare, godermi il paesaggio e fare nuove amicizie. Ho alcuni amici che lo *(fare)* [＿＿＿] anni fa e me ne *(parlare)* [＿＿＿] benissimo, tutti dicono che per loro *(essere)* [＿＿＿] un'esperienza unica e che *(incontrare)* [＿＿＿] persone eccezionali di tutto il mondo. Il tempo, mi hanno detto i miei amici, *(rallentare)* [＿＿＿] moltissimo mentre si *(camminare)* [＿＿＿], perciò si *(riscoprire)* [＿＿＿] il piacere di parlare, pensare e vivere una vita meno frenetica. Mi hanno preparata dicendomi che *(io/trovare)* [＿＿＿] sicuramente alcuni punti piuttosto duri, visto che ci sono dei pezzi in montagna. Io sono un po' preoccupata perché non *(essere)* [＿＿＿] per niente sportiva, ma ho già deciso che *(fare)* [＿＿＿] delle tappe brevi, così non *(stancarsi)* [＿＿＿] troppo e sono sicura che, man mano che cammino, *(abituarsi)* [＿＿＿] sempre di più e *(essere)* [＿＿＿] tutto più facile. Ho già comprato gli scarponi e tutto il materiale da portare con me, *(avere)* [＿＿＿] il passaporto del pellegrino da far timbrare in ogni ostello e un buon libro che spiega bene l'itinerario in dettaglio. Spero proprio di farcela, ho circa 4 settimane di tempo e *(volere)* [＿＿＿] riuscire a fare tutto il cammino in quel tempo.

Sequence of tenses in the indicative (2)

■ *Following a main clause with a verb in the past indicative (ie: present perfect, imperfect, historical past or past perfect) or in the perfect conditional we use:*

main clause	dependent clause
Ho detto che... Dicevo che... Dissi che... Avevo detto che... Avrei detto che...	Aldo partiva dopo. Aldo sarebbe partito dopo. Aldo partiva quel giorno. Aldo era partito il giorno prima. Aldo voleva partire il giorno prima. Aldo partì per la guerra. dopo che Aldo fu partito sua moglie trovò un altro uomo.

a) imperfect or perfect conditional to express a later action;

b) imperfect to express a simultaneous action;

c) past perfect, imperfect, historical past or past anterior to express a previous action.

EXERCISES

I Choose the correct verb.

1. Durante i primi anni di matrimonio, prima di addormentarsi, Gianni e Rita si raccontavano sempre cosa **hanno fatto/farebbero/avevano fatto** durante la giornata. Ora Gianni si addormenta subito e Rita legge una rivista.
2. Quando Luca conobbe Ornella, **era/era stato/sarebbe stato** così felice che **fu girato/girava/aveva girato** sempre con un sorriso idiota in faccia, mentre ora è così contento solo quando guarda la partita di calcio.
3. Cinque anni fa Pia disse a Luca che **si sposarono/si sarebbero sposati/si erano sposati** subito dopo la sua laurea. Pia però si è laureata due anni fa e Luca sta ancora aspettando.
4. Quando Ennio incontrò Maria, le disse che **aveva divorziato/divorziava/avrebbe divorziato** l'anno prima perché sua moglie non lo capiva, ma ora ha lasciato Maria ed è tornato dalla moglie.
5. Non ho detto a Fabio che **avevo visto/ebbi visto/vidi** sua moglie con un altro.
6. Mia nonna mi raccontava sempre che, subito dopo il matrimonio, mio nonno **partì/fu partito/sarà partito** per l'America in cerca di lavoro.
7. Cecilia aveva raccontato a tutti che alla festa di capodanno **ha conosciuto/aveva conosciuto/conosceva** un ragazzo bellissimo.
8. Antonio disse che in quel momento non **aveva avuto/aveva/ha avuto** relazioni con nessuna donna.
9. Antonio disse che quando era giovane **aveva avuto/ha avuto/avrebbe** molte donne.
10. La mattina del 27 aprile, Giuseppe si ricordò che quel giorno **era/è stato/era stato** il compleanno di sua moglie e così le comprò un mazzo di fiori.
11. La mattina del 28 aprile, Giuseppe si ricordò che il giorno prima **sarebbe stato/è stato/era stato** il compleanno di sua moglie e così le comprò subito un mazzo di fiori per scusarsi.
12. Quando prestammo i soldi a Dario, ancora non sapevamo che l'anno dopo **si sposerà/si è sposato/si sarebbe sposato** con una donna ricchissima.
13. Quando prestammo i soldi a Dario, ancora non sapevamo che l'anno prima **si è sposato/si era sposato/si sarebbe sposato** con una donna ricchissima.
14. Quando Marco e Valeria si sposarono, tutti dissero che **erano/furono/erano stati** una coppia perfetta, invece lui la lasciò dopo due mesi.
15. Il giorno del loro matrimonio, nessuno poteva immaginare che Marco **aveva lasciato/avrebbe lasciato/lasciò** Valeria dopo due mesi.
16. Carlo mi ha detto che **si sarà innamorato/si innamorava/si innamorò** sempre di donne bellissime e irraggiungibili.

Inside and Out

Nouns can be formed by adding the nominal suffix *-ata* to verbs ending with *-are*. Such nouns refer to the action described by the verb.

e. g.: camminare > una **camminata**
pedalare > una **pedalata**
telefonare > una **telefonata**

Indefinite adjectives

The indefinites are used to indicate unspecified things or persons.

Some indefinites only have an adjective function, they are **invariable** and are used only in the **singular form**:

Qualche volta mi piace andare a ballare.

a) **qualche**;

Qualunque/Qualsiasi marca di vino tu abbia comprato, a me va bene.

b) **qualunque/qualsiasi** (they mean the same);

Ogni volta che guido mi arrabbio.

c) **ogni** (has the same meaning as **tutti/tutte**).

Indefinite pronouns

Some indefinites only function as pronouns and are used only in the singular form:

Devo comprare **qualcosa** da mangiare.

a) **qualcosa** (invariable);

Chiunque venga alla festa deve portare giacca e cravatta.

b) **chiunque** (invariable always followed by the subjunctive);

Qualcuno/a è entrato in casa mia.
Ho incontrato **uno/a** che lavora alla posta.
Ognuno/a deve fare quello che ritiene giusto.

c) **qualcuno**, **uno**, **ognuno** (they have a masculine form as well as a feminine one);

Non c'è **niente/nulla** da mangiare.
Dopo quello che è successo, **niente/nulla** sarà più come prima.

d) **niente/nulla** (they have the same meaning; they are invariable; after the verb they require the negation; before the verb they don't).

Indefinite adjectives/pronouns/adverbs

Some indefinites can have several functions: that of adjective, pronoun, and adverb (when they are adjectives or pronouns they are almost always variable, when they are adverbs they are always invariable):

adj.: Non abbiamo **alcun** dubbio su Franco.
pron.: Le persone interessate erano solo **alcune**.

a) **alcuno** (adjective or pronoun; variable; when it precedes the noun it behaves like the indefinite article);

adj.: Ieri ho conosciuto una **certa** Simonetta.
pron.: C'erano molti ragazzi, **certi** italiani e **certi** stranieri.

b) **certo** (adjective or pronoun; variable; in the singular it is preceded by the indefinite article, in the plural however it does not take the article);

adj.: **Quale** attore preferisci?
pron.: Non so **quale** è la macchina di Piero.

c) **quale** (adjective or pronoun; variable);

adj.: Signora, vuole un'**altra** sedia?
pron.: Alcune mie amiche sono sposate, **altre** no.

d) **altro** (adjective or pronoun; variable);

Indefinites **33**

adj.: Eravamo **pochi** amici.
pron.: Eravamo **pochi**.
adv.: Oggi ho lavorato **poco**.

adj.: C'erano **molte/parecchie/tante** persone allo stadio.
pron.: Allo stadio eravamo **molti/parecchi/tanti**.
adv.: Oggi ho lavorato **molto/parecchio/tanto**.

adj.: Nella pasta c'è **troppo** sale.
pron.: Siamo **troppi**, non c'è posto per tutti.
adv.: Oggi ho mangiato **troppo**.

adj.: **Ciascun** ragazzo si è organizzato come preferiva.
pron.: Ho parlato con **ciascuno**.

adj.: Ho letto **tutto** il giornale.
pron.: Ho pagato per **tutti**.

adj.: Non c'è **nessun** problema.
pron.: Ieri non è venuto **nessuno**.
pron.: Qui **nessuno** vuole lavorare.

e) **poco** *(adjective, pronoun or adverb, when it is an adjective or pronoun it is variable; when it is an adverb it is invariable);*

f) **molto/parecchio/tanto** *(they have the same meaning; adjectives, pronouns or adverbs; when they are adjectives or pronouns they are variable, when they are adverbs they are invariable);*

g) **troppo** *(adjective, pronoun or adverb; when it is an adjective or pronoun it is variable; when it is an adverb it is invariable);*

h) **ciascuno** *(adjective or pronoun; it has only the singular form; like **alcuno**, when it precedes the noun it behaves like the indefinite article);*

i) **tutto** *(adjective or pronoun; variable; when it is an adjective it is followed by the definite article);*

l) **nessuno** *(adjective or pronoun; has only the singular form; like **alcuno**, when it precedes the noun it follows the forms of the indefinite article; like **niente/nulla** after the verb it requires the negation, but before the verb it does not).*

EXERCISES

I **Singular or plural? Complete the indefinites and the other words in the text with the correct endings.**

Le prime cinque mosse della seduzione: alcun¿ consigl¿ per tutt_ quell_ che si sentono poco sicuri di sé.

Prima mossa: ci sono molt_ cos_ a cui pensare quando si vuole sedurre qualcuno, ma in qualsias_ situazion_ la prima cosa da fare è scegliere bene la persona che ci interessa.

Seconda mossa: si deve fare attenzione a come si stabilisce il primo contatto. Alcun_ sono troppo dirett_, altr_ sono troppo timid_. Si deve sorridere o guardare negli occhi, con simpatia e interesse. Se non c'è nessun_ rispost_, significa che non c'è nient_ da fare e che il nostro tentativo è fallito; altrimenti andiamo avanti con la seduzione.

Terza mossa: dopo alcun_ sguard_, quando siamo sicuri che quell_ cert_ person_ non ci rifiuta, possiamo cercare di scambiare qualch_ parol_. Non si deve mai parlare tropp_ o poc_, si deve essere gentili, interessati ed educati.

Quarta mossa: se si è in un luogo pubblico si può offrire qualcos_ da bere e passare a conversare di argomenti più personali. A questo punto è una buona idea provare a guardare l'altro/l'altra negli occhi a lungo. Se lui o lei hanno le pupille grandi, significa che sono interessati.

Quinta mossa: adesso inizia la parte più interessante, ma… dobbiamo proprio dirvi tutt_?

2 Underline all the indefinites in the text in Exercise 1 (adjectives, pronouns and adverbs) and put them in the correct place in the table, as shown in the example.

Indefinites		
adjectives	**pronouns**	**adverbs**
alcuni consigli		

3 As usual, the bus is almost 20 minutes late. This is what the people waiting at the bus stop and the bus driver are thinking. Put the indefinites in the correct place and complete the text.

tutti   qualche   altro   ogni   troppo

1) *Ragazzo* - Uffa! Proprio oggi doveva succedere! [＿＿＿] volta che ho un appuntamento con la mia ragazza c'è [＿＿＿] problema e io arrivo sempre in ritardo. La settimana scorsa si è rotto il motorino, ieri c'era
[＿＿＿] traffico e oggi l'autobus ritarda! Le avevo comprato dei cioccolatini per regalo ma si stanno scio-
gliendo! Che faccio? Li butto o li mangio [＿＿＿] io? Se continua così lei si troverà un [＿＿＿]!

niente   tutti   certi   niente   nessuno

2) *Signora* - Sempre la stessa storia. Il comune dice che [＿＿＿] i cittadini devono usare i mezzi pubblici
e poi il servizio è questo. Forse c'è uno sciopero, ma [＿＿＿] me l'ha detto, ho anche comprato il giornale e non c'era scritto [＿＿＿]. Sicuramente l'autista si è presentato tardi al lavoro, [＿＿＿] auti-
sti non hanno proprio voglia di fare [＿＿＿]! Forse è meglio se chiamo un taxi.

qualsiasi   ogni   altro   nessuno   troppo

3) *Ragazza* - Che bello! L'autobus è in ritardo! Ottima scusa per perdere l'appuntamento. Se arrivo [＿＿＿]
tardi sicuramente il dentista farà passare un [＿＿＿] paziente e non potrà vedermi. Che sollievo! Odio andare
dal dentista! [＿＿＿] volta che entro in quell'ambulatorio e vedo le facce dei pazienti che escono mi viene
voglia di fuggire. Sono sicura che a [＿＿＿] piace andare dal dentista e io farei [＿＿＿] cosa per evi-
tarlo! Speriamo che l'autobus tardi ancora un po'!

nessuno   qualcuno   tutti   altro   ogni

4) *Autista* - Un [＿＿＿] giorno di traffico caotico. Sono già in ritardo di quasi mezz'ora e sicuramente a
[＿＿＿] fermata ci sarà [＿＿＿] che si lamenta con me. Non c'è mai [＿＿＿] che cerca
di mettersi nei miei panni. Sono [＿＿＿] bravi a criticare ma li vorrei vedere io al posto mio! Non vedo
l'ora di andarmene in pensione!

4 Lella and Maria are twin sisters but have very different characters. Lella is an optimist and always in a good mood. Maria on the other hand is a pessimist and always irritable. Read Lella's diary and then complete Maria's diary, with the opposites of the indefinites which Lella has used.

Diario di Lella

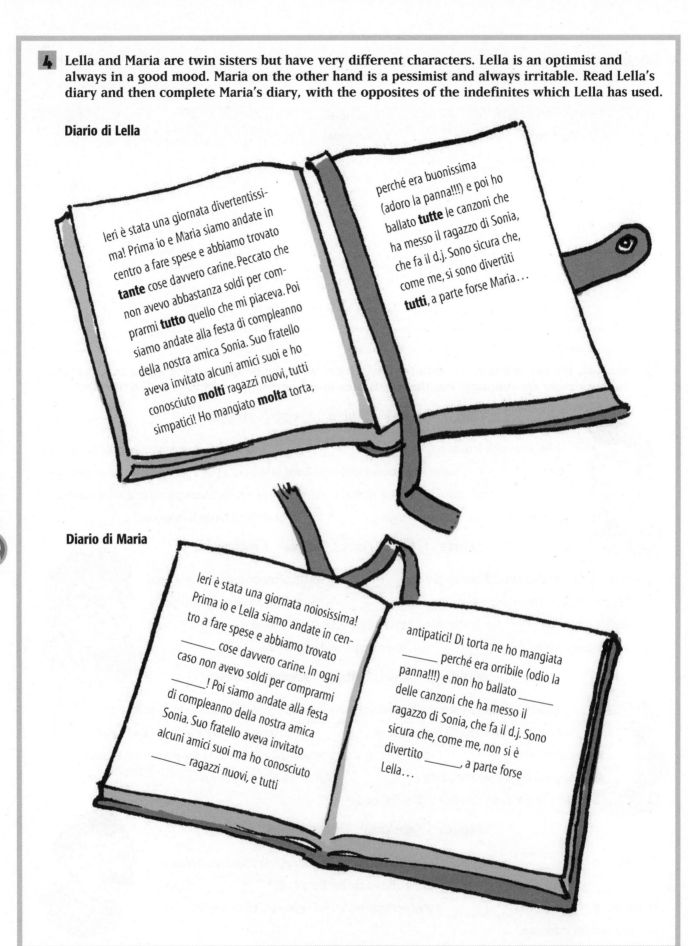

Ieri è stata una giornata divertentissima! Prima io e Maria siamo andate in centro a fare spese e abbiamo trovato **tante** cose davvero carine. Peccato che non avevo abbastanza soldi per comprarmi **tutto** quello che mi piaceva. Poi siamo andate alla festa di compleanno della nostra amica Sonia. Suo fratello aveva invitato alcuni amici suoi e ho conosciuto **molti** ragazzi nuovi, tutti simpatici! Ho mangiato **molta** torta, perché era buonissima (adoro la panna!!!) e poi ho ballato **tutte** le canzoni che ha messo il ragazzo di Sonia, che fa il d.j. Sono sicura che, come me, si sono divertiti **tutti**, a parte forse Maria...

Diario di Maria

Ieri è stata una giornata noiosissima! Prima io e Lella siamo andate in centro a fare spese e abbiamo trovato _____ cose davvero carine. In ogni caso non avevo soldi per comprarmi _____! Poi siamo andate alla festa di compleanno della nostra amica Sonia. Suo fratello aveva invitato alcuni amici suoi ma ho conosciuto _____ ragazzi nuovi, e tutti antipatici! Di torta ne ho mangiata _____ perché era orribile (odio la panna!!!) e non ho ballato _____ delle canzoni che ha messo il ragazzo di Sonia, che fa il d.j. Sono sicura che, come me, non si è divertito _____, a parte forse Lella...

Present and past gerund

■ *The present gerund, the past gerund, the past infinitive and the past participle are invariable verbal forms (or verb forms not related to time) which are used in the dependent clauses.*

ascoltare: Mi rilasso ascolt**ando** la radio.
leggere: Legg**endo** ho imparato molte cose.
dormire: Di solito passo la domenica dorm**endo**.

■ *The present gerund is formed from the infinitive of the verb. The endings are:*

-are > -ando
-ere > -endo
-ire > -endo

Avendo incontrato Piero l'ho invitato a bere un caffè.
Essendo arrivato tardi non ho trovato nessuno.

■ *The past gerund is formed with the* **present gerund** *of* **avere** *or* **essere** *+ the* **past participle** *of the verb.*

■ *The gerund can have five principal meanings:*

Mentre andavo dal panettiere ho incontrato Claudio.
→ **Andando** dal panettiere ho incontrato Claudio.

a) **simultaneousness** = *the two actions happen at the same time;*

Abbiamo passato la serata a ridere e a scherzare.
→ Abbiamo passato la serata **ridendo** e **scherzando**.

b) **manner** = *describes in which manner something is or the manner in which it occurs;*

Poiché non aveva il biglietto con sé Aldo ha pagato la multa sul treno. → Non **avendo** il biglietto con sé Aldo ha pagato la multa sul treno.

c) **cause** = *describes the reason why something happens;*

Se/Quando si mangia troppo si ingrassa.
→ **Mangiando** troppo si ingrassa.

d) **hypothesis** = *expresses a hypothesis;*

Anche se sono stanco, vengo con voi al cinema.
→ **Pur essendo** stanco, vengo con voi al cinema.

e) **concession** = *replaces a phrase introduced by* **anche se** *(in this case the gerund is preceded by* **pur**).

present gerund (= simultaneousness): Studio **ascoltando** la radio.

■ *The* **present gerund** *is used when the action in the dependent clause (the clause with the gerund) happens* <u>at the same time</u> *(simultaneousness) as the other action in the main clause.*

past gerund (= anteriority): **Avendo bevuto** molti caffè *(before)*, sono molto nervoso *(now)*.

■ *The* **past gerund** *is used when the action in the dependent clause takes place* <u>before</u> *(anteriority) with respect to the main clause.*

Vedi quei libri? Se **me li** porti mi farai un gran favore.
→ Vedi quei libri? Portando**meli** mi farai un gran favore.

■ *All the pronouns (direct object, indirect object and double object pronouns) and the particles (ci, ne) are used after the gerund.*

Gerund	
present	past
-are > -ando	present gerund of
-ere > -endo	**avere** or **essere** +
-ire > -endo	past participle of the verb

EXERCISES

I **Rewrite the sentences using the present gerund, as shown in the example.**

e.g. Il bambino cade <u>mentre gioca</u> a pallone. → *Il bambino cade* **giocando** *a pallone.*

1. Piero mangia <u>mentre guarda</u> la televisione.

4. Gli studenti seguono la lezione <u>mentre prendono</u> appunti.

2. I nonni dormono <u>mentre ascoltano</u> la radio.

5. Paolo parla con un amico <u>mentre va</u> a scuola.

3. Sandra fa la doccia <u>mentre canta</u>.

6. Il professore cammina <u>mentre legge</u> un libro.

Inside and Out

Implicit forms such as gerunds, infinitives and past participles can be used only if the subordinate clause and the main clause have the same subject.

e. g.: **Io** *ho imparato il russo perché* **io** *ho lavorato a Mosca = Ho imparato il russo* **lavorando** *a Mosca.*

   ma

   Io *ho imparato il russo perché* **mio marito** *ha lavorato a Mosca.*

2 Answer the questions choosing the answers from the list and putting them in the present gerund.

e.g. Come hai passato l'esame? → _**studiando**_ _duro per due mesi._

1. Come hai fatto a perdere così tanto peso?
2. Come avete imparato a cantare così bene?
3. Come avete potuto comprare questa casa?
4. Rita e Ada parlano inglese perfettamente. Come hanno fatto?
5. In che modo hai scoperto che tuo marito ti tradiva?
6. Come hai fatto a conquistare Sabrina?

| chiedere un prestito alla banca | passare le vacanze in Gran Bretagna | farlo seguire da un investigatore privato |
| studiare duro per due mesi | fare una dieta rigorosa | seguire un corso di canto lirico | scriverle molte lettere d'amore |

---

3 Rewrite the sentences using the present or past gerund, as shown in the example.

e.g. Poiché era molto contento Luca ha pagato da bere a tutti. → _**Essendo**_ _molto contento Luca ha pagato da bere a tutti._

1. Poiché lavoriamo vicino casa, ci mettiamo solo 10 minuti per andare in ufficio.
2. Poiché ho lavorato tutto il giorno oggi sono troppo stanco per uscire.
3. Poiché parla molto bene l'inglese, ad Amelia non sarà difficile trovare un lavoro.
4. Poiché abbiamo una casa grande dobbiamo trovare una donna per le pulizie.
5. Ho bisogno di fare una doccia perché ho giocato a pallone.
6. Ora non avete più voce perché avete cantato tutto il giorno.
7. Poiché erano molto nervosi i Rossi hanno deciso di fare una passeggiata.
8. Devo risparmiare perché il mese scorso ho speso troppo.
9. Poiché sono a dieta e non la posso mangiare, ho dato tutta la cioccolata a Paolo.

---

4 Federica's mother has decided to give her daughter some advice.
Rewrite the sentences using the present gerund, as shown in the example.

Madre - Federica, guarda che...

e.g. se continui a mangiare così poco ti sentirai male; → _**continuando**_ _a mangiare così poco ti sentirai male._

1. se studi un po' di più finirai prima l'università;
2. se non esci mai la sera non troverai mai un ragazzo;
3. se non ti vesti bene nessuno ti guarderà;
4. se fai troppo sport diventerai troppo muscolosa;
5. se ascolti me avrai successo.

5 Rewrite the sentences using the form *pur + past* or *present gerund*, as shown in the example.

e.g. <u>Anche se è</u> il mio compleanno, non ho voglia di festeggiare. → ***Pur essendo*** *il mio compleanno, non ho voglia di festeggiare.*

1. <u>Anche se sei</u> stanco, devi venire a cena da me.

2. <u>Anche se ho</u> pochi soldi, voglio comprare un regalo a mia moglie.

3. <u>Anche se ho</u> fame, non posso mangiare perché sono a dieta.

4. Quella ragazza non è il mio tipo, <u>anche se è</u> molto bella.

5. <u>Anche se ho fatto</u> due settimane di vacanza, non ho voglia di lavorare.

6. <u>Anche se si sono lasciati</u>, Rita e Marco continuano a vedersi.

---

6 Rewrite all the highlighted phrases using the present or past gerund.

Mentre uscivo di casa ho incontrato un mio vecchio conoscente: Gualtiero Ignazi. Mi è sembrato davvero giù, infatti, mi ha salutato quasi **come se piangesse**. Gli ho chiesto novità e lui, **mentre mi guardava** in modo molto serio, mi ha raccontato che, **poiché era andato** in pensione da poco, aveva molto tempo libero a disposizione. Così aveva deciso di uscire più spesso con gli amici. **Visto che è** vedovo, e **poiché è** anche un bravo ballerino, era andato molte volte a ballare. Lì aveva conosciuto una bella signora che aveva trovato davvero affascinante. Ma, **poiché** la signora **era** sposata, e, **poiché** il marito **era** molto geloso, Gualtiero aveva dovuto usare tutta la sua fantasia per incontrarsi con lei. "**Se continuo** così - mi ha detto - finirò all'ospedale".

_____

_____

_____

_____

_____

_____

Past infinitive

Dopo **aver visto** la tv, sono andato a dormire.
Dopo **essere tornato** a casa, ho preparato la cena.

Dopo **aver comprato** il biglietto *(earlier action)* ho preso l'autobus *(later action)*.

- The past infinitive is formed with the **present infinitive** of *avere* or *essere* + **the past participle**.

- The past infinitive is used when the action in the dependent clause (the clause with the past infinitive) happens before (anteriority) with respect to the action in the main clause.

- The past infinitive is used principally with sentences with the following significances:

<u>Dopo che avrò studiato</u> andrò in farmacia. → Dopo **aver studiato**, andrò in farmacia.

a) **time** *(in this case it is preceded by dopo)*;

Ho ringraziato Paolo <u>perché è venuto</u> alla mia festa. → Ho ringraziato Paolo **per essere venuto** alla mia festa.

b) **cause** *(in this case it is preceded by per)*;

Sono andato a vivere in America dopo che **mi** sono laureato. → Sono andato a vivere in America dopo esser**mi** laureato.

- All the pronouns (direct object, indirect object and double object pronouns) and the particles (ci, ne) are used after the infinitive as a suffix.

Per <u>**aver** perso</u> il treno, sono arrivato tardi all'appuntamento.

- In the past infinitive, the infinitive of *avere* becomes *aver*.

Past infinitive
present infinitive of **avere** (= aver)
or **essere** + **past participle**

EXERCISES

1 Rewrite the sentences using the form *dopo + past infinitive*, as shown in the example.

e.g. <u>Dopo che abbiamo visto</u> il film siamo andati in un bar. → **Dopo aver visto** *il film siamo andati in un bar.*

1. Siete tornati a casa <u>dopo che siete usciti</u> da casa mia?
2. Andai dal dentista <u>dopo che avevo passato</u> tutta la notte sveglio per colpa del mal di denti.
3. Ieri sono andata al ristorante e, <u>dopo che ho mangiato</u>, sono tornata al lavoro.
4. Cosa hai fatto ieri <u>dopo che hai finito</u> la lezione?
5. Ieri ho riportato i libri a Gianni. <u>Dopo che l'ho salutato</u> sono andata a fare la spesa.

2 Rewrite the sentences using the form *per + past infinitive*, as shown in the example.

e.g. Mi sono sentita male <u>perché ho bevuto</u> troppo. → *Mi sono sentita male **per aver bevuto** troppo.*

1. Maria si è scusata con Luigi, <u>perché è arrivata</u> in ritardo.
2. Marco ha preso un brutto voto a scuola <u>perché non aveva studiato</u>.
3. Paola ha preso una multa <u>perché non aveva pagato</u> il biglietto dell'autobus.
4. Maria si è bagnata tutta, <u>perché è uscita</u> senza ombrello.
5. Ho ringraziato Paolo <u>perché mi ha accompagnato</u> a casa.

Past participle

entrare: Entr**ato** in casa, ho acceso la luce.

vendere: Vend**uto** l'appartamento in città, sono andato a vivere in campagna.

finire: Fin**ito** il film, siamo usciti dal cinema.

Ieri ho **incontrato** Paolo.

Quando sei **arrivato** io ero già **uscito**.

Comprato il biglietto *(earlier action)* ho preso l'autobus *(later action)*.

Dopo che avevo fatto la spesa sono tornata a casa per cucinare. → **Fatta** la spesa sono tornata a casa per cucinare.

Dopo aver finito la canzone il cantante fece una pausa. → **Finita** la canzone, il cantante fece una pausa.

Dopo che ho visto **le condizioni** del contratto ho deciso di non accettare il lavoro. → Vist**e le condizioni** del contratto, ho deciso di non accettare il lavoro.

Dopo che siamo usciti dal cinema siamo andati tutti in pizzeria. → Uscit**i** dal cinema siamo andati tutti in pizzeria.

Dopo che **le** ho detto quello che pensavo, l'ho lasciata. → Detto**le** quello che pensavo, l'ho lasciata.

- The past participle is formed from the infinitive of the verb. The endings are: **-are > -ato**
  -ere > -uto
  -ire > -ito

- The past participle is used most of all in compound tenses (present perfect, past perfect, etc.)

- The past participle is also used when the action in the dependent clause (the phrase with the past participle) happens <u>before</u> (anteriority) with respect to the action in the main clause.

- The principal meaning of the past participle is a **time meaning;** and it can replace phrases containing a past infinitive.

- The past participle follows a particular rule:

a) for transitive verbs (with a direct object) the final vowel agrees with the object of the verb;

b) for intransitive verbs (without a direct object) the final vowel agrees with the subject of the verb.

- All the pronouns (direct object, indirect object, and double object pronouns) and the particles (ci, ne) go after the past participle as a suffix.

Past participle
-are > -ato
-ere > -uto
-ire > -ito

1 **Rewrite the sentences, using the past participle, as shown in the example.**

e.g. Dopo che abbiamo pagato il conto, siamo usciti dal ristorante. → ***Pagato il conto***, *siamo usciti dal ristorante.*

1. Dopo che hanno ascoltato il telegiornale, Mara e Paola hanno spento la tv.
2. Dopo essere arrivati a Roma, abbiamo cercato un albergo.
3. Dopo che ho accompagnato Ugo, sono andato a casa.
4. Dopo aver finito l'esercizio, lo studente ha chiuso il libro.
5. Dopo che è partito Aldo, sono rimasta sola.

---

2 **Complete the past participle with the correct vowel (-o, -a, -i, -e).**

1. Vist_ il film, Aldo e Marco sono andati a bere una birra.
2. Il signor Rossi, vist_ le condizioni della casa, ha deciso di non comprarla.
3. Tornat_ a casa, Lidia ha preparato la cena.
4. Romeo, cantat_ la serenata, ha aspettato che Giulia si affacciasse alla finestra.
5. Studiat_ tutte le varie possibilità, Anna si è iscritta all'università di Camerino.
6. Partit_ con l'aereo, i miei genitori sono tornati in treno.
7. Affittat_ i due appartamenti in centro, la signora Bini è andata a vivere in periferia.
8. Ascoltat_ le previsioni del tempo, Franca ha deciso di andare al mare.

Indirect speech with main clause in the present tense

direct speech	indirect speech
Paolo dice: "Sono stanco."	Paolo **dice che** è stanco.

■ *To say something to someone we can use **direct speech** (by speaking directly) or **indirect speech** (by telling someone what another person has said to us).*

■ *When we change from direct speech to indirect speech some parts of the speech can change. If the main clause which introduces the indirect speech is in the **present** (or in the recent past):*

Piero dice: "**Rimango** a casa".	Piero dice che **(lui) rimane** a casa.	a) *the person of the verb can change;*
Gino e Pia dicono: "**Noi ci amiamo** molto".	Gino e Pia dicono che **loro si** amano molto.	b) *the pronouns can change;*
Anna dice: "Sono ancora **qui**."	Anna dice che è ancora **lì**.	c) *the adverbs of place can change;*
Simona dice: "**Mia** madre sta male".	Simona dice che **sua** madre sta male.	d) *the possessive adjectives and pronouns can change;*
Il professore dice: "**Studiate** il primo capitolo per domani".	Il professore dice **di studiare** il primo capitolo per domani.	e) *the imperative is changed to the form: **di + infinitive**.*

	direct speech	indirect speech (with main clause in the present tense)
person	1st person singular (*io*)	3rd person singular (*lui/lei*)
	1st person plural (*noi*)	3rd person plural (*loro*)
subject pronoun	*io*	*lui/lei*
	noi	*loro*
direct object pronouns	*mi*	*lo/la*
	ci	*li/le*
indirect object pronouns	*mi*	*gli/le*
	ci	*gli*
reflexive pronouns	*mi*	*si*
	ci	*si*
adverbs of place	*qui/qua*	*lì/là*
possessives	*mio/mia/miei/mie*	*suo/sua/suoi/sue*
	nostro/nostra/nostri/nostre	*loro*
verb	imperative	*di* + infinitive

1 Spare time. These young people are talking about how they spend their free time. Match their statements on the left to the indirect speech sentences on the right, as shown in the example.

direct speech	indirect speech
a) Silvia: "Gioco spesso con il mio cane."	1) Dice che si allena tre volte alla settimana.
b) Lori e Piero: "Andiamo in piscina ogni venerdì."	2) Dicono che gli piace andare in discoteca con gli amici
c) Paolo: "Quando ho tempo vado al cinema con la mia ragazza."	3) Dice che rimane spesso lì in casa a giocare con il computer.
d) Luca: "Rimango spesso qui in casa a giocare con il computer."	4) Dice che quando ha tempo va al cinema con la sua ragazza.
e) Franca e Monica: "Ci piace andare in discoteca con gli amici."	5) Dicono che vanno in piscina ogni venerdì.
f) Dario: "Mi alleno tre volte alla settimana."	**6) Dice che gioca spesso con il suo cane.**

2 **a) Read the postcard that Enza sent her husband.**

Ciao Paolo,

qui va tutto bene, _sono_ arrivata e _ho_ subito cominciato il corso di yoga. La camera in cui _dormo_ è molto carina e Roberta, la donna con cui _divido_ la camera, è davvero simpatica! Il maestro di yoga _mi_ ha insegnato le tecniche di base e _mi sento_ già molto più rilassata. _Vorrei_ stare di più ma purtroppo non _posso_, comunque _ho_ deciso di iscriver_mi_ a un altro corso di yoga non appena _torno_ in città. Da' un bacio ai bambini da parte _mia_ e digli che ci rivedremo presto.

Un abbraccio

Enza

Paolo Tresca

Piazza Savona, 15

05110   Viterbo

b) Now complete Paolo's account of the postcard to his children, changing the underlined words in Enza's postcard.

Ragazzi,

la mamma ha scritto una cartolina dove dice che [____] va tutto bene, [____] arrivata e [____] cominciato subito il corso di yoga. Scrive che la camera in cui [____] è molto carina e che Roberta, la donna con cui [____] la camera, è davvero simpatica. Dice che il maestro di yoga [____] ha insegnato le tecniche di base e che lei [____] [____] già molto più rilassata. [____] stare di più ma purtoppo non [____], comunque [____] deciso di iscriver[____] a un altro corso di yoga non appena [____] qui in città. Mi scrive di darvi un bacio da parte [____] e di dirvi che vi rivedrete presto.

3 Macrovaldo tells his story. Rewrite it in the 3rd person.

Le disavventure di Marcovaldo

"Un giorno, nella mia città, ho visto dei funghi nel prato vicino alla fermata dove prendo il tram ogni mattina e ho deciso di aspettare che crescessero per coglierne un po' per la mia famiglia. Nei giorni seguenti ho osservato i funghi e ho aspettato. Naturalmente non ho detto niente a nessuno, perché non volevo dividere i funghi con altre persone. I miei bambini non li avevano mai assaggiati e volevo coglierli tutti solo per loro. Alla fine, una domenica mattina, dopo una notte di pioggia, sono andato con tutta la famiglia a cogliere i funghi. Purtroppo ho avuto una brutta sorpresa perché Amadigi, lo spazzino che normalmente lavora in quella zona, aveva avuto la mia stessa idea ed aveva già cominciato a cogliere dei funghi per sé! Ero così arrabbiato che per vendetta ho fatto vedere i funghi a tutti quelli che passavano e gli ho detto di servirsi. Eravamo tantissimi! Abbiamo passato tutta la domenica a cogliere funghi in compagnia e siamo tornati tutti a casa con i cestini pieni. Quella sera, naturalmente, molte famiglie hanno cenato con i funghi. E poco dopo, durante la notte, ci siamo rivisti tutti all'ospedale. Stavamo tutti malissimo! I dottori hanno detto che era per colpa dei funghi. Ma non capisco perché si sono arrabbiati tutti con me!"

(adapted from I. Calvino "Marcovaldo")

Marcovaldo racconta che un giorno, nella sua città, ha visto dei funghi nel prato vicino alla fermata dove...

_____

_____

_____

_____

_____

_____

4 On the radio: a journalist is describing a conversation between two politicians of opposing parties. Change the underlined parts into direct speech (use *tu*).

"Buongiorno a tutti i radioascoltatori! Oggi sono presente a una discussione fra due politici molto famosi: Bruno Mattone, rappresentante della destra, e Sandro Linetti, rappresentante della sinistra.

Bruno Mattone comincia dicendo che è molto contento di avere l'opportunità di discutere con il suo vecchio amico Linetti che conosce da tanti anni, e Sandro Linetti risponde che anche lui considera Mattone un caro amico, anche se ha idee opposte alle sue.

Mattone dice che per il suo partito la cosa più importante è sempre stata, ed è ancora, il benessere della nazione; e che il loro programma si basa principalmente sullo sviluppo economico. Linetti lo interrompe dicendo che anche il suo partito si interessa al benessere della nazione e che anche loro vogliono uno sviluppo economico, ma anche il mantenimento dei diritti dei lavoratori. E aggiunge che è sicuro che anche il suo stimato collega è d'accordo.

Mattone risponde che è certamente d'accordo ma che gli sembra più importante pensare all'economia e a creare posti di lavoro, quindi i lavoratori devono essere preparati a perdere qualcosa per dare la possibilità all'economia di crescere.

Linetti risponde che non è affatto d'accordo e dice a Mattone che lui e il suo partito* parlano come servi dei padroni. A questo punto Mattone si innervosisce un po' e dice a Linetti che è un vecchio comunista retrogrado, gli dice anche che gli italiani non ne possono più di seguire la sinistra perché sicuramente nelle prossime elezioni vincerà il suo partito**, come dicono tutti i giornali. Linetti, si arrabbia, si alza e urla che i giornali italiani sono tutti servi dello stesso padrone e dello stesso partito, anche Mattone ora si alza e urla a Linetti di sedersi, poi lo spinge sulla poltrona. Linetti urla a Mattone che è un fascista e gli da' un pugno...

*****lui e il suo partito:** *Mattone e il partito di Mattone.*

****il suo partito:** *il partito di Mattone.*

Bruno Mattone - *Sono molto contento di avere l'opportunità di discutere con il mio vecchio amico Linetti che...*

_____

Sandro Linetti - _____

Bruno Mattone - _____

_____

Sandro Linetti - _____

Bruno Mattone - _____

_____

Sandro Linetti - _____

Bruno Mattone - _____

_____

Sandro Linetti - _____

Bruno Mattone - _____

Sandro Linetti - _____

Inside and Out

If placed before a verb, an adjective or a noun, the prefix **dis**- usually gives a negative meaning to the word with wich it merges.

e. g.: *Mio padre approva il mio comportamento. Mio padre disapprova il mio comportamento.*
(**disapprovare** *è il contrario di* **approvare**).
Ho avuto una bella avventura/Ho avuto una disavventura. (**disavventura** *è il contrario di* **avventura**).
Dobbiamo attivare il circuito. Dobbiamo disattivare il circuito. (**disattivare** *è il contrario di attivare*).

Indirect speech with main clause in the past tense

■ *When the indirect speech is introduced by a main clause in the **past tense**, the tense and some expressions of time can change as well:*

direct speech	indirect speech	
Aldo ha detto: "**Rimango** a casa".	Aldo ha detto che **rimaneva** a casa.	a) the present tense changes to the imperfect tense;
Leo ha detto: "**Sono rimasto** a casa".	Leo ha detto che **era rimasto** a casa.	b) the present perf. changes to the past perf.;
Sandro disse: "**Stavo** male".	Sandro disse che **stava** male.	c) the imperfect remains unchanged;
Dario diceva sempre: "**Amai** molto Lucia!"	Dario diceva sempre che **aveva amato** molto Lucia.	d) the historical past changes into a past perfect;
Luca disse: "Sapevo che Rita **era venuta**."	Luca disse che sapeva che Rita **era venuta**.	e) the past perfect remains unchanged;
Lei disse: "**Cambierò** lavoro!"	Lei disse che **avrebbe cambiato** lavoro.	f) the future simple changes into a perfect conditional (future in the past);
Gli avevamo detto: "**Vorremmo** dormire!"	Gli avevamo detto che **avremmo voluto** dormire.	g) the present conditional changes into a perfect conditional;
Dissi: "Ebbi l'impressione che **fossero** piuttosto arroganti."	Dissi che avevo avuto l'impressione che **fossero** piuttosto arroganti.	h) the imperfect subjunctive remains unchanged;
Loro dissero: "Se **vincessimo** alla lotteria, faremmo il giro del mondo."	Loro dissero che se **avessero vinto** alla lotteria, avrebbero fatto il giro del mondo.	i) the imperfect subjun. changes into a past perf. subjun. in a hypotetical clause;
Loro dissero: "Partiamo **domani**."	Loro dissero che partivano **il giorno dopo**.	j) we do not use **domani**. Instead we use **il giorno dopo** or **il giorno seguente**;
Voi diceste: "**Oggi** siamo a casa."	Voi diceste che **quel giorno** eravate a casa.	k) we do not use **oggi**. Instead we use **quel giorno**;
Giorgio disse: "**Ieri** ho mangiato troppo."	Giorgio disse che **il giorno prima** aveva mangiato troppo.	l) we do not use **ieri**. Instead we use **il giorno prima**;
Franco disse: "Sono partito tre giorni **fa**."	Franco disse che era partito tre giorni **prima**.	m) we do not use **fa**. Instead we use **prima**;
Ugo ha detto: "Voglio leggere **questo** libro."	Ugo ha detto che voleva leggere **quel** libro.	n) We do not use **questo/a/i/e**. Instead we use **quello/a/i/e**.

	direct speech	indirect speech (with main clause verb in the past)
verb	present	imperfect
verb	present perfect	past perfect
verb	future/present conditional	perfect conditional
verb	imperfect subjunctive	past perfect subjunctive
time expression	*domani*	*il giorno dopo/il giorno seguente*
time expression	*oggi*	*quel giorno*
time expression	*ieri*	*il giorno prima*
time expression	*fa*	*prima*
demonstrative	*questo/a/i/e*	*quello/a/i/e*

EXERCISES

I Match the phrases on the left with those on the right, as shown in the example.

indirect speech	direct speech
a) I ragazzi mi raccontarono che il loro padre aveva lavorato molti anni in Africa.	1) Oggi mi sono svegliato troppo tardi.
b) La signora Fidi disse che sarebbe partita tre ore dopo.	2) Ho traslocato 3 settimane fa.
c) Quel giorno il mio dottore mi ordinò di smettere di fumare.	**3) Nostro padre ha lavorato molti anni in Africa.**
d) Mia nonna mi ha promesso che se mi fossi sposata mi avrebbe regalato il suo anello di fidanzamento.	4) Comprerò un nuovo computer per mio figlio.
e) Marco mi raccontò che quel giorno si era svegliato troppo tardi.	5) Partirò fra tre ore.
f) Giorgio disse che avrebbe comprato un nuovo computer per suo figlio.	6) Vorremmo lavorare nel tuo negozio.
g) Mi dissero che avrebbero voluto lavorare nel mio negozio.	7) Smetta di fumare!
h) Mi raccontò che aveva traslocato 3 settimane prima.	8) Se ti sposassi ti regalerei il mio anello di fidanzamento.

2 These are the promises that the politician Magnacci made two years ago, prior to the election. Rewrite them using indirect speech, changing the underlined words.

Magnacci: "Sicuramente, quando <u>sarò</u> eletto, <u>mi occuperò</u> di tutti i problemi più importanti dei <u>miei</u> elettori. <u>Mi preoccupa</u> molto l'ambiente e <u>voglio</u> fare una legge per controllare di più i boschi e le coste. <u>Aumenterò</u> le pensioni e, naturalmente, <u>farò</u> di tutto per diminuire le tasse. Anche se <u>c'è</u> una disoccupazione molto alta, <u>sono</u> sicuro che, appena <u>sarò</u> al governo, le <u>mie</u> riforme <u>miglioreranno</u> la condizione economica del paese. <u>Ci saranno</u> più posti di lavoro e orari di lavoro più brevi. <u>Mi piacerebbe</u> creare un'Italia più ricca e moderna per i <u>miei</u> figli."

Due anni fa il Sen. Magnacci disse che, sicuramente, quando sarebbe stato eletto...

3 Change the sentences to direct speech, as shown in the example.

e. g.: Il bambino ha detto che aveva perso il gatto.

"Ho perso il gatto"

1. Alberto ha detto che era partito due giorni prima.

2. La signora ha telefonato per dire che non poteva venire al lavoro perché sua figlia stava male.

3. Giovanni ha detto che sarebbe arrivato alle 6.30.

4. Mio padre diceva che se avessi studiato medicina mi avrebbe comprato la macchina.

5. Mamma mi ha detto di pulire la camera.

4 Change the sentences to indirect speech.

Gramsci: "Odio gli indifferenti. Credo che vivere voglia dire essere partigiani. Chi vive veramente non può non essere cittadino e partigiano. L'indifferenza è abulia, è parassitismo, è vigliaccheria, non è vita. Perciò odio gli indifferenti.".
Gramsci scrisse che...

Cicerone: "Epicuro crede che esistano gli dèi, perché è necessario che esista una natura eccellente, della quale nulla possa essere migliore.".
Cicerone disse che...

Elsa Morante: "Vivere senza nessun mestiere è la miglior cosa: magari accontentarsi di mangiare pane solo, purché non sia guadagnato. ".
Elsa Morante affermò che...

Rita Levi Montalcini: "Ho perso un po' la vista, molto l'udito. Alle conferenze non vedo le proiezioni e non sento bene. Ma penso più adesso di quando avevo vent'anni. Il corpo faccia quello che vuole. Io non sono il corpo: io sono la mente.".
Rita Levi Montalcini disse che...

Indirect speech with the verbs *chiedere* and *domandare*

direct speech	*indirect speech*	
Davide **domanda**: "Sergio è libero domani?" **Chiediamo**: "Avete visto quel film?"	Davide **domanda** se Sergio **è/sia** libero domani. **Chiediamo** se **hanno visto/abbiano visto** quel film.	■ *In indirect speech with the verbs **chiedere** and **domandare** both the indicative or the subjunctive can be used.*
Paola **chiese** al marito: "Hai mangiato?"	Paola **chiese** al marito se **avesse mangiato**.	■ *Usually, it is preferable to use the subjunctive when the main clause verb is in the past tense.*
		■ *When we use the subjunctive with the verbs **chiedere** and **domandare** and the main clause verb is in the past tense, the tenses change as follows:*
Ho chiesto: "**Andate** in vacanza al mare?"	Ho chiesto se **andassero** in vacanza al mare.	a) *the present indicative changes into an imperfect subjunctive;*
Ho chiesto: "**Andavate** in vacanza al mare da piccoli?"	Ho chiesto se **andassero** in vacanza al mare da piccoli.	b) *the imperfect indicative changes into an imperfect subjunctive;*
Ho chiesto: "**Siete andati** in vacanza al mare?"	Ho chiesto se **fossero andati** in vacanza al mare.	c) *the past indicative (present perfect, past perfect, etc) changes into a past perfect subjunctive.*

Indirect speech with the verbs *chiedere* and *domandare* and the main clause verb in a past tense

	direct speech	indirect speech
verb	present indicative	imperfect subjunctive
verb	imperfect indicative	imperfect subjunctive
verb	past indicative (present perfect, past perfect, etc)	past perfect subjunctive

EXERCISES

1 **a) Read Fabiola job's interview.**

Fabiola - Buongiorno. Mi chiamo Fabiola Diretti, sono qui per l'annuncio di lavoro di P.R. che avete pubblicato sul giornale della settimana scorsa.

Direttore - Buongiorno signorina. Il suo curriculum è molto interessante. Vedo che è laureata in Scienze Politiche, a Vienna. Ma Lei è italiana?

Fabiola - Sì, ma mia madre è austriaca, per questo vado spesso in Austria dai parenti. Sono anche specializzata in Risorse Umane.

Direttore - Vedo, vedo. Interessante. Ha lavorato già in questo settore?

Fabiola - Veramente no, dato che ho finito da poco l'università. È importante per voi avere una persona con esperienza?

Direttore - Sì, cerchiamo una persona esperta e con la conoscenza dell'inglese. Sa, i nostri clienti sono spesso stranieri, specialmente americani...

Fabiola - Sì, ma voi siete anche in contatto con la Germania, no? E poi io so anche l'inglese.

Direttore - Certo, ma non lo sa molto bene. Mi dispiace signorina. E poi c'è mia nipote che ha bisogno di lavorare.

Fabiola - Capisco... ArrivederLa.

b) Now fill in the verbs in Fabiola's account of the interview to her friend.

Senti un po' che storia! Alcuni mesi fa sono andata ad un colloquio di lavoro per il posto di P.R. in una ditta del centro. Quando sono entrata il direttore mi ha detto che il mio curriculum [era] molto interessante e mi ha chiesto se [____] italiana. Io ho risposto che mia madre [____] austriaca e che per quello [____] spesso in Austria dai parenti. Poi gli ho detto che [____] anche specializza in Risorse Umane. Lui allora mi ha domandato se [____] già in quel settore. Io gli ho risposto di no, dato che [____] da poco l'università e poi gli ho chiesto se [____] importante per loro avere una persona con esperienza. Lui mi ha risposto di sì e mi ha detto che [____] una persona esperta e con la conoscenza dell'inglese perchè i loro clienti [____] spesso stranieri. Allora io gli ho domandato se loro [____] anche in contatto con la Germania e ho aggiunto che io [____] anche l'inglese. Solo che lui mi ha risposto che non lo [____] molto bene. Mi ha anche detto molto chiaramente che gli [____] ma c' [____] sua nipote che [____] bisogno di lavorare. Così me ne sono andata.

2 **Change the questions to indirect speech, as shown in the example.**

direct speech	indirect speech
e.g. Carlo ha chiesto a Gino: "Hai freddo?"	Carlo ha chiesto a Gino se _avesse freddo_.
1. Ugo ha chiesto a Rita: "Sei sposata?"	1. Ugo ha chiesto a Rita se _____
2. Anna ha chiesto a Dino: "Vuoi dormire?"	2. Anna ha chiesto a Dino se _____
3. Lino ha chiesto a Sara: "Hai telefonato al medico?"	3. Lino ha chiesto a Sara se _____
4. Teo ha chiesto a Fabio: "Hai già mangiato?"	4. Teo ha chiesto a Fabio se _____
5. Sandro ha chiesto Paola: "Abitavi a Roma da piccola?"	5. Sandro ha chiesto Paola se _____
6. Aldo ha chiesto a Mara: "Avevi studiato molto per quell'esame?"	6. Aldo ha chiesto a Mara se _____

■ **Progress test**
(Units 30-35)

Have you made progress? Use this test to check.
Each exercise repeats one or more grammatical topic.
If you get more than half of the total correct: WELL DONE!
Otherwise, repeat the topics that give you most problems.

---

1 HISTORICAL PAST AND IMPERFECT
Put the verbs into the historical past or imperfect.

Buchettino (first part)

C'era una volta un bambino di nome Buchettino. Un giorno Buchettino **trovò** un fico, lo *(mangiare)* ☐ e *(buttare)* ☐ la buccia fuori in giardino. Dopo molti mesi nello stesso posto *(nascere)* ☐ un albero di fichi. Buchettino era molto contento perché finalmente *(potere)* ☐ mangiare tutti i fichi che *(volere)* ☐ ! Quando i fichi sull'albero *(essere)* ☐ maturi Buchettino *(chiedere)* ☐ alla mamma se *(potere)* ☐ salire sul fico a mangiarli. La mamma *(rispondere)* ☐ di sì, così Buchettino *(salire)* ☐ sul fico ma, mentre *(mangiare)* ☐ , *(arrivare)* ☐ l'Orco. Quando l'Orco *(vedere)* ☐ Buchettino sull'albero, *(decidere)* ☐ di mangiarselo per cena, ma l'albero *(essere)* ☐ troppo alto, così l'Orco *(pensare)* ☐ di chiedere un fico a Buchettino per poterlo catturare più facilmente. Ma Buchettino, furbo, non *(muoversi)* ☐ . Allora l'Orco *(insistere)* ☐ così tanto che alla fine *(riuscire)* ☐ a convincere il bambino. Così, mentre Buchettino gli *(dare)* ☐ un fico, l'Orco lo *(prendere)* ☐ per un braccio e lo *(mettere)* ☐ in un sacco per portarlo a casa…

(adapted from a Tuscan folk tale)

Each correct verb scores 2 points. Total:___/44

---

2 HISTORICAL PAST, PAST ANTERIOR AND IMPERFECT
Put the verbs into the historical past, into the past anterior or into the imperfect.

Buchettino (second part)

Dopo che *(catturare)* ☐ Buchettino, l'Orco tornò verso casa. Intanto il povero bambino, chiuso nel sacco, pensava a come fuggire. Per fortuna *(avere)* ☐ in tasca il coltello che aveva usato per tagliare i fichi, così, appena l'Orco *(fermarsi)* ☐ per riposarsi, Buchettino aprì il sacco e *(uscire)* ☐ . Poi, mentre l'Orco *(fare)* ☐ pipì, Buchettino *(riempire)* ☐ il sacco con delle pietre molto pesanti. L'Orco non *(accorgersi)* ☐ di niente e *(arrivare)* ☐ a casa con il sacco pieno di pietre. Buchettino, che aveva seguito l'Orco, *(rimanere)* ☐ fuori della casa ad osservare la scena.
Dopo che l'Orco *(salutare)* ☐ la moglie, le *(dare)* ☐ il sacco e le *(dire)* ☐ di cucinare il bambino. La moglie *(versare)* ☐ il contenuto del sacco direttamente nella pentola di acqua bollente e… SPLAFF!!… le pietre *(cadere)* ☐ nell'acqua e lei *(morire)* ☐ scottata. Appena *(vedere)* ☐ quello che era successo, l'Orco *(arrabbiarsi)* ☐ moltissimo, e *(correre)* ☐ fuori a cercare Buchettino. Ma il bambino *(salire)* ☐ sul tetto della casa. L'Orco allora *(prendere)* ☐ pentole, piatti e bicchieri e *(costruire)* ☐ una scala per salire, ma siccome *(essere)* ☐ troppo pesante, *(cadere)* ☐ giù e *(morire)* ☐ anche lui. Buchettino, invece, *(tornare)* ☐ sano e salvo dalla mamma.

Each correct verb scores 2 points. Total:___/50

3 SEQUENCES OF INDICATIVE TENSES
Choose the correct verb tense.

Un personaggio della Roma antica dell'anno 1 ci racconta come era la sua vita a quei tempi.

"Ah! Quanti ricordi! E com'era diversa la vita di allora da quella di adesso! A quel tempo noi romani **avevamo/avemmo/abbiamo avuto** alcune convinzioni molto particolari. Io **mi occuperei/mi occupavo/mi fui occupato** di politica e dovevo fare molta attenzione a come avevo **passato/passai/passavo** il tempo libero e anche a come lo **hanno passato/passavano/passarono** i miei figli. Il mio figlio maggiore Aurelio, per esempio, era un grande appassionato di teatro ma io **dovetti/dovevo/ebbi dovuto** proibirgli di fare l'attore, perché i miei concittadini **considerarono/hanno considerato/consideravano** questa professione quasi come la prostituzione. So che per voi adesso **era/è/è stato** normale vedere un attore che **fa/faceva/farebbe** politica, ma ai miei tempi questo **era stato/era/è** assolutamente impossibile! Mi ricordo ancora di mio padre che mi diceva sempre che la cosa più importante **era stata/è stata/era** evitare il ridicolo e gli scandali. Proprio nell'anno 1 un importante senatore mio amico **perse/aveva perso/ebbe perso** il seggio perché una volta **aveva baciato/ha baciato/baciava** la moglie di fronte a tutti!

A parte questo, un uomo ricco e importante **ha potuto/poteva/aveva potuto** fare tutto e concedersi tutti i piaceri.

La Roma dell'anno 1 **aveva avuto/ebbe/aveva** quasi un milione di abitanti, ma l'imperatore Augusto era convinto che la popolazione in futuro **diminuirà/diminuirebbe/sarebbe diminuita**, quindi **incoraggiò/incoraggerebbe/ebbe incoraggiato** il matrimonio. In quell'anno infatti **si sposarono/si sposerebbero/si furono sposati** anche due miei figli maschi e per l'occasione **avevamo fatto/facemmo/abbiamo fatto** una grande festa, con musiche, danze e cento schiavi che servivano a tavola i migliori piatti e i migliori vini di tutto l'Impero. Insomma, era una bella vita, specialmente per le famiglie ricche e con molti schiavi come la mia. Scommetto che la vostra vita adesso non **è stata/è/fu** così piacevole."

Each correct verb scores 2 points. Total: ___/36

4 INDEFINITES
There are 4 errors in the text in the use of the indefinites. Find them and correct them.

Il 26 dicembre, dopo una dura giornata di lavoro, Babbo Natale si lamenta: "Mamma mia che brutta notte che ho passato! Ogni volte diventa più difficile. Tre ore prima di partire nessuni dei miei aiutanti aveva preparato una lista completa di tutti i bambini a cui portare i regali! Ho dovuto fare tutto da solo e in pochissimo tempo! Poi ho dovuto controllare che su ciascun pacchetto ci fosse il nome giusto dei bambini e, naturalmente, qualcuno aveva confuso i regali. Per fortuna me ne sono accorto in tempo! Quando alla fine ero pronto per partire faceva troppo freddo e sono dovuto andare a cambiarmi per mettermi le mutande di lana. Lo so che fa sempre molto freddo la notte di Natale, ma questa volta era davvero un freddo eccezionale! Alla fine, per fortuna, sono riuscito a partire, ma quando sono arrivato quasi nessun bambino era già a letto! Fino a pochi anni fa tutti i bambini andavano a letto presto perché sapevano che sarei arrivato io, ora, invece, solo qualche bambini ubbidiente lo fa. Gli altri aspettano alzati perché vogliono vedermi e poi ci sono alcuni che non credono neanche alla mia esistenza! E io devo aspettare fuori al freddo finché non si sono addormentati. Sono distrutto! Voglio fare più niente per molto tempo. Per fortuna che ora ho un anno di ferie!"

Each correction scores 10 points. Total: ___/40

5 VERB FORMS NOT RELATED TO TIME

Change the underlined phrases in the text into the verb forms as indicated on the table, as shown in the example.

Pettegolezzi di provincia

A Palermo un'infermiera di una casa di riposo*, <u>poiché era apparsa</u> nuda su una rivista locale, ha causato uno scandalo ed è stata licenziata. Alcuni anziani ospiti infatti, <u>dopo che avevano visto</u> le foto della signorina G. G. le avevano mostrate alle loro famiglie; i familiari poi si erano lamentati con la direzione dell'istituto. <u>Dopo che ha ascoltato</u> tutti i parenti, la direttrice della casa di riposo ha deciso di risolvere la situazione <u>con il licenziamento di</u> G. G. Nella lettera di licenziamento ha scritto che G. G. si era comportata in maniera irresponsabile e scandalosa, poiché aveva creato tensione fra gli ospiti e problemi per le altre colleghe. <u>Dopo che ha ricevuto</u> la lettera di licenziamento, la signorina G. G. ha contattato il sindacato e ha dichiarato che, invece, molti ospiti della casa di riposo si erano complimentati con lei e avevano apprezzato quello che aveva fatto. <u>Mentre parlava</u> con un giornalista locale la signorina G. G. ha promesso che non farà più foto del genere, <u>anche se le sono arrivate</u> molte offerte da molte altre riviste.

(adapted from the website www.trash.it)

***casa di riposo**: old people's home.*

phrase in the text	change to	verb form not related to time
e.g. <u>poiché era apparsa</u>	gerund	*essendo apparsa*
1. <u>dopo che avevano visto</u>	past participle	
2. <u>Dopo che ha ascoltato</u>	past participle	
3. <u>con il licenziamento di</u>	gerund (verb *licenziare*)	
4. <u>Dopo che ha ricevuto</u>	*dopo* + past infinitive	
5. <u>Mentre parlava</u>	gerund	
6. <u>anche se le sono arrivate</u>	*pur* + gerund	

Each correct verb form scores 10 points.   Total: ___/60

6 INDIRECT SPEECH

a) Toni the private detective has bugged Mrs Fingi's telephone conversation with her lover (*amante*). Read the text of the conversation.

Amante	- Ciao Daniela, (1) <u>sei</u> sola?
Signora Fingi	- Sì, tesoro. (2) <u>Stai</u> tranquillo, (3) <u>mio</u> marito (4) <u>è andato</u> in ufficio.
Amante	- (5) <u>Sei</u> libera (6) <u>domani</u>?
Signora Fingi	- Sì, (7) <u>dirò</u> a (8) <u>mio</u> marito che (9) <u>devo</u> andare a cena dalla (10) <u>mia</u> amica Serena.
Amante	- Perfetto! (11) <u>Tuo</u> marito (12) <u>è</u> proprio un cretino, (13) <u>crede</u> sempre a tutto! (14) <u>Ti</u> (15) <u>voglio</u> portare a cena nel (16) <u>nostro</u> ristorante preferito. (17) <u>Ti</u> (18) <u>ho preparato</u> anche una sorpresina.
Signora Fingi	- Che bello! Ma che sorpresa (19) <u>è</u>?
Amante	- Non (20) <u>te lo</u> (21) <u>dirò</u> mai! (22) <u>Ti</u> (23) <u>aspetto</u> alle sette (24) <u>qui</u> da (25) <u>me</u>, come al solito.
Signora Fingi	- D'accordo, ciao tesoro.

b) Some weeks later Toni, the private detective, reports to his boss on the telephone conversation between Mrs Fingi and her lover. Complete Toni's account, change the numbered word in the conversation.

Allora capo, la conversazione che ho registrato qualche settimana fa è molto sospetta. Quel giorno un uomo ha telefonato alla signora Fingi e le ha chiesto se (1) [_____] sola. La signora ha risposto di sì e gli ha detto di (2) [_____] tranquillo perché (3) [_____] marito (4) [_____] in ufficio. Allora l'uomo le ha chiesto se (5) [_____] libera il (6) [_____]. Lei gli ha risposto di sì e che (7) [_____] a (8) [_____] marito che (9) [_____] andare a cena dalla (10) [_____] amica Serena. L'uomo ha detto alla signora che (11) [_____] marito (12) [_____] proprio un cretino, perché (13) [_____] sempre a tutto. Poi le ha comunicato che (14) [_____] (15) [_____] portare a cena nel (16) [_____] ristorante preferito. E ha aggiunto che (17) [_____] (18) [_____] anche una sorpresina. La signora Fingi gli ha chiesto che sorpresa (19) [_____] ma l'uomo ha risposto che non (20) [_____] (21) [_____] mai. Quindi ha detto che (22) [_____] (23) [_____] alle sette (24) [_____] da (25) [_____], come al solito. Infine si sono salutati.

Each correct word scores 2 points. | **Total: ____/50**

7 SEQUENCES OF INDICATIVE TENSES
Put the verbs into the correct tense.

In un fumoso caffè fiorentino si radunavano ogni giorno uomini di penna e pennello, giornalisti, pittori, piccoli editori. In mezzo agli avventori c'era un genio, che non *(sapere)* [_____] di esserlo, come non lo *(sapere)* [_____] i suoi amici. Questo uomo *(scrivere)* [_____] già numerosi romanzi per bambini di successo, *(collaborare)* [_____] a diversi giornaletti locali e aveva appena pubblicato su "Il giornale per ragazzi" la prima puntata di una 'bambinata' (così la *(chiamare)* [_____] lui) che *(raccontare)* [_____] le avventure di un burattino di legno. Il nome di questo genio *(essere)* [_____] Carlo Lorenzini, in arte Collodi, che nei mesi successivi *(dare)* [_____] seguito alle peripezie del suo personaggio. *(nascere)* [_____] Pinocchio e nessuno *(accorgersi)* [_____] di questo avvenimento. Solo dopo trent'anni un critico francese *(notare)* [_____] ed *(elogiare)* [_____] la grandezza di questo racconto. Pinocchio venne tradotto in tutte le lingue del mondo e la sua popolarità *(crescere)* [_____] esponenzialmente e oggi *(fare)* [_____] definitivamente parte del nosto universo mentale.

(liberamente adattato da "La Patria, bene o male")

Each correct word scores 2 points. | **Total: ____/28**

8 INDEFINITES

Complete the sentences with the correct indefinite and solve the crossword.

Verticali ↓

1. Sinonimo di "però".
2. Si usa per insaporire le vivande, non è pepe.
4. In questa stanza ci sono __ A __ __ C __ __ __ i libri.
5. Ci prendiamo il caffè.
6. La mamma della mamma.
7. La città toscana del Palio.
10. Non ho visto proprio N __ __ __ __ __ __ , era tutto vuoto!
13. __ __ A __ __ U __ __ deve prendersi le proprie responsabilità.
14. Da __ __ __ __ __ nazione viene il nuovo calciatore della Roma?
15. Ho finito tutto quello che avevo nel frigo. Non ho __ __ __ __ R __ da mangiare.
16. Parte dalla stazione.
19. Ci mangiamo sopra.
20. __ __ A __ __ sono le tue materie preferite?
23. Il contrario di "su".
24. Il fratello di papà.
25. Una bevanda delle 5 del pomeriggio.

Orizzontali →

3. Sono davvero pieno, ho mangiato t__ __ __ __ __ __!
5. Ci teniamo i soldi.
7. Il contrario di "no".
8. Sinonimo di "alcuni".
9. Il contrario di "piccolo".
11. A __ __ __ __ __ mie amiche parlano bene il francese.
12. __ __ __ __ __ __ __ __ volta vado in vacanza da sola.
14. __ __ __ __ __ __ __ __ cosa tu dica, non ti crederò.
16. Pronome personale soggetto seconda persona singolare.
17. Il contrario di "meno".
18. __ __ __ __ __ __ le volte che vado dai miei, mi arrabbio.
20. Q __ __ __ __ __ __ __ dice che gli italiani sono rumorosi.
21. Vado __ __ __ 'università.
22. __ __ __ __ giorno telefono alla mia amica del cuore.
26. Un animale trasparente che sta in acqua e, se lo sfiori, urtica.
27. Si mangia al curry.

Each correct verb form scores 2 points.

Total: ___/60

Solutions to the exercises

1. Nouns

Nouns ending in -o and in -a/ Nouns ending in -e

E2 - *M:* vino, formaggio, aglio, prosciutto, gelato, olio, burro;
F: acqua, pasta, frutta, verdura, birra, aranciata, marmellata, panna.

E3 - *Marco:* marito, ragazzo, studente, commesso, italiano, attore, segretario, uomo, dottore, insegnante, cameriere, cantante, padre; *Anna:* donna, ragazza, madre, segretaria, cameriera, italiana, commessa, studentessa, moglie, insegnante, dottoressa, attrice, cantante.

E4 - *Masculine:* **b**urro, **o**rologio, **t**avolo, **t**reno, **i**mpiegato, **c**ane, **e**rrore, **l**avoro, **l**ibro, **i**taliano. *The name is:* **BOTTICELLI**.

E5 - *m/s:* letto, armadio, terrazzo, comodino, bicchiere; *m/p:* libri, scaffali, uccelli, quadri; *f/s:* camera, libreria, gabbia, lampada, sveglia, bottiglia di acqua; *f/p:* porte, pareti, fotografie.

Other nouns

E1 - **uomo**/uomini, città/**città**, **dentista**/dentisti, **autobus**/autobus, **cuoca**/cuoche, mano/**mani**, computer/**computer**, **università**/università, orologio/**orologi**, amica/**amiche**, **foto**/foto, greco/**greci**, **pacco**/pacchi, programma/**programmi**, **bacio**/baci, radio/**radio**, **uovo**/uova, **spiaggia**/spiagge, camicia/**camicie**, crisi/**crisi**, dito/**dita**.

E2 - sport/sport, pacco/pacchi, operaio/operai, albergo/alberghi, radio/radio, greco/greci, problema/problemi. *The biggest lake in Italy:* **Lago di Garda**.

E3 - città, mare, abitanti, turisti, tedeschi, slavi, scandinavi, spiagge, bambini, ragazzi, persone, ristoranti, discoteche, bar, notte.

E4 - **R**oma, **i**taliano, **m**are, **i**sola, **n**otte, **I**schia. *The town is* **RIMINI**.

E5 - pesci, arance, gelati, ananas, fiaschi, pacchi, asparagi, ciliegie, salsicce, yogurt, pesche.

E6 - **sp**iagge, problem**i**, **p**oeti, **a**utobus, **f**ilm, università, mo**gli**, superfici, serie, cinema, **f**oto, radi**o**, **m**ani, valig**ie**, banc**he**, amic**i**, amich**e**.

2. Articles

Definite article

E1 - *il:* vestito di Armani, disco di Madonna, computer portatile; *lo:* zaino Invicta; *l' (m):* appartamento in centro, orologio; *i:* biglietti per La Scala; *gli:* occhiali da sole, stivali di Dolce e Gabbana; *la:* macchina nuova, moto, bicicletta nuova, borsa di Gucci; *l' (f):* enciclopedia Britannica; *le:* scarpe di Ferragamo.

E2 - 1: La, il; 2: il; 3: i; 4: la; 5: la; 6: la; 7: il; 8: l'.

E3 - gli, la, I, i, il, il, la, le, la, la, La, i, le, i, la, i, le, la, la, gli.

E4 - gli, lo, I, i, gli, gli, Gli, il, i, i, gli, il, I, lo, i, il, i, gli. *The sport is* **calcio**.

E5 - 1: il, true; 2: il, false; 3: l', false; 4: lo, true; 5: l', false; 6: la, false;

7: la, true; 8: il, false; 9: la, true; 10: il, true; 11: gli, true; 12: il, false.
E6 - 1: **i** (gli) italiani; 2: ~~la~~ (le) spiagge; 3: **i** (le) colline; 4: ~~gli~~ (i) laghi.

Indefinite article

E1 - *un:* elicottero, figlio, maggiordomo, personal trainer, ufficio, grattacielo, Grand Hotel, cavallo, cane di razza, conto in banca miliardario; *uno:* yacht; *una:* moglie, figlia, palestra privata, piscina; *un':* amante, isola nel Pacifico, auto sportiva, auto di rappresentanza.

E2 - a): un, un, un, un, un, una, un. *The personality is* **Luciano Pavarotti.** b): un, un, un', Un, un, un, un. *The personality is* **Roberto Benigni.** c): un, un, un, uno, uno, un, Un', un, una, un, un. *The personality is* **Leonardo da Vinci.**

E3 - 1: un, true; 2: un, un, true; 3: una, false; 4: un, true; 5: una, false; 6: un, false; 7: un, true; 8: un, false; 9: un', true; 10: un, true; 11: un, false; 12: un, true.

E4 - *turista:* un costume, una camicia hawaiana, una maschera subacquea, un paio di occhiali da sole, un passaporto, un telo da spiaggia, un tubetto di crema solare; *tifoso:* uno striscione con scritto FORZA ROMA, un biglietto per lo stadio, un giornale sportivo, una maglietta della squadra, un paio di scarpe da calcio, un paio di pantaloncini sportivi, una sciarpa della squadra; *uomo d'affari:* un computer portatile, un'agenda, un biglietto da visita, una cartella di documenti, una cravatta, una penna, un telefonino.

Definite and indefinite articles

E1 - L', una, uno, Gli, le, L', il, il, il, il, lo, l', la, una, il, la, uno, il, il, l', un, una, lo, la, una.

E2 - un, un, La, un', la, un, la, la, i, un, una, un. *The name of the Italian sea and the title of the film is* **Mediterraneo.**

E3 - 1: L'; 2: Il, uno; 3: una; 4: un; 5: una; 6: Il, un; 7: Il; 8: La, un'; 9: gli, il.

E4 - un, un, l', Un, l', Il, Il, il, Il, un.

E5 - un', un, il, un, un, una, la, l', il, la, La, un, I, un, le, il, la, gli, una/la, la, la, un

3. *Essere* and *avere*

E1 - *essere:* io sono, tu sei, voi siete, loro sono; *avere:* io ho, lui/lei/Lei ha, noi abbiamo, loro hanno.

E2 - *Maria:* è triste; *Ugo:* è contento; *Laura:* ha fame; *Paola:* ha sonno; *Carlo:* ha sete; *Sergio:* è sorpreso; *Fabio:* è arrabbiato; *Rita:* ha caldo; *Luigi:* ha freddo.

E3 - 1: sono; 2: è; 3: siamo; 4: sono; 5: sono; 6: è: 7: siete; 8: è: 9: sono, sono.

E4 - a) ha, abbiamo, hanno, Abbiamo. *The people are:* **gli inglesi.** b) ha, hanno, Abbiamo, hanno, avete, abbiamo. *The people are:* **i brasiliani.** c) hai, Abbiamo, ha, hanno, abbiamo. *The people are:* **i greci.**

E5 - è, Ha, è, sono, sono, ha, è, sono, hanno, sei, hanno, è, è. *The city is* **Firenze**.

E6 - È, sono, è, sei, hai, hai, sono, è, ha, È, è, Ha, sono, è, ha, è, Hai, sono, È.

E7 - 1: ci sono; 2: c'è; 3: c'è; 4: ci sono; 5: ci sono; 6: c'è; 7: c'è; 8: ci sono.

4. Adjectives

First group adjectives / Second group adjectives

E1 - *m/s*: interessante, abbondante, facile; *m/p*: distesi; *f/s*: rilassata, chiusa, spenta, comoda, ideale, forte, debole, adatta; *f/p*: allungate.

E2 - *Andrea*: anziano, basso, brutto, calvo, grasso, miope, pigro, triste. *Simona*: alta, bionda, felice, giovane, magra, riccia, sportiva.

E3 - un cane bianco, un letto grande, un gatto nero, un film americano, un lavoro stressante. *The most southern point of Italy is* **Lampedusa**.

E4 - ideale, divertente, simpatico, intelligente, affascinante, scuri, azzurri, atletico, grosso, sposata, piemontese, tranquillo, noioso, gentile, verdi, calvo, sportivo, ideale, alta, biondi, lunghi, grandi, bella, gentile, servizievole, allegra, carina, piccola, scura, triste.

E5 - 1: cald**o**, false; 2: fredd**a**, false; 3: estiv**i**, cald**i**, true; 4: nazional**e**, true; 5: abbondant**e**, false; 6: scolastic**o**, true; 7: festiv**o**, true; 8: pien**e**, true; 9: invernal**e**, true.

E6 - italiana, complicata, indiano, gentili, furbi, rispettosi, spagnola, frettolosi, rilassati, inglese, italiani, carini, inglesi, bravi, tedesca, disorganizzati, complicato, incomprensibile, perfetti, americano, italiani, pazzi, elegante, pulite, irlandese, individualisti.

E7 - Maria, grande, brutto, molte, grande, Maria, piccolo, nuovo, vecchia, brutte, Maria, cattiva fotografa, Maria, il ragazzo, Alessandro, Alessandro, vecchio, Maria, brutto, basso, grasso, Alessandro, Maria, il modello.

5. Present tense of regular verbs

E1 - 1/e; 2/h; 3/d; 4/m; 5/n; 6/c; 7/i; 8/f; 9/o; 10/b; 11/g; 12/l; 13/a.

E2 - *parlare*: tu parli, noi parliamo, voi parlate, loro parlano; *vedere*: io vedo, tu vedi, noi vediamo, voi vedete, loro vedono. *partire*: tu parti, lui/lei/Lei parte, voi partite, loro partono; *finire*: io finisco, lui/lei/Lei finisce, noi finiamo, loro finiscono.

E3 - 1: lavoro; 2: parla, abita; 3: giocate; 4: Penso; 5: arriva; 6: compri; 7: porta; 8: studiano; 9: Torniamo; 10: guida.

E4 - 1: Vedi; 2: Perdo; 3: chiude; 4: Vivo; 5: mettete; 6: permettono; 7: viviamo; 8: cade; 9: vende; 10: vediamo.

E5 - 1: preferisce, preferisco; 2: parte; 3: finisci; 4: Senti; 5: finisce; 6: dorme; 7: capiscono; 8: offriamo; 9: pulisco; 10: partite.

E6 - 1: vive, lavora; 2: studio, ascolto; 3: partono, Prendono; 4: pulisci, mangi; 5: lavorate; 6: preferisce; 7: gioca; 8: parla, capi-

scono; 9: finisce; 10: vede, passa.

E7 - conosce: conoscere, III persona singolare; usate: usare, II persona plurale; succedono: succedere, III persona plurale; diventano: diventare, III persona plurale; decidono: decidere, III persona plurale; sono: essere, III persona plurale; cerca: cercare, III persona singolare; trova: trovare, III persona singolare; scopre: scoprire, III persona singolare; è: essere, III persona singolare; legge: leggere, III persona singolare; aggiorna: aggiornare, III persona singolare; celebra: celebrare, III persona singolare.

E8 - a) giro, vivo, conoscono, vedono, comprano, chiamo, canto. *The personality is* **ANDREA BOCELLI**.

b) Abito, Ho, viaggio, porto, aspetta, apro, parlano. *The personality is* **THE POPE.**

c) vivo, lavoro, indossano, disegno, lavorano, costano, chiamo. *The personality is* **GIORGIO ARMANI**.

E9 - lavora, approfittano, risale, aggredisce, nasce, diventa, cancella, inserisce, riprende, organizzano, partecipano.

E10 - a) Si chiama Andrea Fiorini e ha 26 anni. È di Milano e abita in centro, dove lavora in una agenzia turistica dal lunedì al venerdì. Di solito comincia a lavorare alle 9.00 e finisce alle 5.00, poi, tre volte alla settimana, gioca a tennis con un amico. Non è fidanzato perché preferisce rimanere libero e indipendente, però ha molte amiche e una vita molto attiva. La sera vede spesso gli amici per bere qualcosa o andare a ballare.

b) Si chiama Veronica Biaggi e ha 49 anni. È di Reggio Emilia ma vive a Bologna dove insegna in una scuola elementare. È sposata e ha due figli, un maschio e una femmina. Nel tempo libero legge molto, è appassionata di libri e spende molti soldi nelle librerie. Qualche volta pensa di scrivere un libro sui bambini, ma ora non ha molto tempo.

c) Si chiama Caterina Cussu, ha 28 anni, è sarda e vive a Nuoro, dove lavora in una società informatica come designer grafico. È un lavoro molto creativo e qualche volta, quando non ha idee, prende la macchina e gira lungo la costa, a pensare. Non è sposata né fidanzata. Viaggia volentieri e conosce sempre nuove persone.

E11 - succede, scopre, gioca, trova, vede, diventano, capisce, nascondono, decide, ha, agisce, vince. *The title of the book is* **IO NON HO PAURA.**

Progress Test. Units 1-5

E1 - *maschile*: cameriere, orologio, autobus, padre, salame, vino, pane, film, bar, cinema, fiore, problema. *femminile*: stazione, casa, stagione, città, bici, birra, mano, radio.

E2 - *plurale*: penne, amici, libri, amori, operai, infermieri, avvocati, uomini, professoresse, mani, amiche, pesche, università, foto, bar, dischi, giornali, letti, alberghi, caffè, pizzerie.

E3 - la, il Il, la, i, l', il, La, le, gli, i, lo, la.

E4 - una, Le, una, il, il, Il, la, l', L', Il, le, le, Le, la, la, un, Gli, l', la, I, le, la, il, la, una.

E5 - ha, ha, sono, sono, hanno, sei, sei, sei, hai, hai, sei, siamo,

242

sono, sono, è.

E6 - arriva, aspetta, prende, è, Ho, pensa, apre, vede, decide, è, È, è, sente, aumenta, prende, comincia, È, lavora, è, gira, sono, sono, ha, entra, compra, porta, finisce, decide, ha, pensa, Odio.

E7 - 1: Gli italiani normalmente prendono le vacanze ad agosto; 2: D'inverno le montagne italiane sono piene di sciatori; 3: La Sardegna ha un mare bellissimo; 4: La montagna più alta degli Appennini è in Abruzzo; 5: Gli sciatori estivi preferiscono il Monte Rosa; 6: Le isole Tremiti sono tre isole italiane; 7: I turisti tedeschi amano le spiagge italiane; 8: Molti turisti visitano le cascate delle Marmore in Umbria; 9: Il fiume più lungo d'Italia è il Po; 10: Il Po nasce sulle Alpi e finisce nel mare Adriatico.

E8 - È, pensa, parto, vedo, comincia, chiude, aspetta, sono, spedisce, scrive, organizzo, sente, prende, legge, Hai, sono, capisce, ho, Sei, passi, continuano, hanno, pensano, succede.

E9 - 1: La Val d'Aosta ha due lingue ufficiali e è la regione più piccola in Italia; 2: Nel mondo ci sono circa 67 milioni di persone che parlano italiano; 3: Molti argentini sono di famiglia italiana e parlano italiano; 4: Anche in Australia vivono molte famiglie di origine italiana; 5: Gli abitanti della Corsica capiscono bene l'italiano; 6: Anche tanti albanesi comprendono l'italiano perché vedono la televisione italiana; 7: La legge italiana protegge 12 comunità linguistiche minoritarie; 8: Queste lingue sono in programmi televisivi e radiofonici.

6. Present tense of irregular verbs

Modal verbs and the verb *sapere*

E1 - 1: devo; 2: vogliono; 3: possiamo; 4: vuoi, devi; 5: può; 6: devono; 7: può; 8: dovete; 9: vogliono; 10: puoi.

E2 - 1/f; 2/c; 3/h; 4/g; 5/b; 6/e; 7/a; 8/d.

E3 - 1: Sai; 2: posso; 3: sa; 4: sa; 5: Potete; 6: può, sa; 7: possono; 8: sappiamo; 9: Possiamo; 10: Potete.

E4 - vuole, può, può, deve, sa, vuole, sanno.

Other verbs irregular in the present tense

E1 - *dire*: io dico, lui/lei/Lei dice; noi diciamo; voi dite; *rimanere*: io rimango, tu rimani, noi rimaniamo, loro rimangono; *scegliere*: io scelgo, tu scegli, voi scegliete, loro scelgono; *sedere*: tu siedi, lui/lei/Lei siede, voi sedete, loro siedono; *tenere*: io tengo, tu tieni, noi teniamo, voi tenete.

E2 - 1: Vogliamo andare in vacanza; 2: Renato rimane a casa perché deve studiare; 3: D'estate beviamo più birra; 4: La politica italiana per gli stranieri è incomprensibile; 5: Perché non dai la mancia al cameriere?; 6: Non posso venire a ballare; 7: Marco sa il tedesco; 8: Cosa fai domani?; 9: Perché non usciamo stasera?

E3 - state, stiamo, Siamo, andiamo, facciamo, fa, viene, facciamo, vado, preferiscono, usciamo, andiamo, vengono, vanno.

E4 - 1: sei, a: Sei, b: vai, c: Vuoi, d: Sei; 2: è; 3: dici, a: Devo, b: Va, c: Voglio, d: ha, e: È; 4: fai, vuoi, b: sei, d: hai; 5: a: Sono, c:

È, d: Voglio.

E5 - 1: dicono, true; 2: devi, true; 3: devi, true; 4: rimangono, false; 5: è, true; 6: va, false; 7: vanno, true; 8: facciamo, false; 9: diamo, diciamo, true; 10: dai, true.

E6 - 1: posso; 2: vuoi; 3: sa; 4: diciamo; 5: bevete; 6: stanno; 7: fanno; 8: vengono; 9: riesco.

E7 - molti italiani fa (fanno) colazione; usciamo (escono) e vanno a prendere il caffè.

7. Addressing people formally

E1 - 1/c; 2/a; 3/b.

E2 - f, e, c, b, a, d, g.

E3 - Buongiorno signor Andrea!/Buongiorno signorina Federica, come sta?/Non male, e Lei?/Bene grazie, ha tempo?/Sì, perché?/Prende un caffè con me?/Ottima idea, signor Andrea!

E4 - *Luca*: Vuole; *Prof.*: sai, vieni, sai hai; *Luca*: ha, deve, ascolta, capisce; *Prof.*: puoi, hai, fai.

E5 - a) lavori, devi, prendi, vuoi, puoi; b) pensa, crede, Va, Scherza, mangia, è.

8. The verb *stare*

Present continuous (*stare + gerund*)

E1 - 1/c; 2/f; 3/a; 4/h; 5/e; 6/g; 7/d; 8/b.

E2 - sta, stanno, sta, sto, sto.

E3 - 2: intervistando una persona; 3: preparando il pane; 4: pettinando una cliente; 5: scrivendo alla lavagna; 6: facendo una multa; 7: ballando; 8: seguendo la partita; 9: vendendo un mazzo di fiori; 10: tagliando la carne.

E4 - stanno facendo, stanno passando, sta mangiando, stanno preparando, sta gustando, stanno cucinando, stanno riposando, sta mangiando, sta gustando.

Stare per

E1 - 1/d; 2/b; 3/e; 4/a; 5/c.

E2 - 1: Il treno sta per partire; 2: Il film sta per cominciare; 3: L'anno sta per finire; 4: I miei genitori stanno per arrivare; 5: Mi sento male, sto per svenire; 6: Mancano solo due km, stiamo per arrivare; 7: Prendiamo l'ombrello, sta per piovere; 8: Non uscire, sta per nevicare; 9: Sono stanco, sto per andare a letto; 10: La gatta sta per fare i gattini.

E3 - 2: sta per aprire la finestra; 3: sta per uscire di casa; 4: sta per mangiare; 5: sta per bere; 6: sta per fare una doccia; 7: sta per mettere lo zucchero nel caffè; 8: sta per entrare in casa.

9. Possessive adjectives and pronouns

Possessive adjectives and pronouns

E1 - La mia, il mio, La sua, la sua, il mio, i miei, la loro, i miei, la mia, il mio.

E2 - b/7: mi**e**; c/2: tu**o**; d/6: vostr**a**; e/1: nostr**i**; f/5: tu**e**; g/8: mi**e**; h/3: mie**i**.

E3 - 1: Il suo, Pisa; 2: La loro, austriaci; 3: la tua, passaporto; 4: i nostri, banca; 5: La sua, Bologna; 6: I suoi, Bolzano; 7: i tuoi, armadio.

E4 - loro, loro, sua, suo, suo, mia, miei, nostra, nostra, loro, nostra, nostro, loro.

Possessive adjectives and pronouns with articles

E1 - a) Il padre di Paolo è americano; b) Le sue sorelline si chiamano Anna e Grazia; c) Christian ha 17 anni.

E2 - 2: La sua, Anna; 3: Sua, Vincenza; 4: Suo; 5: I suoi, Alberto, Serena, Pietro; 6: I suoi, Oreste, Milena; 7: Sua, Cristina; 8: Le sue, Franca, Giovanna, Ada; 9: Suo, Domenico; 10: Suo, Gennaro.

E3 - a: tua, il mio; b: mio; Suo.

E4 - suo, La sua, suo, il suo, il suo, suo, la sua, la sua, la sua, la sua, il suo, Il suo, il suo.

E5 - 1, **B**; 4, **O**; 6, **R**; 7, **G**; 9, **I**; 11, **A**. *The last name is* **BORGIA**.

E6 - il suo, la nostra, la sua, Suo, Suo, I suoi, il nostro, il suo, La sua, la sua, la sua.

10. Reflexive and reciprocal verbs

E1 - 1: si mette, **v**iola; 2: si riposano, **e**state; 3: ti svegli, **s**veglia; 4: si divertono, **t**ombola; 5: si scontrano, **I**nter; 6: si trovano, **r**ane; 7: ci sentiamo, **S**occorso; 8: si trova, **I**schia. *The reflexive verb is* **vestirsi**.

E2 - si trova, si svolge, si interessano, si alzano, si divertono, si fanno, si annoiano, si intristiscono, si vergogna, si fanno, si sposa, si sentono, si chiama. *The title of the film is* **I vitelloni**.

E3 - a: ci divertiamo, ci troviamo, si travestono, si conoscono, si salutano, si divertono. *The mysterious place is* **Venezia**. b: si offrono, si trova, ti preoccupi, mi innamoro. *The mysterious place is* **la Sicilia**. c: si trova, si diverte, si sforza, si impegna, vi telefonate. *The mysterious place is* **Londra**.

E4 - mi devo sfogare, sa controllarsi, devo sposarmi, mi devo trasferire, può sentirsi, mi voglio fidanzare, mi so fare, mi devo pagare, ti cominci (ad) abituare.

E5 - 1: si vedono; 2: vedono; 3: alza; 4: Mi alzo; 5: annoiare; 6: mi annoio; 7: incontrano; 8: si sposano; 9: chiama; 10: si chiama.

E6 - si svegliano, si godono, si alzano, si preparano, si siedono, si decidono, si incontrano, si divertono, si vedono, si raccontano, si innamorano.

Progress Tests. Units 6-10

E1 - sa, amiamo, beviamo, è, conoscono, ordinano, ottengono, si chiama, c'è, organizza, sanno, deve, beviamo, si dilata, andiamo, vogliamo, diventa, possono, deve, influenzi, ordinate, dovete, è, deve, dimenticate, potete, fate, vedete, dicono, migliora, deve.

E2 -

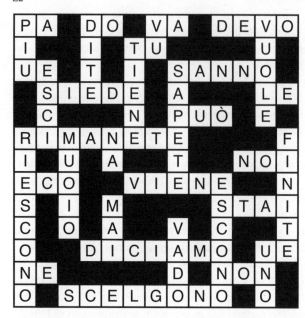

E3 - ... dalla Sua segreteria. Mi chiamo Chiara Passanti e sono una lettrice di italiano per stranieri nella Sua stessa università. So che Lei lavora per la sezione informatica e si occupa del laboratorio linguistico del Dipartimento di Lingue e vorrei sapere se può dire ad uno dei Suoi tecnici di laboratorio di installare sui computer un programma molto importante per i miei corsi: Second Life. Il programma è scaricabile direttamente da Internet, dà accesso ad un mondo virtuale dove io insegno italiano e non crea problemi di virus. Ho parlato con un tecnico che dice che ha bisogno della Sua autorizzazione ma, secondo me, non ha provato a parlare con Lei. Prova Lei a comunicare con lui? Spero davvero di avere il Suo aiuto e che si possa risolvere questo problema al più presto. Come forse sa, i corsi cominciano fra 2 settimane, e senza accesso a questo programma, io non posso insegnare.
Grazie mille e arrivederci/arrivederLa
Chiara

E4 - se ~~ha~~ (hai) tempo; la notte ~~dormi~~ (dorme) bene; cosa ~~pensi~~ (pensa) dottore; mentre ~~scrivi~~ (scrive); ~~devi~~ (deve) smettere.

E5 - 1: mangiamo; 2: andate; 3: Sto facendo; 4: gioca; 5: vado; 6: andiamo; 7: ascolti; 8: sto uscendo; 9: Sto studiando; 10: abitate.

E6 - si sta per laureare, sta preparando, sta per finire, sta stampando, sta per mettersi, sta lavorando, stai lavorando, sto leggendo, Sto andando, Sto aspettando, sta per chiudere, sta aspettando.

E7 - a) mi lavo, mi vesto, mi preparo la colazione; b) alle 8.00 esco per andare al lavoro, prendo l'autobus; c) alle 8.30 mi prendo un caffè al bar; d) alle 9.00 entro al lavoro; e) alle 13.00 mi prendo un panino al bar, mi fumo una sigaretta; f:) alle 14.00 finisco la pausa, ricomincio a lavorare; g) alle 18.00 esco dall'ufficio; h) alle 19.00 arrivo a casa, mi rilasso, mi bevo un bicchiere di prosecco; i) alle 20.00 mi preparo la cena, ceno; l) alle 21.00 mi faccio la doccia, mi preparo per uscire con gli amici; m) la notte torno a casa

Solutions

stanca ma contenta.

E8 - 1: sua nonna; 2: sua sorella; 3: suo zio; 4: sua nipote; 5: le sue nipoti; 6: i suoi nonni; 7: i suoi genitori; 8: suo cognato; 9: i suoi cugini; 10: sua zia.

E9 - 1: Mia madre si chiama Anna; 2: Quando Paolo si alza presto è sempre nervoso; 3: Giorgio va a casa domani; 4: Veniamo al mare con i nostri genitori; 5: Paolo dice che sua nonna è tedesca; 6: Quando bevi troppo sei insopportabile; 7: Se ci dimentichiamo di telefonare a nostro padre lui non viene alla stazione; 8: Scusi signora Franchi, può tornare domani? 9: Come si chiama tua figlia? 10: Quando arrivano i tuoi genitori? 11: Perché tua sorella non dice mai la verità? 12: Lavoro al quinto piano e normalmente salgo a piedi; 13: Se non mangiamo qualcosa moriamo di fame! 14: Esci con i tuoi amici stasera?

11. Impersonal construction

E1 - 1: si va; 2: beviamo; 3: si vede; 4: mangia; 5: si sta; 6: si lavora; 7: vanno; 8: si ingrassa; 9: si prega.

E2 - 1: si parla a voce alta, si balla, si beve: in discoteca; 2: si fatica, si diventa forti, si suda: in palestra; 3: si dorme, si riposa, si sogna: a letto; 4: si gioca, si scommette, si vince, si perde: all'ippodromo; 5: si cammina, si passeggia, si porta il cane: al parco; 6: si scia, si cammina, si gioca con la neve: in montagna; 7: si studia, si impara, si legge: a scuola; 8: si tifa per la squadra preferita, si urla, si va con gli amici: allo stadio.

E3 - *primavera*: si comincia a uscire per fare delle passeggiate, si va in campagna a fare un pic-nic, si cucina per il pranzo di Pasqua; *estate*: si va al mare, si finisce di andare a scuola, si fugge dal caldo della città; *autunno*: si cucina con i funghi, si comincia ad andare a scuola, si va nei boschi a cogliere le castagne; *inverno*: si va a sciare, si sta in casa con il riscaldamento acceso, si va alle feste di Carnevale, si sta insieme per festeggiare il Natale, si va alle feste di Capodanno.

Impersonal construction of reflexive verbs

E1 - 2: divertirsi/Se si guarda un film comico, ci si diverte; 3: sentirsi male/Se si beve troppo, ci si sente male; 4: vestirsi eleganti/Se si è invitati ad una festa formale, ci si veste eleganti; 5: allenarsi molto/Se si vuole vincere in uno sport, ci si allena molto; 6: lavarsi/Se si è sporchi, ci si lava.

E2 - 2: tagliare la carta/Si taglia la carta; 3: mangiare/Si mangia; 4: scrivere/Si scrive; 5: ripararsi dalla pioggia/Ci si ripara dalla pioggia; 6: comunicare/Si comunica; 7: vedere meglio/Si vede meglio; 8: tenersi aggiornati/Ci si tiene aggiornati; 9: entrare a teatro/Si entra a teatro; 10: viaggiare/Si viaggia; 11: tenersi svegli/Ci si tiene svegli.

E3 - 1: esce; 2: si esce, si va; 3: vanno; 4: mi alzo; 5: ci si alza; 6: ci annoiamo; 7: ci si annoia; 8: ci si stanca; 9: si stanca.

E4 - mostra, si legge, indica, ci sono, si osserva, si nota, si vede, vive, ha, ricopre, è, legge, si parla, si scrive, si pubblica, si traduce, compra.

12. Present perfect

Present perfect (*Passato prossimo*)

E1 - 2/b; 3/e; 4/f; 5/a; 6/d.

E2 - ho, ho, sono, sono, è, sono, ho, Sono, hanno, sono, ho, è, siamo, siamo.

E3 - diventato, studiato, inventato, andato, sposato, partito, continuato, ricevuto, nominato.

E4 - 2: è diventata, **A**; 3: ha comprato, **R**; 4: sono partiti, **C**; 5: ha passato, **O**; 6: è caduto, **N**; 7: ho ricevuto, **I**. *The personality is Guglielmo* **MARCONI**.

Avere or essere?

E1 - *avere*: ho fatto/fare; abbiamo incontrato/incontrare; abbiamo dormito/dormire; abbiamo conosciuto/conoscere; Abbiamo passato/passare; hai capito/capire; ho cominciato/cominciare; ho trovato/trovare; ho fatto/fare. *essere*: Mi sono laureata/laurearsi; sono partita/partire; Siamo andate/ andare; siamo arrivate/arrivare; siamo tornate/tornare; È stata/essere; Ci siamo divertite/divertirsi; è successa/succedere; mi sono innamorata/innamorarsi; sono venuta/venire; sono tornata/tornare; mi sono trasferita/trasferirsi; È stata/essere; è stato/essere.

E2 - hanno divorziato, si sono messi, hanno organizzato, siamo andati, sono arrivati, è durata, hanno ballato, hanno mangiato, si sono divertiti, sono tornati.

E3 - Durante i primi anni '90 **è scoppiato** un grave scandalo nella vita politica italiana. La polizia e i magistrati **hanno cominciato** a controllare gli affari di personaggi politici e imprenditori e **hanno trovato** le prove delle relazioni illegali tra politica, mondo degli affari e mafia. Molti uomini di governo corrotti **sono diventati** ricchissimi grazie ai soldi della mafia. Dopo questo periodo di continui scandali i maggiori partiti **sono spariti**. Alcuni **hanno fondato** nuove organizzazioni politiche e altri **hanno cercato** di rifondare i vecchi partiti con nuovi nomi. Da allora **è iniziata** quella che **è chiamata** (si chiama) la Seconda Repubblica.

E4 - ha passato, ha ottenuto, è uscito, è ritornato, ha cercato, ha trovato, ha saputo, è andato, hanno controllato, è entrato, hanno riconosciuto, hanno arrestato, hanno riportato.

Some verbs with an irregular past participle

E1 - 1: È corso, ha detto; 2: Hanno acceso, hanno chiamato; 3: Ha deciso, è stata; 4: Hanno perso, hanno chiesto; 5: È morto; 6: sono uscito/a, ho spento, è scoppiato; 7: Ha scelto, ha offerto, ha fatto; 8: Ha scritto, ha letto; 9: È andata, ha avuto, ha preso, ha perso; 10: Sono rimasti, hanno vissuto, hanno aperto, hanno fatto, sono venuti, hanno comprato.

E2 - 2: ha rotto un bicchiere; 3: ha chiuso la porta; 4: ha vinto alla lotteria; 5: ha fatto il bagno; 6: è morto; 7: ha preso l'autobus; 8: è nato; 9: ha sceso le scale.

E3 - 2: ha preso l'auto e è uscita per andare al lavoro; 3: ha avuto un appuntamento con alcuni avvocati; 4: ha studiato un caso importante; 5: ha fatto una pausa pranzo con i colleghi; 6: si è occupata di un omicidio nella città; 7: ha parlato con i giornalisti; 8: ha preso un caffè con un giudice; 9: ha dato gli ordini per il lavoro notturno; 10: è andata al corso di judo; 11: è tornata a casa stanchissima; 12: è andata a letto e ha letto un giallo. *Ms X is a* **police superintendent.**

Direct object pronouns

E1 - 2/h; 3/b; 4/e; 5/f; 6/i; 7/g; 8/l; 9/a; 10/c.

E2 - 2/c; 3/a; 4/e; 5/f; 6/g; 7/h; 8/i; 9/b.

E3 - **la**: l'immagine di San Cristoforo; **lo**: questo volo; **li**: i problemi; **mi**: me; **la**: la religione; **li**: sacrifici; **li**: gli dei; **Mi**: me; **la**: la bottiglia; **la**: la bottiglia.

E4 - a) lo, lo, lo, lo, lo, li, li. *La ricetta è* **spaghetti aglio, olio e peperoncino.** b) li, li, la, li, li, lo. *Il dolce è il* **tiramisù.**

E5 - 1: lo, Roma; 2: lo, Venezia; 3: li, Benigni; 4: la, Fellini; 5: le, "Il postino"; 6: li, spaghetti western; 7: lo, Pasolini.

E6 - a) lo, -la, lo, -le, lo, la, la, la, -la, li, li, li; b) la, le, l'/la.

Direct object pronouns with past participle

E1 - 2/c; 3/f; 4/g; 5/a; 6/d; 7/b.

E2 - l'hanno organizzata, l'hanno portato, spedirlo, l'hanno dato, l'ha aperta, li ha minacciati, lo hanno raggiunto.

E3 - 1: **l'**ha chiamat**a**, salutar**la**, Marta la timida; 2: **li** ho spaventa**ti**, Gioia e Pino i paurosi; 3: **l'**ho portat**a**, aiutar**la**, Sandra l'imbranata; 4: **l'**ha lasciat**o**, Vincenzo il ritardatario; 5: **L'**ho vist**a**, **la** trovi, Stefania la sportiva; 6: **le** vediamo, **le** abbiamo chiamat**e**, Carla e Sonia le pigre; 7: **l'**ha mangiat**a**, **lo** fa, Bruno il goloso; 8: **li** trovano, **li** ho mai capi**ti**, Ursula l'artista; 9: **Le** ho incontrat**e**, **le** ho potut**e**, Maria e Barbara; 10: **li** ho mai sopporta**ti**, Marco e Roberto i viziati.

Prepositions with places

E1 - a) di, in, in. *The name of the family is* **I Medici.** b) di, in, in, in, a, da, in. *The personality is* **Casanova.** c) in, da, in, in, da. *The cake is* **panettone.**

E2 - 1: in, in; 2: In, a/ad; 3: A; 4: A, in; 5: a; 6: in, in; 7: in, in.

E3 - 2: da, da, false; 3: da, true; 4: da, false; 5: di, false; 6: di, true; 7: da, true; 8: di, false.

E4 - a: a, da, da, da. b: a, in, a, da.

E5 - a, da, a, da, da, di, di, da.

E6 - a̶ (in) Germania; i̶n̶ (a) Roma; a̶ (da) noi; a̶ (in) Africa.

Prepositions with time

E1 - da, fa, per, da, a, da, fra.

E2 - da, per, fa, fra, da.

E3 - da, fa, fa, per, per, fra.

E4 - da, per, fa, dal, al, fra.

E5 - 1: l'idraulico; 2: sposato; 3: buonissima; 4: viaggiato; 5: spasso.

Other prepositions

E1 - 2/f: da; 3/g: in; 4/h: in; 5/l: da; 6/i: di; 7/b: da; 8/a: di; 9/e: da; 10/c: di.

E2 - da, di, da, da, in, di, in, in.

E3 - a) di, in, nelle, in, di, fra: In bocca al lupo; b) in, in, da, fra, da, con: Sei un orso.

a - 1: Voglio qualcosa da leggere (**L**); 2: Ho studiato italiano per 4 anni (**U**); 3: Ci vediamo tra cinque minuti (**P**); 4: Partiamo per Milano (**O**). b - 1: Ho comprato una nuova sciarpa di lana (**O**); 2: Vivo a Roma da poco (**R**); 3: Che begli occhiali da sole (S); 4: Fra due mesi mi laureo (**O**).

E4 - di, in, in, a, con, a, da, da, da, a, di.

Compound prepositions

E1 - 1: della; 2: dalle, all'; 3: nella; 4: con la; 5: Sul; 6: per gli; 7: fra le; 8: Tra la; 9: degli.

E2 - alla, negli, dalla, dalle, dei, nella, del.

E3 - 3, **L**; 4, **I**; 7, **G**; 8, **U**; 10, **R**; 11, **I**; 14, **A**. *The name of the region is* **LIGURIA.** *mistakes*: 1: d̶i̶ ̶u̶n̶i̶v̶e̶r̶s̶i̶t̶à̶/dell'università; 2: i̶n̶ ̶S̶t̶a̶t̶i̶ ̶U̶n̶i̶t̶i̶/negli Stati Uniti; 5: i̶n̶ ̶a̶u̶t̶o̶ ̶d̶i̶/nell'auto di; 6: s̶u̶ ̶p̶r̶a̶t̶i̶/sui prati; 9: a̶ ̶m̶i̶e̶i̶ ̶g̶e̶n̶i̶t̶o̶r̶i̶/ai miei genitori; 12: i̶n̶ ̶P̶a̶e̶s̶i̶ ̶B̶a̶s̶s̶i̶/nei Paesi Bassi; 13: a̶ ̶t̶e̶a̶t̶r̶o̶ ̶d̶i̶/al teatro di.

E4 - 1: sul, true; 2: Agli, degli, false; 3: dell', true; 4: della, false; 5: all', false; 6: alla, false; 7: sul, true.

E5 - sull', della, nel, degli, con gli, della, dei, degli, dell', dell', dell', del.

E6 - Nell', di, tra le, In, in, di, nell', dei, di, delle.

Di + definite article (partitive articles)

E1 - dei, del, delle, degli, del, dell', del, del, delle, del, del, del, delle, delle.

E1 - *Conversation a*: 2, 4, 1, 3; mi = a me, lasciargli = al dottor Rossetti, gli = al dottor Rossetti. *Conversation b*: 3, 5, 2, 4, 6, 1, 7; Le = a Lei, Le = a Lei, gli = a lui (mio marito), mi = a me. *Conversation c*: 3, 2, 4, 1; v i = a voi, le = a lei (Carla), ci = a noi.

E2 - al tecnico = gli, al tecnico = gli, a noi = ci, al tecnico = gli, a noi = ci, a noi = ci, alla signora Ferranti = le, a me = mi, alla signora Ferranti = le, a me = mi, a me = mi.

E3 - 1: Le, il ladro; 2: ti, il professore; 3: mi, il postino; 4: vi, la mamma; 5: mi, l'uomo d'affari; 6: mi, mi, mi, il bambino; 7: Le, la commessa; 8: Mi, l'italiano all'estero; 9: Le, il controllore.

E4 - *gatto*: Gli, gli; *piante*: Gli, gli, gli; *vicina*: ti, -le; *Serena*: le.

E5 - 1: le, le, compleanno; 2: gli, Epifania; 3: ci, Pasqua; 4: Ci, gli, matrimonio; 5: Ti, Capodanno; 6: Le, Carnevale.

E6 - *Mamma*: -le, le; *Papà*: -gli; *La fidanzata*: le, le, le, le; *I futuri suoceri*: gli, gli.

Progress Test. Units 11-15

E1 - si diventa presentabili, si può, Si va, si va, ci si fa bionde, ci si fa more, ci si fa rosse, ci si reca, si soffre, si suda, si saltella, ci si tira, si fa, si può, si ingrassa.

E2 - passano, offrono, si passeggia, si nuota, ci si abbronza, ci si rilassa, pescano, vanno, giocano, fanno, si divertono, ci si sveglia, ci sono, Si va, si cammina, si può, organizzano, fanno, escono.

E3 - è tornato, ha messo, ha detto, ha guardato, ha precisato, ha avvicinato, ha sentito, è successo, ha chiesto, Ho visto/veduto; ha risposto, è venuto, sono uscite, è cominciata, ha detto, ha proposto, è salito, è rimasta, Ha cercato, ha riempito, ha guardato, ha chiuso, è restata, ha sentito, è andata, ha visto, ha capito.

E4 - ha cominciato, ha visto, ha messe, è arrivato, ha acchiappato, ha gridato, hai fatto, si è spaventato, ha risposto, sono arrivato, È successo, si è alzato, ha portato, ha domandato, sono state, ha detto, È stata, ho avuto, ho provato, ha sbattuto, sono riuscito, Ha chiesto, è finita, ha guardato, ha risposto, ho pensato, ho ripensato, è successo, è riuscito.

E5 - a, a, a, a, a, in, in, a, in, per, a, da, da, in, in, a, a, da.

E6 - 1: nei; 2: con la; 3: a; 4: di, negli, da; 5: in da; 6: da, al; 7: di; 8: da, a; 9: in; 10: in; 11: di/d'; 12: Nelle; 13: a; 14: fa; 15: di; 16: da; 17: da, in; 18: per; 19: fra/tra.

E7 - fra, delle, dalla, di, in, di, di, di, a, di, della, nei, in, A.

E8a - 1, **A**; 3, **R**; 4, **L**; 6, **E**; 7, **C**; 11, **C**; 12, **H**; 16, **I**; 19, **N**; 24, **O**. *The character is* **ARLECCHINO**.

E8b - 2: Milano si trova in Lombardia; 5: Fra un po' vado a casa; 8: Amo vivere in Italia; 9: Puoi prestarmi qualcosa da leggere?; 10: Non ho molto da mangiare oggi. Devo ordinare una pizza; 13: I documenti sono nell'ufficio del capo; 14: Ci vediamo alla banca in Via Nazionale; 15: Abbiamo un appuntamento tra 20 minuti; 17: Vorrei una villa a Capri; 18: Nei bar italiani si beve spesso il caffè in piedi; 20: Ho lavorato qui per 4 anni; 21: Devo lavorare dalle 4 alle 9; 22: Quanti abitanti ci sono negli Stati Uniti?; 23: Ho viaggiato molto nell'Europa dell'Est.

E9 - 1: dir.; 2: indir.; 3: indir.; 4: indir.; 5: indir.; 6: dir.; 7: indir.; 8: dir.; 9: indir.; 10: indir.

E10 - l'ho riempita, mi, la, mi, mi, le, la, sentirla, versarlo, berlo.

E11 - un, dei, degli, un, un, un, un, dello, delle, della, della, delle.

16. Imperfect (Imperfetto)

Conjugation of the imperfect

E1 - 1: era, true; 2: parlavano, false (parlavano latino); 3: avevano, true; 4: c'erano, true; 5: si chiamavano, false (si chiamavano Romolo e Remo); 6: rappresentava, true; 7: si trovava, false (i colli erano 7); 8: erano, true; 9: veniva, false (veniva da Firenze).

E2 - a) ero, dicevano, ero, era, piaceva, Era, voleva, faceva, rideva, andavi. b) era, viveva, era, mangiavano, erano, era, dovevano, potevano, vivevano.

E3 - *Liguria*: vivevano, si ritrovavano, mettevano, avevano, andavano, tornavano. *Lombardia (Valtellina)*: trovavano, chiedevano.

Calabria: vivevano, volevano, erano, poteva, Era, portava, lavoravano, parlava, andava, erano, volevano, cercava.

Use of the imperfect

E1 - *Present perfect:* ha voluto, volere; ha tenuto, tenere; è arrivata, arrivare; si è alzato, alzarsi; ha smesso, smettere; è uscito, uscire; si è fermato, fermarsi; è arrivato, arrivare; ha salito, salire; è entrato, entrare; si è accorto, accorgersi; è andato, andare; ha visto, vedere; si è scusato, scusarsi; è uscito, uscire; ha pianto, piangere. *Imperfect:* c'era, esserci; sembrava, sembrare; era, essere; aveva, avere; era, essere; piangeva, piangere; si trovava, trovarsi; era, essere; aspettava, aspettare; stava, stare; era, essere; era, essere; era, essere; si trovava, trovarsi; era, essere; rideva, ridere; era, essere; vedeva, vedere.

E2 - see text Exercise 1.

E3 - c'era, faceva, si sentiva, ha deciso, era, ha dovuto, ha risposto, poteva, doveva, ha risposto, sapeva, era, ha pensato, era, Si è fatta, ha messo, ha passato.

E4 - ha fatto, Ho avuto, ero, lavoravo, ho incontrato, hanno aiutato, mi sono fatto, ha costruito, bastava, è entrato, Avevo, hanno consigliato, aveva, ho risolto, Ho trovato, ho comprato.

Present perfect or imperfect of some verbs

E1 - 1: Ho saputo; 2: ha voluto; 3: conosceva; 4: ha saputo; 5: dovevi; 6: potevo; 7: ho potuto; 8: hanno conosciuto; 9: Volevo; 10: sono dovuto; 11: dovevano; 12: sapevo; 13: Ho saputo.

E2 - era, chiamavano, è stata, ha aperto, è diventata è stata/era.

E3 - 2, **T**; 3, **O**; 5, **R**; 8, **I**; 9, **N**; 11, **O**. *The city is* **TORINO**.

17. Double object pronouns

Indirect object pronouns plus direct object pronouns

E1 - glielo, glielo, me lo, glielo.

E2 - 1: Me lo; 2: -glieli; 3: ve le; 4: Te lo; 5: Ce lo; 6: ve li; 7: -gliela; 8: Me li; 9:-glielo.

E3 - 1: Il prete **gliel'**ha prestat**a**; 2: Il barbiere me **li** ha tagliat**i**; 3: A Ferragosto ce **li** hanno tirati; 4: **Gliel'**hanno raccontat**a** subito; 5: Le ragazze **gliel'**hanno detto; 6: Te **l'**hanno mai raccontat**a**?; 7: Ve **li** hanno portat**i**?; 8: Ieri me **l'**hanno rott**o** con una pallonata; 9: Ce **li** hanno rott**i** tutto il giorno con...; 10: Finalmente Silvia gliel'ha comprat**o**; 11: Signor Bianchi, **Gliel'**hanno recapitat**o**?; 12: **Gliel'**ho detto; 13: Perché **gliel'**hai dett**o**? Non lo sapevano!

E4 - 1: glieli guardo io; 2: te li taglio io; 3: ve la spiego io; 4: Glielo compro io; 5: glielo pago io; 6: te lo cucino io; 7: ve li presto io; 8: te lo presto io; 9: Gliela porto io.

E5 - ve lo, ce la/ce l', gliela/gliel', gliela, me li, glielo/gliel', gliela/gliel'.

E6 - ce ~~lo~~ (la) hanno; glieli ha mandat~~e~~ (mandati); ce ~~li~~ (le) hanno ancora confermate.

Reflexive pronouns plus direct object pronouns

E1 - se le; se le; se la; me le; se le; me lo; se lo.

E2 - 1: Lucia se li trucca sempre di blu; 2: Stasera ce la beviamo tutta; 3: Piero se lo gioca sempre al casinò; 4: Io me li risciacquo sempre con l'aceto; 5: Me lo sono fatto a La Scala; 6: Me lo porto sempre al lavoro, così...; 7: Perché non te li metti? Vedresti meglio; 8: I miei se lo comprano direttamente dal contadino; 9: Te li lavi prima di andare a letto?

E3 - b: me la faccio; c: me lo metto; d: me la metto; e: me lo compro; f: me li mangio; g: me lo ricordo; h: me la preparo; i: me le stiro.

E4 - 1: gliel'hai regalato; 2: me li hai portati; 3: glielo dice; 4: ce la portano; 5: Gliel'hai ricordato; 6: Ve le siete ricordate; 7: gliela hanno comprate; 8: se l'è bevuta; Me l'hanno portata via; 10: ve l'ho detto.

E5 - 1: glielo dico; 2: me lo ricordo; 3: Te lo riporto; 4: Glielo ho regalate; 5: me li metto; 6: ve la do; 7: te lo presto; 8: te la racconta; 9: glielo regaliamo; 10: me lo hai detto.

18. Conditional

Present Conditional

E1 - 1/e; 2/a; 3/f; 4/c; 5/b; 6/d.

E2 - a) Vorrei, Potrei; b) dispiacerebbe, sarei, farebbe.

E3 - 1/e, Potrebbe; 2/a, Dovresti; 3/b, direste; 4/h, Dovresti; 5/f, Sembrerebbe; 6/g, Dovreste; 7/d, piacerebbe; 8/c, Potresti.

E4 - 1: chiederei un prestito in banca; 2: entrerei in un club di cuori solitari; 3: prenderei un'aspirina; 4: telefonerei a un'amica e organizzerei la serata; 5: manderei il curriculum ad altre aziende; 6: farei una dieta; 7: chiamerei il tecnico; 8: accenderei il riscaldamento; 9: andrei a mangiare da mamma.

E5 - vorrei, farei, organizzerei, sarebbe, sarebbero, potrebbe, metterei, comprerei, investirei, farei, piacerebbe, farei.

E6 - piacerebbe, potremmo, preferirei, vorresti, sarebbe, sarebbe, Potremmo, vorrei, interesserebbe, ti divertiresti, vorrei, vorrei.

E7 - ho, vado, vorrei, piacerebbe, mangio, ho, vieni, farebbero.

Perfect Conditional

E1 - b/4; c/9; d/7; e/3; f/8; g/2; h/6; i/1.

E2 - sarebbe dovuta; sarebbe diventata; avrebbe aiutato; avrebbe vinto.

E3 - 2, **M**; 3, **U**; 4, **S**; 7, **S**; 9, **O**; 10, **L**; 12, **I**; 13, **N**; 14, **I**. *The personality is* **MUSSOLINI**.

E4 - 1: non si sarebbe mai sposata; 5: avrebbe mai fatto; 6: sarei tornato/a; 9: mi sarebbe tanto piaciuto; 11: mi avrebbe amato.

E5 - 1: Grazia ha telefonato per dire che sarebbe arrivata in ritardo; 2: Stefano ha risposto che non si sarebbe laureato in tempo; 3: Il ministro ha affermato che si sarebbe preso le sue responsabilità; 4: Francesca ha creduto che tutto sarebbe cambiato; 5: La segretaria mi ha assicurato che avrebbe spedito quel documento importante; 6: L'ufficio ha confermato che avrebbe fatto il bonifico il giorno dopo; 7: La bibliotecaria ha detto che i libri sarebbero arrivati presto.

E6 - b: sarebbero andate in pensione tante macchine; c: sarebbero scomparsi; d: sarebbe stata più ricca e democratica e avremmo lavorato di meno; e: avrebbe viaggiato sempre più a marce diverse; f: avrebbero fornito servizi, cultura, simboli e valori; g: avrebbero prodotto beni materiali per il consumo dei primi; h: non avrebbero prodotto niente ma sarebbero stati un serbatoio di mano d'opera a basso prezzo e basi militari.

E7 - potrei, avrei potuto.

E8 - aspetto, è successo, ha telefonato, sarebbe passato, avrei mangiato, sono andata, avrei pranzato, Sarei voluta.

E9 - smettere/avrebbe smesso, piacere/sarebbe piaciuto, migliorare/sarebbe migliorato, essere/sarebbe stato, preparare/avrebbe preparato.

19. Adverbs

E1 - 1: storicamente; 2: Tradizionalmente; 3: direttamente; 4: annualmente; 5: gratuitamente; 6: recentemente; 7: Probabilmente; 8: regolarmente.

E2 - 1/a: personali (adjective), meglio (adverb); 1/b: personale (adjective), molto (adverb). 2: quasi (adverb), sempre (adverb); 2/a: sgargianti (adjective); 2/b: preferito (adjective); 2/c: anche (adverb), chiari (adjective). 3: bassa (adjective); 3/c: sempre (adverb), necessario (adjective). 4: decisamente (adverb), triste (adjective); 4/a: perché (adverb); 4/b: suoi (adjective). 5: solitamente (adverb); 5/a: sì (adverb), spesso (adverb), meglio (adverb); 5/c: tue (adjective), praticamente (adverb), ferme (adjective). 7: maggiormente (adverb); 7/a: estroversi (adjective), strani (adjective), famosi (adjective). 8: preziosa (adjective); 8/a: vistoso (adjective), costoso (adjective); 8/b: verde (adjective), brillante (adjective); 8/c: azzurra (adjective), trasparente (adjective). 9: utile (adjective); 9/b: sicuramente (adverb), interessante (adjective); 9/c: assolutamente (adverb), no (adverb). 10/a: tanto (adjective), mai (adverb); 10/c: necessaria (adjective), molte (adjective), impiccione (adjective).

E3 - fa, particolarmente, oggi, spesso, già, subito, solamente, abitualmente, Inizialmente, Incredibilmente, ancora, normalmente.

E4 - 1: difficile; 2: bene; 3: Stranamente; 4: cattiva; 5: troppo; 6: Molti, molto; 7: Difficilmente; 8: male, meglio; 9: peggior; 10: bene; 11: stranamente; 12: fa.

20. Particles *ci* and *ne*

Particle *ci* as an adverb of place

E1 - b/7; c/9; d/6; e/8; f/2; g/4; h/1; i/10; l/5.

E2 - 2: in vacanza; 3: in biblioteca; 4: da mia madre; 5: a ballare; 6: in Sardegna; 7: alla partita; 8: da Anna; 9: a casa; 10: al supermercato.

E3 - Normalmente <u>ci</u> va; ha deciso di andar<u>ci</u>; non <u>ci</u> è mai stato; <u>ci</u> sarebbe andata volentieri.

Other meanings of *ci*

E1 - *adverb of place:* ci andavo, ci rimanevo; *a:* ci ho creduto, Ci tengo, ci penso; *in:* / ; *su:* posso sempre contarci; *con:* /.

E2 - b/4, ci; c/5, ci; d/2, ci; e/6, ci; f/3, ci, ci; g/1, ci.

E3 - 2: al cinema Odeon; 3a/3b: con Carla; 4: alla vita in città; 5: alla vita extraterrestre; 6: con la famiglia di mio marito.

E4 - non ci ero mai stata; mi ci sono davvero divertita; non ci avevo pensato; ho deciso di provarci; ci siamo arrivati; ci ho scommesso; ci ho scommesso; ritornarci.

Particle *ci* as an adverb of place plus direct object pronouns

E1 - a: ti ci, ce li, mi ci; b: vi ci, mi ci.

E2 - a: **ti ci**: ti = te, ci = al circo; **ce li**: ce = al circo, li = gli animali; **mi ci**: mi = me, ci = al circo. b: **vi ci**: vi = voi, ci = al parco; **mi ci**: mi = me, ci = sul trenino.

E3 - ce la, mi ci, Ce le.

E4 - 2: ce le; 3: ce lo; 4: Ce li; 5: mi ci; 6: ce la; 7: vi ci; 8: -celi; 9: ci.

Particle *ne* as a partitive pronoun

E1 - Ne ho provato = (un po') di pane di Altamura; Ne vuole = (un po') di pane di Altamura; ne prendo = (un pezzo) di pane di Altamura; non ne ho = (più) di prosciutto; ne prendo = (un etto) di prosciutto di Parma; ne ho = (tanta) di ricotta; ne prendo = (un po') di ricotta.

E2 - lei ne ha solo 20; lui ne ha 50; Ne vendeva tantissimi; ne allevava un po' lui; ne compro almeno due; Più ne hanno; più ne vogliono; ne aspetta un altro; ne ha già più di 40; ne dimostra almeno 45.

E3 - ci, ne, -ci, ci, ne, ci, ne, ne, -ci, ci, -ci.

Other meanings of *ne*

E1 - b/7, -ne; c/6, Ne; d/1, ne; e/4, ne; f/3, ne; g/2, ne.

E2 - 2: ne = delle amiche di Silvia; 3: ne = di Piero; 4: ne = di sigarette; 5: ne = dall'ospedale; 6: ne = di aver cambiato lavoro; 7: -ne = dalla brutta situazione.

E3 - ne ho 30; non ne volevamo nessuno; non ne vuole sentir parlare/non vuole sentirne parlare; non ne sente il bisogno; ne sarebbe subito innamorato.

Particle *ci* plus particle *ne*

E1 - b/5; c/3; d/2; e/1; f/7; g/6.

E2 - 2: ci = metterci, ne = (20) di minuti; 3: ci = alla festa, ne = (una trentina) di persone; 4: ci = volerci, ne = (7 bottiglie) di vino; 5: ci = nel Martini; ne = (una) di olive; 6: ci = al museo, ne = (due) di classi; 7: ci = nel caffè, ne = (cucchiaini) di zucchero.

E3 - 1: Ce ne ho messo poco; 2: Ce ne ho passati due; 3: Ce ne sono molti; 4: Ce ne ho messe tre; 5: Ce ne vogliono 4.

Particle *ne* plus direct object and reflexive pronouns

E1 - b/4; c/6; d/5; e/2; f/1.

E2 - 2: ce = a noi, ne = (25) di anni; 3: ce = a noi, ne = della loro nipotina; 4: te = per/a te, ne = (una decina di bottiglie) di vino; 5: me = mi (riflessivo), ne = di invitare Carla; 6: ce = a noi, ne = (troppa) di cioccolata.

E3 - a) Ce ne, Gliene, ce ne, me ne. b) me ne, te ne, se ne, me ne.

E1 - a): era, doveva, seguiva, controllava, si amavano, volevano, organizzavano, fuggivano, rimanevano, erano. b): erano, andavano, avevano, funzionavano, rimaneva, si chiamava, passava, aveva, entrava, aveva.

E2 - erano, hanno preso, è stato, ha cominciato, ha avuto, frequentavano, amavano, è nato (nasceva), era, è stato, cantava, ha composto.

E3 - ho avuto, hai lasciata/o, dovevo, Avevo, sono andata, mi sono avviata, doveva, era, ero, è arrivato, ha detto, erano, dovevamo, sono scesi, siamo andati, era, sono arrivata, ero, avevo, Stavamo, ha detto, andava, sapeva, era, ha cominciato, si sono messi, sono andati, mi sono seduta, ho aspettato, abbiamo sentito, annunciava, stava, Siamo corsi, siamo arrivati, abbiamo visto, lasciava, è successo, erano, avevo, ha annunciato, partiva, è andato, sono tornati, ci siamo accorti, era.

E4 - era, hanno deciso, è stata, volevano, si chiamava, aveva, è diventata, avete visitato, avete assaggiato. *The vegetable is the carrot.*

E5 - *Padre:* Comprerei una moto di grossa cilindrata, mi licenzierei, farei un giro del mondo avventuroso con mia moglie, mi dimenticherei della famiglia per almeno un anno, mi farei una casetta in riva a un lago in Canada, andrei, a pescare più spesso, metterei su una band hard rock. *Madre:* Troverei una brava tata per quelle pesti dei miei figli, organizzerei un viaggio di lusso con mio marito, partirei con lui per almeno un paio di mesi, comprerei una casetta per mia madre, iscriverei i ragazzi in un collegio svizzero, investirei gran parte dei soldi in immobili, progetterei gli studi dei ragazzi, prenderei un appuntamento con un buon chirurgo plastico. *I ragazzi:* Noi smetteremmo di andare a scuola, tanto se sei ricco non ne hai bisogno, andremmo prima a Disney World, poi a Disneyland e poi anche a Disneyland a Parigi, compreremmo regolarmente tutti i videogiochi e i giochi su computer che escono, ci faremmo costruire una piscina in giardino, faremmo feste con gli amici ogni giorno, andremmo a vivere da soli in una casetta nel parco della nuova casa. *Nonna:* Farei una crociera nei mari del Sud, passerei la maggior parte del tempo a giocare a bridge, andrei a vivere in una casa lontanissima dalla famiglia di mia figlia, perché sono insopportabili, mi farei qualche ritocco estetico, cercherei di trovare un brav'uomo con cui passare delle ore divertenti, avrei sempre a disposizione un bravo massaggiatore.

E6 - 1: Vorrei; 2: Verresti; 3: sarei voluto/a; 4: avreste dovuto; 5: faresti; 6: sarebbe diventato; 7: sarebbero scappati; 8: Saremmo arrivati.

E7 - te lo, me lo, glielo, me li, gliela, -telo.

E8 - bene, male, grande/bello, bella, buona, bella, grande, brutta, male.

E9 - ci, ci, Ne, ci, Ci, ne, ne, ne.

E10 - ce le, ce n', gliene, ce n', -ci, -ne, mi ci, mi ci.

Solutions

21. The future tense

Future Simple (*Futuro semplice*)

E1 - *essere*: io sarò, tu sarai, lui/lei/Lei sarà, voi sarete, loro saranno; *potere*: io potrò, lui/lei/Lei potrà, noi potremo, voi potrete, loro potranno; *vivere*: io vivrò, tu vivrai, lui/lei/Lei vivrà, noi vivremo, loro vivranno; *venire*: tu verrai, lui/lei/Lei verrà, noi verremo, voi verrete, loro verranno; *fare*: io farò, tu farai, noi faremo, voi farete, loro faranno; *avere*: io avrò, lui/lei/Lei avrà, noi avremo, voi avrete, loro avranno; *andare*: io andrò, tu andrai, noi andremo, voi andrete, loro andranno; *volere*: io vorrò, tu vorrai, lui/lei/Lei vorrà, voi vorrete, loro vorranno; *rimanere*: tu rimarrai, lui/lei/Lei rimarrà, noi rimarremo, voi rimarrete, loro rimarranno; *stare*: io starò, tu starai, lui/lei/Lei starà, noi staremo, voi starete.

E2 - andrà, Incontrerai, vorrà, avrai, comprerete, vivrete, dovrai, saranno, lasceranno, avrai, dedicherai.

E3 - saranno, avrà, permetterà, sarà, trasmetterà, potremo.

E4 - 2/d; 3/g; 4/h; 5/c; 6/l; 7/i; 8/b; 9/f; 10/a.

Future Perfect (*Futuro anteriore*)

E1 - avranno finito, telefoneranno, avrò firmato, dovrò, andrà, avrò ricevuto, farò.

E2 - 2/b; 3/e; 4/a; 5/g; 6/c; 7/f.

E3 - 1: avremo pagato, potremo; 2: si taglierà, avrà passato; 3: parlerò, avrà chiesto; 4: avrò guadagnato, prenderò; 5: si saranno sposati, smetterà; 6: avranno perso, capiranno; 7: darò, sarò arrivato/a; 8: Andrete, avrete fatto.

E4 - 2: litigare con la moglie/Avrà litigato con la moglie; 3: svegliarsi due minuti fa/Si sarà svegliato due minuti fa; 4: sapere che suo padre non sta bene/Avrà saputo che suo padre non sta bene; 5: vincere al lotto/Avrà vinto al lotto; 6: lavorare tutto il giorno/Avrà lavorato tutto il giorno; 7: non fare niente tutto il giorno/Non avrà fatto niente tutto il giorno; 8: cadere dalla bicicletta/Sarà caduta dalla bicicletta.

22. Comparatives and Superlatives

Comparisons of inequality

E1 - 1: che; 2: di; 3: che; 4: di; 5: che; 6: che; 7: di; 8: di.

E2 - dell', che, di, di, che, che.

Relative superlative and absolute superlative

E1 - b/5: il... più superficiale; c/6: il più pazzo; d/8; e/1: confusissimi; f/2: interessantissimo; g/3: divertentissimi; h/7: stupidissimi; i/10: moltissimo; l/9: deprimentissimo.

E2 - 1: più famoso; 2: famosissimo; 3: Il più interessante; 4: le più disperate; 5: I più bravi; 6: Fra i; 7: più importanti; 8: famosissime.

Special comparatives and superlatives

E1 - 1: Questo hotel è migliore di quello; 2: Stefano è il maggiore dei fratelli; 3: È un ristorante ottimo; 4: Quell'uomo è una pessima persona; 5: Fra tutti i fratelli Amelia è la minore; 6: È il peggiore film di Visconti; 7: Il mio lavoro è peggiore del tuo; 8: È davvero il vino migliore della zona del Chianti; 9: Noi abitiamo al piano inferiore; 10: Devo salire al piano superiore.

E2 - bellissime, che, la migliore, più fedele, più tranquillo, il migliore, socievolissimo, più deciso, il più originale.

E3 - il più bravo, inferiore, massimo, superiore, pessime.

23. Relative pronouns *che* and *cui*

Relative pronouns *che* and *cui*/Relative pronoun *chi*

E1 - <u>con cui</u> = con Amundsen; <u>che</u> = la spedizione; <u>con cui</u> = con il dirigibile; <u>di cui</u> = del dirigibile Italia; <u>che</u> = Amundsen; <u>che</u> = l'aereo.

E2 - 1: che; 2: che; 3: da cui; 4: che; 5: che, che; 6: che, che; 7: in cui.

E3 - b/5; c/6; d/9; e/8; f/2; g/10; h/7; i/4; l/1.

E4 - che, con cui, che, con cui, di cui, che, che.

E5 - 1: che; 2: Chi; 3: chi; 4: che; 5: chi; 6: che; 7: che; 8: chi.

"Possessive" relative pronoun

E1 - la cui, la cui, il cui.

E2 - 1: Mio cugino, della cui ragazza abbiamo parlato prima, è partito oggi. 2: Quel ragazzo, il cui padre è spagnolo, mi piace molto; 3: Anna, i cui genitori abbiamo incontrato poco fa, è una mia amica di infanzia; 4: Mio fratello, nel cui letto hai dormito stanotte, è in vacanza; 5: Una ditta americana, i cui affari vanno benissimo, ha comprato la mia azienda; 6: Una ragazza, alla cui madre ho fatto la corte più di 20 anni fa, mi ha proposto di sposarla; 7: Quel guru, i cui insegnamenti seguo ormai da anni, è il mio maestro; 8: Aldo, il cui padre hai visto alla conferenza, è molto bravo; 9: Lo studente, con la cui madre il professore ha appena parlato, ha problemi in matematica.

Relative pronoun *il quale*

E1 - il quale, nella quale, con il quale, la quale, dei quali, alla quale.

E2 - chi, quale, chi, chi, che, quale, che, che, quale, che, che, quali.

24. Past perfect (*Trapassato prossimo*)

E1 - b/7, avevamo lavorato; c/6, erano andati; d/2, avevo mangiato; e/3, aveva fatto; f/8, avevo comprato; g/5, ero stato/a; h/1, era andato.

E2 - si era dimenticata, era tornato, aveva lavato, aveva portato, avevano organizzato, avevano ballato, avevano giocato, avevano guardato, si era rifiutata, Aveva detto.

E3 - a: aveva visto, aveva fatto, era rimasto, ho avuto, era andato. b: aveva detto, era stata, aveva raccontato, ho chiesto, aveva avuto, aveva avuto. c: mi sono innamorata, faceva, aveva visto, ha detto, avevano messo, avevano cercato.

E4 - Voleva, aveva pensato, si era ricordato, erano andati, erano conosciuti, facevano, si chiamava, era, si muovevano, avevano

Solutions

preso, sono usciti, avevano visto.

E5 - 1/e: avevamo passato; 2/g: aveva dimenticato; 3/a: erano finite; 4/b: avevano dimenticato; 5/c: aveva preparato; 6/d: avevo dimenticato; 7/f: era uscita.

E6 - vivevano, volevano, erano, era, era, avevano già organizzato, avevano anche già trovato, sapevano, aveva visto, aveva deciso, doveva, aveva mandato, hanno aspettato/avevano aspettato, sapevano, era andato, hanno spaventato/avevano spaventato, hanno scoperto, sono fuggiti, è andato, sono rimasti, ha avuto, c'è stata, ha fatto, sono potuti, aveva saputo, ha sposati.

E7 - a: aveva avuto, true (**P**); b: aveva trovato, true (**R**); c: era stata, false; d: era rimasta, false; e: aveva scritto, true (**O**); f: aveva costruito, true (**M**); g: aveva dato, true (**E**); h: aveva lavorato, false; i: si era laureata, true (**S**); l: false; m: erano arrivate, true (**S**); n: aveva avuto, true (**I**); o: true (**S**); p: si era stancato, true (**P**); q: aveva fatto, false; r: era stato, true (**O**); s: aveva cambiato, true (**S**); t: aveva *sempre* avuto, true (**I**). *The title of the book is* **I PROMESSI SPOSI**.

25. Informal imperative

Informal imperative (tu - noi - voi) / Verbs with an irregular imperative / Negative informal imperative

E1 - 2: prenotiamo il ristorante; 3: facciamo spese; 4: decidiamo chi sono i testimoni; 5: scegliamo il vestito; 6: organizziamo la lista di nozze; 7: andiamo all'agenzia di viaggi.

E2 - b/5; c/7; d/10; e/8; f/9; g/2; h/4; i/1; l/6.

E3 - 3: Non portate; 4: Offrite; 5: Non togliete; 6: Non ruttate; 7: Evitate.

E4 - 3: Non portare; 4: Offri; 5: Non togliere; 6: Non ruttare; 7: Evita.

E5 - 3: Dormi; 4: fare; 5: usare, Chiedi; 6: lavare; 7: Usa; 8: Controlla; 9: Rilassati; 10: Mangia, bevi, cerca.

E6 - ricorda, accendi, tieni, spingi, dare, dare, usa, fare.

E7 - abbiate, Sappiate, cercate, vi preoccupate/preoccupatevi, piangere, dare, approfittate, Uscite, vedete, dite, siate.

E8 - 3: Fa'/Fai; 4: Fate; 5: Sta'/Stai; 6: State; 7: Da'/Dai; 8: Date; 9: Di'; 10: Dite.

Informal imperative plus pronouns

E1 - 1: Vacci; 2: Dimmi; 3: Stammi; 4: Dategli; 5: Fagli, invitalo; 6: Vallo; 7: andiamoci; 8: Prestamene; 9: Diglielo.

E2 - Ascoltami, Fa'/Fai, dimenticarti/ti dimenticare; Guarda, mettiti, Rimani, Telefonami, farmi, mettile, Stammi, portala, fa'/fai, cominciare, fammi, fare, Dammi.

E3 - **dare una mano**: *a lui*, dagli una mano; *a lei*, dalle una mano; *a noi*, dacci una mano; *a loro*, dagli (da' loro) una mano. **fare un favore**: *a me*, fammi un favore; *a lui*, fagli un favore; *a noi*, facci un favore; *a loro*, fagli (fa' loro) un favore. **dire la verità**: *a me*, dimmi la verità; *a lui*, digli la verità; *a lei*, dille la verità; *a noi*, dicci la verità.

E1 - porterà, potremo, vivremo, finirete, saprete, saranno, potranno, faranno, aiuteranno, saranno.

E2 - sarà andato, sarebbe venuto, parteciperemo, Sarà, farò.

E3 - migliore, che, che, degli, che alla, delle, la più dolce, la più stressante, esaurite, calme, superiore, migliori.

E4 - in cui, in cui, chi, che, che, che, in cui, che, di cui, a cui.

E5 - 1: ho trovata, era uscita; 2: hanno mangiato, avevano cenato; 3: è rimasta, aveva visto; 4: dormiva; 5: ha salutato; 6: avevo visto; 7: ero stato.

E6 - 1: Affronta, nasconderti/ti nascondere, cerca; 2: chiediti; 3: Impara, semplificati; 4: Dillo; 5: dedicagli, fa'/fai; 6: Parla; 7: falle; 8: avere; 9: Scegli; 10: Impara.

E7 - è nata, è durata, è stata, ha collezionato, considerava, terrorizzavano, rendevano, hanno attaccato, hanno conquistato, sono partiti, era, aveva cacciato, erano stati/erano, aveva provocato, voleva, aveva saccheggiato, aveva, teneva, erano, è cominciata, è corso.

E8 - Se volete diventare cittadini italiani: a: Sposatevi un altro cittadino italiano e risiedete in Italia per almeno due anni con la persona che avete sposato; b: Fate o adottate dei figli e potrete ridurre alla metà il termine di tempo di residenza; c: Lavorate, anche all'estero, per almeno cinque anni alle dipendenze dello stato italiano; d: Vivete in Italia per almeno quattro anni se siete cittadini dell'Unione Europea; e: Abitateci per almeno 10 anni se siete cittadini stranieri ma non di un paese dell'Unione Europea.

26. Subjunctive

Conjugation of the present subjunctive/ Conjugation of the past subjunctive

E1 - a) *regular verbs* - parlare: io parli, lui/lei/Lei parli, voi parliate, loro parlino. *scrivere*: io scriva, tu scriva, noi scriviamo, voi scriviate. *partire*: tu parta, lui/lei/Lei parta, noi partiamo, loro partano. *capire*: tu capisca, lui/lei/Lei capisca, noi capiamo, voi capiate. b) *irregular verbs* - essere: io sia, lui/lei/Lei sia, noi siamo, voi siate, loro siano. *stare*: io stia, tu stia, lui/lei/Lei stia, noi stiamo, voi stiate. *pagare*: io paghi, tu paghi, lui/lei/Lei paghi, voi paghiate, loro paghino. *fare*: io faccia, tu faccia, noi facciamo, voi facciate, loro facciano. *rimanere*: io rimanga, tu rimanga, lui/lei/Lei rimanga, noi rimaniamo, loro rimangano. *andare*: tu vada, lui/lei/Lei vada, noi andiamo, voi andiate, loro vadano.

E2 - sia, deva, succeda, vada, sia, finisca, fermi.

E3 - faccia, sia, sia, cerchi, sia, decida, parli.

E4 - 2: sia partito; 3: sia tornata; 4: abbiano pensato; 5: abbia nevicato; 6: abbia lasciato; 7: abbia spento; 8: si siano sposati.

Agreement of present and past subjunctive

E1 - si sia innamorata, abbia, faccia, abbia ereditato, abbia deciso, si trasferisca/vada, vada/si trasferisca, possa, si allontani.

E2 - 1: voglia; 2: sia tornato; 3: abbia trovato; 4: abbia preso, abbia buttato; 5: sia; 6: sia piaciuta; 7: possa.

E3 - sia successo, abbia... avuto, abbia... conosciuto, abbia lasciato, considerino, abbia tradita, abbia detto, sia, mi sbrighi, veda-
no, ammirino, risponda, ascolti.

E4 - a: sia andato, significhi, sia, sia nata, sia stata, abbiano usata;
b: pensino, siano, vogliano, risalga, sia nata, abbia organizzato.

Conjugation of the imperfect subjunctive/
Conjugation of the past perfect subjunctive

E1 - *parlare*: io parlassi, tu parlassi, lui/lei/Lei parlasse, noi par-
lassimo, loro parlassero. *scrivere*: io scrivessi, tu scrivessi, noi
scrivessimo, voi scriveste, loro scrivessero. *partire*: io partissi,
lui/lei/Lei partisse, noi partissimo, voi partiste, loro partissero.
capire: io capissi, tu capissi, noi capissimo, voi capiste, loro capis-
sero. *essere*: io fossi, tu fossi, lui/lei/Lei fosse, voi foste, loro fos-
sero. *stare*: io stessi, lui/lei/Lei stesse, noi stessimo, voi steste,
loro stessero. *dare*: io dessi, tu dessi, lui/lei/Lei desse, noi dessi-
mo, loro dessero.

E2 - fosse, si accontentasse, dovesse, andasse, prendesse, decidesse, facesse.

E3 - fosse, trattasse, comprasse, portasse, lavasse, facesse, comprasse.

E4 - 1: avessi chiamato; 2: fosse... partito; 3: avessimo bevuto; 4:
avesse nevicato; 5: avessi fatto; 6: avessero vinto; 7: fosse stato;
8: fossi... andato; 9: aveste avuto.

Agreement of imperfect and past perfect subjunctive

E1 - 1: facesse; 2: facessi; 3: fossi venuto; 4: studiasse; 5: potessero;
6: avesse lasciata; 7: sarebbe arrivato; 8: dica; 9: dicessi; 10: avesse ucciso.

E2 - avesse rimesso, avessi, fossi, fosse, venisse, avesse lasciato,
fosse, entrassero, rientrasse, fosse entrato.

Use of the subjunctive

E1 - siano, rispettino, preferiscono, sembri, hanno, sono, guidano,
di essere, conoscano, rispettino, abbiano, decidano, dipenda,
stare, essere, di essere, hanno, sono, sono.

E2 - 2: Sebbene; 3: a condizione che; 4: è meglio che; 5: ho creduto; 6: Mi dispiace; 7: È giusto; 8: Vorrei; 9: Si dice; 10: Sono contenta che; 11: prima che.

E3 - 2: **A**; 4: **R**; 5: **G**; 6: **E**; 8: **N**; 9: **T**; 11: **I**; 12: **N**; 13: **A**. *The country is*
ARGENTINA.

E4 - 1: ~~abbiamo chiesto~~/hanno chiesto; 3: ~~che siano~~/di essere;
7:- ~~che loro vadano~~/andare; 10: ~~parlano~~/parlino.

E5 - sia stato, siamo, arrivasse, abbia perso, sia, è arrivato, pre-
senterà/presenta, abbiano capito, hanno visto, sia, siano, stia, ha
lavorato, hanno fatto, è arrivato, sia.

E6 - sia passata, esistevano, poteva, decidesse, faceva, si verifi-
cava, avesse avvelenato, alludesse, dava, aveva tradito/tradiva,
aveva sottratto/sottraeva, si riferisce, era, metteva, dicesse,
significa, esigeva, risarcisse, offrisse.

Polite imperative (addressing people formally)

E1 - b/5; c/7; d/10; e/8; f/2; g/9; h/4; i/1; l/6.

E2 - dica, segua, Venga, si sieda, Guardi, guardi, Si faccia, provi,
dica, faccia.

E3 - 1: Non vada troppo veloce! Avrà un incidente; 2: Ascoltino
con attenzione...; 3: Dove ha messo le chiavi? Me lo dica subito
che ho fretta; 4: Si metta quel vestito rosso, Le sta benissimo; 5:
Non facciano rumore, gli ospiti...; 6: Metta un po' di sale...; 7:
Chiuda la porta, per favore; 8: Si siedano qui; 9: Aspettino, torno
subito; 10: Non telefoni a quest'ora. Costa troppo.

E4 - entri, si accomodi, Faccia, Guardi, Senta, si preoccupi, dica,
si tenga, Prepari.

E5 - Vieni, Smetti, datti, porti, Senti, Aspetta, fare, dica, va'/vai,
farti.

E1 - b/6; c/5; d/9; e/2; f/7; g/3; h/4; i/1; l/8.

E2 - esistesse, dovesse, si organizzerebbe; 1: portasse, dovrebbe;
2: facesse, percorrerebbe; 3: dovesse, dovrebbe; 4: volessimo,
scopriremmo.

E3 - 1: vedessi, a: andresti, b: aiuteresti, c: faresti finta; 2: cercas-
se, a: grideresti, b: reagiresti, c: parleresti; 3: offrissero, a: lasce-
resti, b: accetteresti, c: chiederesti; 4: facesse, a: avvertiresti, b:
offenderesti, c: cercheresti; 5: offrisse, a: avresti, b: rimarresti, c:
partiresti.

E4 - 1: Se avessimo avuto... saremmo andati...; 2: Se qualcuno mi
avesse insegnato... sarei venuto/a...; 3: Se Luca avesse bevuto...
non sarebbe stato...; 4: Se fossi stata... avrei avuto...; 5: Se Lauro
fosse andato... avrebbe avuto...; 6: Se avessi giocato... avrei
vinto...; 7: Se non foste andati... avreste conosciuto...; 8: Se avessi preso... saresti arrivato...

E5 - 1: cantasse, sarebbe; 2: riuscissi, potremmo; 3: avesse tradita,
avrebbe lasciato; 4: parlassi, troveresti; 5: fosse, farebbe; 6: avesse studiato, avrebbe passato; 7: fossimo, sarebbero; 8: fossi andato, starei; 9: avessi visto, avrei salutato.

E6 - 1: Se non avessi avuto paura di arrivare tardi in ufficio, non
avrei saltato la colazione; 2: Se ci fosse stato parcheggio, non
avrei messo la macchina in seconda fila; 3: Se il vigile non fosse
passato di lì, non avrebbe visto la mia macchina; 4: Se non fossi
corsa fuori per fermarlo, non sarei scivolata e non mi sarei slogata la caviglia; 5: Se non fossi stata così confusa, avrei saputo
cosa dire; 6: Se non lo avessi visto scritto sulla mia agenda, non
ci avrei creduto.

Passive voice /
Passive voice with the verb *essere*

E1 - il ristorante è stato prenotato, i fiori sono stati ordinati, gli inviti sono stati spediti, gli zii d'America non sono stati dimenticati, le bomboniere sono state preparate, le fedi sono state scelte, la musica per la chiesa è stata decisa, il vestito è stato comprato.

E2 - 1: Tutta la nazione ha ascoltato il Presidente in TV; 2: Il terremoto ha distrutto molte case; 3: Il Rettore ha inaugurato il nuovo anno accademico; 4: Il consiglio di amministrazione approvò il bilancio del 1996; 5: Probabilmente in futuro nessuno userà più le TV; 6: In quel periodo molti pensieri turbavano Anna; 7: Il Po attraversa Torino; 8: L'esercito nemico circondò la città; 9: Fonti autorevoli hanno confermato la notizia.

E3 - 1: Dopo che la Sardegna è stata invasa dai Romani; 2: la vita e cultura sarda non è stata mai influenzata profondamente dalle invasioni; 3: la lingua sarda è ancora parlata da molti sardi; 4: gran parte della popolazione è mantenuta dalle entrate del turismo; 5: la costruzione di industrie petrolchimiche, chimiche e metallurgiche è stata favorita dallo Stato italiano.

Passive voice with the verb *venire*

E1 - a): viene considerata, viene bagnata, vengono organizzati. *The region is* **Umbria**; b): viene chiamata, viene visitata, vengono coltivati. *The region is* **Calabria**; c): vengono bevuti, viene prodotto, viene coltivata. *The region is* **Piemonte**.

E2 - 1: XXXXXXXX; 2: viene organizzata; 3: venisse preparato; 4: venivano mandati; 5: XXXXXXXX; 6: XXXXXXXX; 7: venne invasa; 8: verrà usato; 9: viene considerata; 10: viene parlato.

Passive *si*

E1 - si nomina, si considerano, si trovano, si cantano, si ballano, si trovano, si possono, si può.

E2 - 1: XXXXXXXX; 2: si userà; 3: si sono utilizzate; 4: XXXXXXXX; 5: si sono fatti; 6: si usa; 7: XXXXXXXX; 8: si canta; 9: si spendono; 10: si conservano.

Passive voice with the verb *andare*

E1 - 1: Va comprato; 2: Va prenotato; 3: Vanno comprati; 4: Va portato; 5: Va timbrato; 6: Vanno tenuti; 7: Va preso.

E2 - 2: Vanno messe in ordine...; 3: Vanno contattati tutti i clienti per...; 4: Andrebbero comprati dei nuovi computer; 5: Vanno aggiornati i file degli ordini; 6: Andrebbe fatto un corso di...

E3 - 1: va; 2: vanno; 3: vengono; 4: va; 5: viene; 6: va; 7: va; 8: vengono; 9: va; 10: viene (venga).

E1 - c: lo paghino gli uomini; d: fosse, ha preso; e: loro escano; f: l'abbia spedita; g: voi stiate; h: tu avessi; i: vengano gli amici; l: il bambino non beva; m: lo studente studi; n: voi mi portiate; o: noi sapessimo; p: fossi partito.

E2 - 1: porti; 2: sia venuto; 3: fossi venuto; 4: sposassi; 5: possa; 6: sia; 7: scriva; 8: studiassero; 9: si sia tagliato; 10: foste partiti; 11: venisse; 12: perda; 13: perdesse.

E3 - 1: ha conosciuto; 2: abbia conosciuto; 3: parta; 4: preferisca; 5: stia; 6: sta; 7: fosse; 8: fossimo; 9: eravamo; 10: avevo sbagliato.

E4 - 1: Apra; 2: Stia, chiuda; 3: Telefoni; 4: Mi dia; 5: mi dia; 6: Mi faccia; 7: mi faccia; 8: La smetta; 9: Mi porti, ci metta; 10: si accomodino.

E5 - 1: venisse, potremmo; 2: mi fossi sposato/a; 3: riusciremmo; 4: avessero avuto, sarebbe finita; 5: dispiacerebbe, venissi; 6: avesse giocato, avrebbe perso; 7: si fosse arrabbiata, avrebbe; 8: vi foste fermati; 9: sarebbe, avessi.

E6 - 1: L'impiegato è rimproverato dal capoufficio; 2: L'impiegato viene rimproverato dal capoufficio; 3: Secondo i giornali l'assassino sarebbe stato visto da un testimone; 4: Nel 218 a.C. le Alpi furono passate da Annibale; 5: Nel 218 a.C. le Alpi vennero passate da Annibale; 6: L'aria è stata cantata dal tenore Ugoletti; 7: Trenta anni fa si passava meno tempo davanti alla tv; 8: D'estate si mangiano molti gelati; 9: Prima di prendere il sole va messa la crema protettiva; 10: Vanno pagate le tasse.

E7 - a: Guarda, dire, ascoltare, Vai/Va', prendi, chiedi; b: Senta, dica, Guardi, prenda, dimentichi, Compri, metta, faccia, unisca, lasci; c: entra, siediti, aspetta, Dimmi, Scusi, consigli, Guarda, prendi, cerca, togli, fai/fa'.

E1 - *a) regular verbs - parlare*: io parlai, lui/lei/Lei parlò, noi parlammo, voi parlaste, loro parlarono; *potere*: tu potesti, lui/lei/Lei poté, noi potemmo, voi poteste, loro poterono; *partire*: io partii, tu partisti, lui/lei/Lei partì, voi partiste, loro partirono; *andare*: io andai, tu andasti, noi andammo, voi andaste, loro andarono. *b) irregular verbs - essere*: io fui, lui/lei/Lei fu, noi fummo, voi foste, loro furono; *scrivere*: io scrissi, tu scrivesti, lui/lei/Lei scrisse, noi scrivemmo, voi scriveste; *prendere*: io presi, tu prendesti, noi prendemmo, voi prendeste, loro presero; *chiedere*: tu chiedesti, lui/lei/Lei chiese, noi chiedemmo, voi chiedeste, loro chiesero.

E2 - morì/morire, fecero/fare, videro/vedere, cominciarono/cominciare, prese/prendere, raccolse/raccogliere, pensarono/pensare, chiamarono/chiamare, pregò/pregare, cambiò/cambiare, disse/dire, continuarono/continuare, morirono/morire.

E3 - cominciarono, si spostarono, fondarono, diedero, diventarono, ebbero, entrarono, estesero, Fu. *The civilisation is* **Magna Grecia**.

E4 - venne, diventò, prese, Fu, prese, arrivò, si trasformò, continuò, fuggì, costrinsero, lasciò, si ritirò, rimase, votarono, dové/dovette.

E5 - 1: **S**; 4: **A**; 5: **V**; 7: **O**; 10: **I**; 11: **A**. *The name is* **SAVOIA**.

E6 - 2: mossi; 3: piacqui; 6: bevvi; 8: amai; 9: vidi.

E7 - 1: ero; 2: scoppiò; 3: aveva; 4: si sono sposati; 5: morì; 6: vinse; 7: ha fatto; 8: era; 9: emigrarono; 10: si sviluppò.

E8: **Si conobbero** in un locale di Roma dove lei faceva la cameriera. Appena Fred (l'americano) la **vide**, la **volle** conoscere e la **invitò** al suo tavolo. I due **fecero** amicizia, **continuarono** a frequentarsi per tutto il tempo in cui Fred **rimase** a Roma e, dopo la

Solutions

sua partenza, **cominciarono** le telefonate, le lettere e i viaggi intercontinentali. Fred **pagò** tutti i suoi viaggi, le **fece** regali meravigliosi, insomma... come poteva lei dirgli di no quando lui le **chiese** di sposarlo? I due poi **andarono** a vivere in un enorme ranch in Texas, dove lei **imparò** ad andare a cavallo e **cominciò** a vestirsi come una vera e propria cow-girl. Questo si chiama: trovare l'America!.

31. Past anterior (*Trapassato remoto*)

E1 - parlò, ebbero risposto, continuò, ebbe finito, vide, consigliò, fu, se ne fu andata, ebbe, disse, chiese, fermò, ebbe ucciso, portò, lasciò.

32. Sequences of tenses in the indicative

Sequence of tenses in the indicative (1)

E1 - 1: sta venendo; 2: è venuto; 3: verrà; 4: volevi; 5: avete fatto; 6: vuole; 7: arriva; 8: c'è stato; 9: c'è; 10: era; 11: vorrei; 12: sta scrivendo; 13: ha scritto; 14: comincerà; 15: s'innamorò; 16: farebbe; 17: ha visto; 18: è stato; 19: andranno; 20: ho.

E2 - è nato/nacque, si trovavano/si trovano, era, ero, volevo, hanno fatto/fecero, hanno parlato, è stata, hanno incontrato, rallenta, cammina, riscopre, troverò, sono, farò/faccio, mi stancherò/mi stanco, mi abituerò/mi abituo, sarà, ho, voglio/vorrei.

Sequence of tenses in the indicative (2)

E1 - 1: avevano fatto; 2: era, girava; 3: si sarebbero sposati; 4: aveva divorziato; 5: avevo visto; 6: partì; 7: aveva conosciuto; 8: aveva; 9: aveva avuto; 10: era; 11: era stato; 12: si sarebbe sposato; 13: si era sposato; 14: erano; 15: avrebbe lasciato; 16: si innamorava.

33. Indefinites

Indefinite adjectives / Indefinite pronouns / Indefinite adjectives, pronouns, adverbs

E1 - *Titolo:* tutt**i** quell**i**; *Prima mossa:* molt**e** cos**e**, qualsias**i** situazion**e**; *Seconda mossa:* Alcun**i**, dirett**i** altr**i**, timid**i**, nessun**a**, rispost**a**, nient**e**; *Terza mossa:* alcun**i**, sguard**i**, quell**a**, cert**a**, person**a**, qualch**e**, parol**a**, tropp**o**, poc**o**; *Quarta mossa:* qualcos**a**; *Quinta mossa:* tutt**o**.

E2 - *adjectives:* molte cose; qualsiasi situazione; nessuna risposta; alcuni sguardi; quella certa persona; qualche parola. *pronouns:* tutti; quelli; qualcuno; Alcuni; altri; altro; niente; qualcosa; tutto. *adverbs:* poco, troppo; troppo; troppo; poco.

E3 - 1): Ogni, qualche, troppo, tutti, altro; 2): tutti, nessuno, niente, certi, niente; 3): troppo, altro, Ogni, nessuno, qualsiasi; 4): altro, ogni, qualcuno, nessuno, tutti.

E4 - *Diario di Maria:* poche, niente, pochi, poca, nessuna, nessuno.

34. Verb forms not related to time

Present gerund and past gerund

E1 - 1: guardando; 2: ascoltando; 3: cantando; 4: prendendo; 5: andando; 6: leggendo.

E2 - 1: Facendo una dieta rigorosa; 2: Seguendo un corso di canto lirico; 3: Chiedendo un prestito alla banca; 4: Passando le vacanze in Gran Bretagna; 5: Facendolo seguire da un investigatore privato; 6: Scrivendole molte lettere d'amore.

E3 - 1: Lavorando; 2: Avendo lavorato; 3: Parlando; 4: Avendo; 5: avendo giocato; 6: avendo cantato; 7: Essendo; 8: avendo speso; 9: Essendo, potendola.

E4 - 1: Studiando; 2: Non uscendo; 3: Non vestendoti; 4: Facendo; 5: Ascoltandomi.

E5 - 1: Pur essendo; 2: Pur avendo; 3: Pur avendo; 4: pur essendo; 5: Pur avendo fatto; 6: Pur essendosi lasciati.

E6 - Uscendo, piangendo, guardandomi, essendo andato, Essendo, essendo, essendo, essendo, Continuando.

Past infinitive

E1 - 1: dopo essere usciti; 2: dopo aver passato; 3: dopo aver mangiato; 4: dopo aver finito; 5: Dopo averlo salutato.

E2 - 1: per essere arrivata; 2: per non aver studiato; 3: per non aver pagato; 4: per essere uscita; 5: per avermi accompagnato.

Past participle

E1 - 1: Ascoltato; 2: Arrivati; 3: Accompagnato; 4: Finito; 5: Partito.

E2 - 1: Vist**o**; 2: vist**e**; 3: Tornat**a**; 4: cantat**a**; 5: Studiat**e**; 6: Partit**i**; 7: Affittat**i**; 8: Ascoltat**e**.

35. Indirect speech

Indirect speech with main clause in the present tense

E1 - b/5; c/4; d/3; e/2; f/1.

E2 - b): lì/là, è, ha, dorme, divide, le, si sente, Vorrebbe, può, ha, -si, torna, sua.

E3 - ... dove prende il tram ogni mattina e ha deciso di aspettare che crescessero per coglierne un po' per la sua famiglia. Nei giorni seguenti ha osservato i funghi e ha aspettato. Naturalmente non ha detto niente a nessuno, perché non voleva dividere i funghi con altre persone. I suoi bambini non li avevano mai assaggiati e voleva coglierli tutti solo per loro. Alla fine, una domenica mattina, dopo una notte di pioggia, è andato con tutta la famiglia a cogliere i funghi. Purtroppo ha avuto una brutta sorpresa perché Amadigi, lo spazzino che normalmente lavora in quella zona, aveva avuto la sua stessa idea ed aveva già cominciato a cogliere dei funghi per sé! Era così arrabbiato che per vendetta ha fatto vedere i funghi a tutti quelli che passavano e gli ha detto di servirsi. Erano tantissimi! Hanno passato tutta la domenica a cogliere funghi in compagnia e sono tornati tutti a casa con i cestini pieni. Quella sera, naturalmente, molte famiglie hanno cenato con i funghi. E poco dopo, durante la notte, si sono rivisti tutti all'ospedale. <u>Stavano</u> tutti malissimo! I dottori hanno detto che era per colpa dei funghi. Ma non <u>capisce</u> perché si sono arrabbiati tutti con <u>lui</u>.

E4 - *B. M.*: ... che conosco da tanti anni; *S. L.*: Anche io considero Mattone un caro amico, anche se ha idee opposte alle mie; *B. M.*: Per il mio partito la cosa più importante è sempre stata, ed è ancora, il benessere della nazione; il nostro programma si basa principalmente sullo sviluppo economico; *S. L.*: Anche il mio partito si interessa al benessere della nazione e anche noi vogliamo uno sviluppo economico, ma anche il mantenimento dei diritti dei lavoratori. Sono sicuro che anche il mio stimato collega è d'accordo; *B. M.*: Certamente sono d'accordo, ma mi sembra più importante pensare all'economia e a creare posti di lavoro, quindi i lavoratori devono essere preparati a perdere qualcosa per dare la possibilità all'economia di crescere; *S. L.*: Non sono affatto d'accordo. Tu e il tuo partito parlate come servi dei padroni; *B. M.*: Sei un vecchio comunista retrogrado, gli italiani non ne possono più di seguire la sinistra perché sicuramente nelle prossime elezioni vincerà il mio partito, come dicono tutti i giornali; *S. L.*: I giornali italiani sono tutti servi dello stesso padrone e dello stesso partito! *B. M.*: Siediti! *S. L.*: Sei un fascista!

Indirect speech with main clause in the past tense

E1 - b/5; c/7; d/8; e/1; f/4; g/6; h/2.

E2 - si sarebbe occupato, suoi, Lo preoccupava, voleva, Avrebbe aumentato, avrebbe fatto, c'era, era, sarebbe stato/fosse stato, sue, avrebbero migliorato, Ci sarebbero stati, Gli sarebbe piaciuto, suoi.

E3 - 1: "Sono partito due giorni fa"; 2: "Non posso venire al lavoro perché mia figlia sta male"; 3: "Arrivo/Arriverò alle 6.30"; 4: "Se studi/studiassi/avessi studiato medicina, ti compro/comprerei/avrei comprato la macchina"; 5: "Pulisci la camera!".

E4 - Gramsci scrisse che odiava gli indifferenti, che credeva che vivere volesse dire essere partigiani. Chi viveva veramente non poteva non essere cittadino e partigiano. L'indifferenza era bulia, era parassitismo, era vigliaccheria, non era vita. Perciò odiava gli indifferenti; Cicerone disse che Epicuro credeva che esistessero gli dei, perché era necessario che esistesse una natura eccellente, della quale nulla potesse essere migliore; Morante affermò che vivere senza nessun mestiere era la miglior cosa: magari accontentarsi di mangiare pane solo, purché non fosse guadagnato; Levi Montalcini disse che aveva perso un po' la vista, molto l'udito. Alle conferenze non vedeva le proiezioni e non sentiva bene. Ma pensa/pensava più adesso/allora di quando aveva vent'anni. Disse che il corpo facesse quello che voleva, lei non era il corpo: lei era la mente.

Indirect speech with the verbs *chiedere* and *domandare*

E1 - fossi/ero, era, andavo, ero, avessi lavorato/avevo lavorato; avevo finito, fosse/era; cercavano, erano, fossero/erano, sapevo, sapevo, dispiaceva, era, aveva.

E2 - 1: fosse sposata; 2: volesse dormire; 3: avesse telefonato al medico; 4: avesse già mangiato; 5: abitasse a Roma da piccola; 6: avesse studiato molto per quell'esame.

Progress Test. Units 30-35

E1 - mangiò, buttò, nacque, poteva, voleva, furono, chiese, poteva, rispose, salì, mangiava, arrivò, vide, decise, era, pensò, si mosse, insisté/insistette, riuscì, dava, prese, mise.

E2 - ebbe catturato, aveva, si fermò, uscì, faceva, riempì, si accorse, arrivò, rimase, ebbe salutato, diede/dette, disse, versò, caddero, morì, ebbe visto, si arrabbiò, corse, salì, prese, costruì, era, cadde, morì, tornò.

E3 - avevamo, mi occupavo, passavo, passavano, dovetti, consideravano è, fa, era, era, perse, aveva baciato, poteva, aveva, sarebbe diminuita, incoraggiò, si sposarono, facemmo, è.

E4 - 1: ~~Ogni volte~~/Ogni volta; 2: ~~nessuni~~/nessuno; 3: ~~qualche bambini~~/qualche bambino; 4: ~~Voglio fare più niente~~/Non voglio fare più niente.

E5 - 1: viste; 2: Ascoltati; 3: licenziando; 4: Dopo aver ricevuto; 5: Parlando; 6: pur essendole arrivate.

E6 - 1: fosse/era; 2: stare tranquillo; 3: suo; 4: era andato; 5: fosse/era; 6: giorno dopo; 7: avrebbe detto; 8: suo; 9: doveva; 10: sua; 11: suo; 12: era; 13: credeva; 14: la; 15: voleva; 16: loro; 17: le; 18: aveva preparato; 19: fosse/era; 20: glielo; 21: avrebbe detto; 22: la; 23: avrebbe aspettata/aspettava; 24: lì/là; 25: lui.

E7 - sapeva, sapevano, aveva scritto, aveva collaborato/collaborava, chiamava/aveva chiamata, raccontava, era, dette/avrebbe dato, Era nato, si era accorto, notò/avrebbe notato, elogiò/avrebbe elogiato, crebbe/sarebbe cresciuta, fa.

E8 -

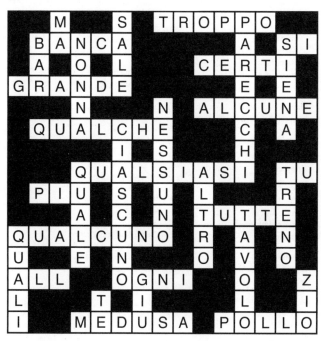

Solutions